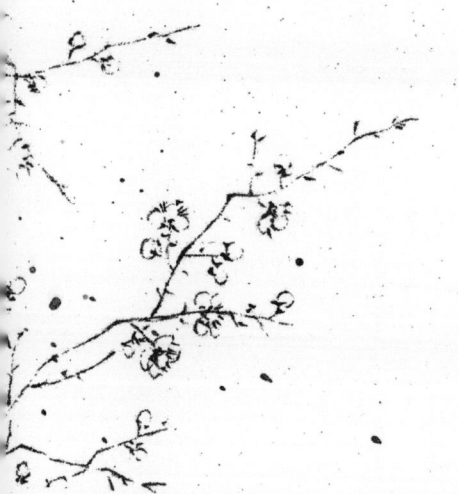

江南学术文化发展史

JIANG NAN XUE SHU
WEN HUA
FA ZHAN SHI

姜晓云 著

南京师范大学出版社

图书在版编目(CIP)数据

江南学术文化发展史 / 姜晓云著. —南京：南京师范大学出版社，2018.11
 ISBN 978-7-5651-3708-2

Ⅰ.①江…　Ⅱ.①姜…　Ⅲ.①文化史－中国　Ⅳ.①K203

中国版本图书馆 CIP 数据核字(2018)第 083612 号

书　名	江南学术文化发展史
著　者	姜晓云
责任编辑	张元卿
装帧设计	罗　薇
出版发行	南京师范大学出版社
地　址	江苏省南京市玄武区后宰门西村 9 号(邮编：210016)
电　话	(025)83598919(总编办)　83598412(营销部)　83598297(邮购部)
网　址	http://www.njnup.com
电子信箱	nspzbb@163.com
照　排	南京理工大学资产经营有限公司
印　刷	兴化印刷有限责任公司
开　本	660 毫米×970 毫米　1/16
印　张	15.5
字　数	222 千
版　次	2018 年 11 月第 1 版　2018 年 11 月第 1 次印刷
书　号	ISBN 978-7-5651-3708-2
定　价	56.00 元

出 版 人　彭志斌

南京师大版图书若有印装问题请与销售商调换
版权所有　侵犯必究

序

"江南好,风景旧曾谙。日出江花红胜火,春来江水绿如蓝。能不忆江南?"这是每个中国人都有的文化记忆,也是一说起江南景色就美不胜收的主要原因。但江南并不只有感性的美,地灵人杰,在学术上同样占据了半壁江山。只是这个领域稍显枯燥,不像诗歌、绘画、音乐那么轻盈、轻快,人人争相传诵罢了。

关于江南学术的总貌,可从三方面加以概括。从"物"的角度看,早期的江南学者博学清言,属于古之学者为己一类,不像北方学者强烈地追求"立言",即使有所著述,也大多是自娱自乐并早已湮灭于江南的霏霏烟雨中。唐宋以后,受教育制度、科举制度和官员选拔制度的影响,江南学术日趋繁盛,学人云集驰骛,著述汗牛充栋,令人目不暇接。从"人"的角度看,在度过了大江以南上古无学、中古小成的阶段后,江南学人的读书、入仕、隐居、雅集、争论、著述、结社、讲学已如上林繁花,人语喧阗,后来居上,一个又一个文化世家和学术流派声气相投、此起彼伏。从"学"的角度看,我曾提出,由于中国文化在自然地理上的差异,江南与北方和中原在文化形态与学术上有很大的不同。与齐鲁文化相比,江南文化是一种更纯粹的诗性文化,有一种最大限度超越了儒家实用理性、代表着生命最高理想的审美自由精神。江南学术与江南诗性文化息息相关,在历史进程中逐渐脱离了中原学术文化质朴木讷的政治—伦理形态,开辟出清新、细腻、在思维上更加抽象与纯粹、在感受上富有人情与美感的新体系。

这主要由于两方面的原因:一是中原学术文化及其评价体系始终占据主流和强势,江南学术研究只能处于从属地位,不够彰显和正宗;二是由于江南学术的浩瀚文献和精深义理,不仅需要皓首穷经坐"冷板凳",也要有更聪明的大脑才能入宝山而不空手归。这既是江南学术研究在当代一直"不太冷也不太热""不大胜亦不大败",也是对江南学术文化发展进行整体研究、内在发展理路研究并不多见的深层原因。

青年学者姜晓云君出生于古淮河畔的名郡淮阴,长期求学和任职于南京师范大学,和我同为梦溪先生的及门弟子,具南朝人之灵性和江北人之坚韧,一入江南文化之门便再未轻舍,日积而月累,遂成"江南学术文化发展史"一家之言。

今以持平之眼观之,这是第一本江南学术文化发展史的研究专著,其学术贡献我以为可从以下几方面粗言之。

一是以自然为中心和"质有而趣灵"的诗性存在方式为语境,首次梳理了江南学术文化从最初的"文化龛"到自然天道观、异端学术话语、自然诗性哲学、佛教和南禅、心学、实学、朴学及现代学术的发展历程,探索江南学术文化的"流变""异同"与"汇通",为以后的深入研究确立了基本框架和脉络。

二是首次提出"自然诗性思想是江南学术文化的根柢"的逻辑原点,并以学术思想演进为中介对江南文化发展开展整体研究,由此对"吴越争霸"的基本原因、江南是否发生从"尚武"到"尚文"的根本转变、江南"异端"思想的产生等做出了新阐释。同时,他根据自己的实证研究,认为江南历史上不存在食物链断裂之类的严重危机,在学术文化思想上更多是对原始诗性智慧的自然延承与发展,因此委婉地表达了不赞成我提出的"江南轴心期"。诗云:"有匪君子,如切如磋,如琢如磨。"这些都是应该赞誉的。

三是深入探寻了江南学术文化与主流意识形态的复杂机制与关系,认为战国以后,江南地区长期远离政治统治的中心,"在山泉水清",学术文化因此保持了自然诗性的风貌。但同时也因此失去了独立发展的主动权,受到中原地区儒、法、阴阳等的一统专制,呈现出一定程度的"异端"色彩,认为这些"异端"话语彰显了江南学术文化的主体精神。

四是第一次整理了江南学术人物名录。所录人物,起于季札,止于钱学森,共269名。其中,来自江南核心地区的225名,来自江南外延地区的12名，来自其他地区但在江南长时间居留的19名，来自国外但在江南长时间居留的13名。既涉及儒家、道家、道教、佛教、伊斯兰教、基督教等思想领域，也涉及政治、经济、文化、军事等社会领域甚至是自然科学领域，他们的思想、行为、著作、知识、方法都为江南学术发展做出了贡献。

大作功成，晓云君嘱我为序。逸笔草草，是为抛砖引玉。

刘士林
二〇一七年四月五日于沪上

目 录

序 / 刘士林 / 001

绪　论　江南学术文化的历史逻辑 / 001

第一章　江南学术文化的发轫 / 018
第一节　"文化凫"的形成 / 018
第二节　自然诗性思想萌生 / 025
第三节　季札及早期学术人物 / 031

第二章　江南异端学术话语的生成 / 036
第一节　江南学术话语的不振 / 036
第二节　异端学术话语的萌生 / 039
第三节　江南地方史书写 / 041
第四节　异端思想体系建立 / 045

第三章　清虚的诗性哲学 / 050
第一节　神仙思想 / 050
第二节　玄礼双修 / 054

第三节　佛学思想 / 065
第四节　崇"清"风尚 / 073

第四章　潜默的哲学 / 078
第一节　禅宗的发端 / 078
第二节　牛头禅兴盛 / 081
第三节　儒道佛兼行 / 085

第五章　更新的儒学 / 091
第一节　道禅思想风行 / 091
第二节　居士文化形成 / 095
第三节　新儒学的开端 / 099
第四节　书院讲学之风 / 105

第六章　激越的主体精神 / 107
第一节　理学一统 / 107
第二节　阳明心学 / 113
第三节　西学东渐 / 119
第四节　日常生活审美化 / 124

第七章　实证并怀疑着 / 134
第一节　实学的发源地 / 134
第二节　朴学的兴盛 / 140
第三节　今文经学的复兴 / 147
第四节　怀疑与实证精神 / 150
第五节　性灵说 / 157

第八章 "打通"中西 / 163
第一节　得风气之先 / 163
第二节　现代学术建立 / 168
第三节　新旧文化论争 / 174
第四节　心理攸同 / 184

参考书目 / 187

附录　江南学术脉络 / 193

　　　江南学术人物名录 / 201

后　记 / 235

绪 论
江南学术文化的历史逻辑

江南文化作为长江流域的一种代表性文化,始终标举以自然为中心,以"质有而趣灵"①的诗性存在方式,进入中国人的精神版图,影响着中国人的日常审美。它与注重人伦秩序、代表着黄河流域的中原文化一起,以南、北文化并立交融的姿态,共同构成了中国传统文化的主体。为此,从学术思想的角度,对江南学术文化展开整体研究,进行历史逻辑意义上的思考,阐述江南学术文化独立发展的历史进程,揭示其内在的发展理路,无疑具有一定的理论探索价值和深刻的现实意义。

(一) 澄怀以观道

李伯重在《唐代江南农业的发展》一书中将江南范围确定为"八府一州",即明清时期的苏州、松江、常州、镇江、应天、杭州、嘉兴、湖州八府以及太仓州。他指出"这一地区亦称长江三角洲或太湖流域,总面积大约4.3万平方公里,在地理、水文、自然生态以及经济联系等方面形成了一个整体,从而构成了一个比较完整的经济区。这八府一州东临大海,北濒长江,南面是杭州湾和钱塘江,西面则是皖浙山地的边缘"②。刘士林在

---
① 宗炳:《画山水序》,见陈传席编:《六朝画家史料》,第173页,北京:文物出版社,1990年。
② 李伯重:《多视角看江南经济史(1250—1850)》,第449页,北京:生活·读书·新知三联书店,2003年。

《江南与江南文化的界定及当代形态》一文中,将明清时期的"八府一州"看作江南区域的核心地区,而其他同样具有浓郁江南特色的地区则可视为其"外延"部分或"漂移"现象。① 为便于研究的开展,本书将目前江苏省中南部沿长江地区和上海市、浙江省境内视为江南区域的"核心地区",与"核心地区"周边接壤区域视为"外延地区"。

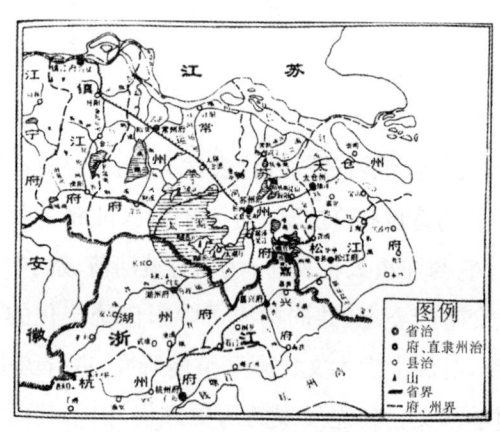

图1 江南"八府一州"

江南地区多水,是一个物产丰饶的地带,也是一个充满诗性精神的所在。倒映在江河湖海之中的,是妩媚的青山,是缤纷的花树,是低徊的明月和清风,是杏花春雨下轻轻摇动的舳舻。生长在这片温软土地之上的,有莼鱼稻香,有诗酒和似水流年,有自由如风的快乐岁月,还有空灵玄虚的思想。江南人秉持的这种生命精神和生活态度,诚如东晋玄言诗人孙绰所云:"恣语乐以终日,等寂默于不言,浑万象以冥观,兀同体于自然。"②

徜徉在这四季别样的水光山色里,江南读书人除了吟啸欣赏与冥会玄思,似乎很少再去进行繁复的理论的追问,而特别讲究顿悟与超脱。刘师培和王国维是现代著名学者,他们通过对中国南、北学术的仔细爬梳,

---

① 刘士林:《江南与江南文化的界定及当代形态》,载《江苏社会科学》,2009(5)。
② 孙绰:《游天台山赋并序》,见吴云主编:《历代骈文精华注译评》,第125页,长春:长春出版社,2010年。

发现了江南学者身上所具有的这种"尚虚无"的思想特质和"善玄想"的灵动精神。刘师培从地缘方面找寻个中原因:"北方之地,土厚水深,民生其间,多尚实际。南方之地,水势洋洋,民生其际,多尚虚无。"①将江南学者"尚虚无"的成因归结于"水"。王国维则从人性方面予以考察:"南方人性冷而遁世,北方人性热而入世;南方人善玄想,北方人重实行。"②将江南学者"善玄想"的成因归结于"遁世"。

图 2　宗　炳

刘师培和王国维均来自江南地区,他们对于江南学者思想的把握,既具有着科学的认知,也包含着亲身的体验,应该是相当准确的。南朝宋画家宗炳征官不做,漫游江南,老病回家,绘所见景物于壁,"澄怀观道,卧以游之"③,率先提出"澄怀观道"并将之作为一种精神生活方式。明末清初江南才子金圣叹认为,"澄怀观道"是学者治学之本:"学者诚能澄怀格物,发皇文章,岂不一代文物之林。"④同样来自江南地区的现代著名学者宗白华认为,"澄怀观道"是江南学术的一种理想境界:"中国自六朝以来,艺术的理想境界却是'澄怀观道',在拈花微笑里领悟色相中微妙至深的禅境。"⑤江南学术文化,就是这些江南学者在"尚虚无""善玄想"的基础上,"澄怀观道"的共同结晶。

---

① 刘师培:《南北学派不同论》,见钱钟书主编:《刘师培辛亥前文选》,第 400 页,北京:生活·读书·新知三联书店,1998 年。
② 王国维:《屈子文学之精神》,见傅杰编校:《王国维论学集》,第 315—316 页,北京:中国社会科学出版社,1997 年。
③ 沈约:《宋书》,卷 93。
④ 施耐庵、金圣叹:《金圣叹批评本水浒传》,第 11 页,长沙:岳麓书社,2005 年。
⑤ 宗白华:《美学散步》,第 75 页,上海:上海人民出版社,1981 年。

所谓"澄怀",就是开阔胸襟,清心静虑,达到心境的空明;所谓"观道",就是用这颗空明之心去玄览万物,领悟蕴含于其中的宇宙深意。这种"深意"高于生活、高于万物之上,却又存在于生活、存在于万物之中,难以用语言来表达,就像陶渊明所言:"此中有真意,欲辨已忘言。"①"澄怀"方能"观道","观道"适以"澄怀","澄怀"与"观道"是统一的,澄怀观道,便能在一个美的世界里,在一种审美情味中悠然自足。现代著名学者梁启超在《清代学术概论》中指出,"南学之精神"在于"明自然,顺本性",与"务实际,切人事"的"北学之精神",有着显著的不同。②

(二)源于自然的诗性精神

中原文化是一个早熟的文化,在发轫期就成长出周孔、老庄、墨韩等圣人宗师和儒、道、墨、法、阴阳等集大成式的学术流派,形成了各自鲜明的学术思想。与之相比,初期的江南地区由于缺乏标志性的学术人物和学术流派,无法从中演绎出江南学术文化最为核心的思想,只有从江南地区经济地理、学术人文等方面去归纳推演。源于自然的诗性精神,可谓是江南学术文化的核心思想,产生之后也在不断得以传承和发展。

图3 维 柯

维柯有一个基本的思想:一种东西的本性就是它的起源。西方十九世纪的人类学家承继了这种思想,认

---

① 陶渊明:《饮酒》,见钟嵘著、陈廷杰注:《诗品注》,第111页,北京:人民文学出版社,1958年。
② 梁启超:《清代学术概论》,第23页,北京:中国人民大学出版社,2004年。

为:"一切都继续存在着,唯有形式发生了变化,一个事物的起源决定了它的本质。"①为此,可以从江南地区的经济地理环境上找寻江南文化最初的特点,作为进行江南学术文化研究的逻辑起点。

史初的江南地区经济地理环境比较特别:"地广人稀,饭稻羹鱼,或火耕而水耨,果隋蠃蛤,不待贾而足,地势饶食,无饥馑之患。"②从个体生存的小生态环境来看,这个地区易于为生,以至使人产生了对自然环境的自然顺应感和深度倚赖感,"池塘生春草,园柳变鸣禽"③,自然思想的悄然滋生,应是一件水到渠成的事情。从群体生存的大生态环境来看,江南文化发展也具有独特的地域特色:"山峦阻隔,河川纵横,森林密布,沼泽连绵,人们只能在河谷或湖泊周围的平原上发展自己的文化,自然的障碍将古代的文化分割在一个一个的文化龛中(cultural niche)……文化龛之间虽然互相存在影响,但交往上却不如北方平原地区那么方便密切。"④

江南地区独特的自然条件,孕育产生了顺应自然的泛神论思想;生活资料的易得,使伦理的教诲让位于审美的观照;再加上山、水、林、沼的阻隔,族群之间缺少交往与竞争,以家庭为单位的社会长期处在自足封闭、闲暇少争的自然状态之中,文化的发展呈现出"杂花生树"⑤式的自然生发景象,与中原文化"百川东到海"式的"大一统"发展逻辑明显不同。

这样的经济地理环境,决定了江南地区占主导地位的思想,绝不是西方物、我两分式的认识论(真),也不是儒家身、心两分式的道德论(善),当然也不是现代心、脑两分式的审美论(美),而是"不知己之是己,不见物之为物"⑥的自然诗性智慧。维柯认为,诗性智慧是"世界中最初的智慧":"古代人的智慧就是神学诗人们的智慧,神学诗人们无疑就是异教世界的

---

① [德]米夏埃尔·兰德曼:《哲学人类学》,第168页,张乐天译,上海:上海译文出版社,1988年。
② 司马迁:《史记》,第619页,北京:新世界出版社,2007年。
③ 谢灵运:《登池上楼》,见钟嵘著、陈廷杰注:《诗品注》,第113页,北京:人民文学出版社,1958年。
④ 童恩正:《中国北方与南方古代文明发展轨迹之异同》,载《中国社会科学》,1994(5)。
⑤ 丘迟:《与陈伯之书》,见刘柯选编:《古典文学大观》,第615页,长沙:岳麓书社,1988年。
⑥ 孙绰:《游天台山赋并序》,见吴云主编:《历代骈文精华注译评》,第125页,长春:长春出版社,2010年。

最初的哲人们,又因为一切事物在起源时一定都是粗糙的,因为这一切理由,我们就必须把诗性智慧的起源追溯到一种粗糙的玄学。"①

"诗性智慧不仅是思维方式,更是一种心理功能。"②历史上江南地区由于没有食物链断裂("断乳")的危机,文明得以独立自在地发展,思想文化上更多的是对原始诗性智慧的自然延承与发展。因此,不从诗学的角度,是无法把握江南学术文化的本体精神的;不从诗性智慧的角度,是无法把握蕴涵其中的神韵的。由于诗性智慧的非对象化的特点,江南学术文化思想的内核是不消言说、只能静观的,这集中体现在其后的自然天道、玄学、南禅、心学、诗学等江南思想资源中;由于诗性智慧的整体思维的特点,江南学术文化总是与日常人生紧密结合在一起,表现的是在日常生活中完成人生的升华。

与孔子同时的季札是江南学术人物的先行者,他的身上表现出了与中原各学术流派不同的思维向度。"延陵季子过徐,徐君好其剑。季子以当使于上国,未之许与。季子使还,徐君已死,季子解剑带其冢树,御者曰:'徐君已死,尚谁为乎?'季子曰:'前已心许之矣,可以徐君死故负吾心乎?'遂带剑于冢树而去。"③季札对徐君的这种情感,源于自然本心,跨越了生死的鸿沟,超越了世俗的伦理准则。东晋南朝士人风度实滥觞于此,这是江南学术文化思想里一直蕴藏着的宝贵传承。季札多次礼让王位,甚至弃室而耕、逃离家国;识见高深,兼收并蓄,博学清言;爱慕知识,不事著述,注重内心体验。所有这些,都成为以后江南学者的清雅象征。

当饱历乱世的永嘉士族来到江南时,不仅失去了传统的物质、文化根基,而且甚至已经失去了思想信仰的支撑。但是,无论是抱残守缺的传统儒学,还是"贵无"的新兴玄学,甚至是追求"出世与超脱"的佛学,都在与

---

① [意]维柯:《新科学》,第155页,朱光潜译,北京:人民文学出版社,1987年。
② 刘士林:《中国诗学原理》,第46页,海口:海南出版社,2006年。
③ 王充:《论衡》,第330页,陈蒲清点校,长沙:岳麓书社,2006年。

江南自然诗性思想的风云际会中,找到了新的生发点。"溟涨无端倪,虚舟有超越。"①由于整个时代失去思想信仰(或曰信仰多元化),也由于江南学术文化自身的包容性,促使道教、玄学、佛学等思想在同一时代中共存局面开始形成,并在共同发展中逐渐远离了具体的世俗,亲近于自然的山水与清虚的玄理,形成了一种新的以"澄怀观道"为中心的诗性哲学。"从此,中国民族的审美意识才开始获有了一个坚实的主体基础,使过于政治化的中国文明结构中出现了一种来自非功利的审美精神的制约与均衡:一方面有充满现实责任感的齐鲁礼乐来支撑中国民族的现实实践,另一方面由于有了这种可以超越一切现实利害的生命愉快,才使得在前一种生活中必定要异化的生命一次次赎回了它们的自由。"②

江南学术文化与自然有一种天然的沟通,通常将清虚的玄理寓于日常生活之中,并以此为基础孕育出一种活泼而又空灵的特殊的诗性特质,这在"理"学盛行时期表现得非常明显。在中唐,当意识形态化了的佛教逐渐教条化、世俗化,不仅给予不了思想者自由思想的空间,而且由复杂的理论和繁琐的修行程序来表达的"佛法"已经成为一种"理障"时,来自江南地区、强调"得自然智慧"③、主张"无心合道"④的牛头禅的出现,促使了中华禅的形成。在明代中期,当"存天理,灭人欲"⑤的程朱理学逐渐意识形态化、已经桎梏了新兴的市民思想时,王阳明从人的直觉本心出发,强调"致良知"⑥,要求道德自觉,凸显主体精神。随着江南地区物质生活的日益改善和书院教育的快速发展,包括许多普通民众在内的江南人对精神生活不断萌发新的追求,市民文学、古玩收藏、图书出版、园林艺术、饮食、娱乐等与日常生活相关的文化应运而生,同时也为诸多学人获得了

---

① 谢灵运:《游赤石进帆海》,见钟嵘著、陈廷杰注:《诗品注》,第114页,北京:人民文学出版社,1958年。
② 刘士林:《江南轴心期与中国古典美学精神的生成》,载《浙江学刊》,2004(6)。
③ 李华:《润州鹤林寺故径山大师碑铭》,见《全唐文》,卷320。
④ 印顺:《中国禅宗史》,第89页,南昌:江西人民出版社,2007年。
⑤ 朱熹:《朱子语类》,卷12。
⑥ 王阳明:《传习录》,第230页,张怀承注译,长沙:岳麓书社,2003年。

不依赖于政治的存在，山明水秀的江南也为他们提供了一个展示的舞台。学术与艺术融入日常人生，衍生出许多更加精美的戏曲诗文、小说弹唱，以及工艺器物与园林文化。

与以中原为代表的北方学术相比，在江南学术文化发展历程中，你看不到高高在上的圣人圣师，也看不到神圣不可侵犯的思想和经典，却能够看到许多自然通达、博学清言的学者，以及一些怪癖得不合政治时宜、快乐得不近世俗情理之士，他们既喜爱自然诗性的生活，也钟情于自然玄妙的思想，而且往往以"直见本心"的方式行事，著述里充满着自然精神与诗性智慧。

（三）充满主体精神的异端话语

由于中国南、北社会组织形式的不同，以及对外物质需求度的不同，导致了政治、军事力量上的不对称局面。战国以后，江南地区曾经长期远离政治统治的中心，"在山泉水清"[1]，学术文化始终保持自然诗性的风貌。同时，江南地区也失去了独立发展的主动权，学术文化发展受到业已跃升为主流意识形态的中原地区儒、法、阴阳等思想的一统专制，因而呈现出一定程度的"异端"色彩。

秦汉大一统后，江南学术文化可谓徘徊在主流意识形态的边缘："太湖流域学术不振于汉王朝，除了政治上复仇，经济上自给自足的原因阻碍学术发展外，太湖学术的原有优势在汉王朝政治生活不能进入主流也是十分关键的。……王朝所崇尚的学术文化是太湖流域原先所缺门类，而太湖流域的本来优势又不得其用，太湖学术在秦汉时期的主流市场上徘徊沉寂就是必然之势了。"[2]在这样的背景下，以自然诗性为核心理念的

---

[1] 杜甫：《佳人》，见萧涤非选注：《杜甫诗选注》，第134页，北京：人民文学出版社，1985年。
[2] 田兆元：《秦汉时期太湖与东南地区学术发展趋向研究》，载《荆州师范学院学报》（社会科学版），2003(1)。

江南学术文化思想作为一种异质文化思想,与以中原地区学术文化思想为主体的主流意识形态相比,确实存在着诸多不同的元素,相互之间有着一定的学术思想争端;而且由于两者之间地位上的不对等,江南学术文化还受到了主流意识形态的压制,致使江南学术文化思想呈现出一定程度的"异端"色彩。

这种"异端思想"始见于汉大赋。汉大赋的开创者枚乘在《七发》中写"楚太子有疾,而吴客往见之",讲的是江南文化。"吴客"以赏乐、美食、游览、观涛等七事启发"太子",不可不谓鞭辟入里,也不可不谓曲折隐晦;其重视自然、享受生活的态度,也真切地反映了江南人的生活观。然而,最值得我们注意的,却是文中所表达的那种源于自然的"万不失一"的生命玄想:"将为太子奏方术之士有资略者,若庄周、魏牟、杨朱、墨翟、便蜎、詹何之论,使之论天下之精微,理万物之是非。孔、老览观,孟子持筹而算之,万不失一。

图 4　枚　乘

此亦天下要言妙道也。"①在这种"万不失一"的生命玄想中,处于当时意识形态中心位置的孔、老、孟,只是"要言妙道"中形而下的一种思想资源;真正可以"论天下之精微,理万物之是非"的形而上的思想,却来自于庄周、杨朱、墨翟等人。这种对待问题、对待生活、对待学问的态度,既体现了江南学术的自然诗性精神,也呈现出一定程度的"异端"色彩。

到了王充,他本着这种自然天道观,建立了一个完整的"异端"思想体系。自汉武帝"罢黜百家,独尊儒术"之后,特别是到了东汉时期,神权与政权、学术权合为一体,组成谶纬之学牢笼自由的学术思想。王充以自然

---

① 枚乘:《七发》,见刘柯选编:《古典文学大观》,第 541 页,长沙:岳麓书社,1988 年。

澄明的学术态度,对当时盛行的谶纬之学进行批判,不仅批驳了"天人感应"理论,揭穿了"符瑞""谴告"的虚妄性和欺骗性,还认为"道虚""儒增",并"非韩""刺孟",甚至对谶纬之学神化了的中心人物——孔子进行了追难:"凡学问之法,不为无才,难于距师,核道实义,证定是非也。问难之道,非必对圣人及生时也。世之解说说人者,非必须圣人教告,乃敢言也。苟有不晓解之问,追难孔子,何伤于义?诚有传圣业之知,伐孔子之学,何逆于理?"①王充对孔子的威权提出如此质疑,在经学时代尚属首次,这也一直影响到了明代的李卓吾和清末民初的章太炎。曹聚仁认为:"王充的先行者,只是提供了'异端'思想的萌芽与雏形,到了王充,才系统地清算了正统派的汉儒思想体系,建立了一个完整的'异端'思想体系。"②

主体精神的彰显不仅来自于对异己的批评,还来自于对自我的认识及肯定。为此,汉末江南地区地方史书写活动的兴起具有特别的象征意义。"两汉时的太湖吴越之地学术,或批判文化主流,或张扬自我,都有卓然不群之感。前者如王充《论衡》,后者如赵晔《吴越春秋》和吴越贤者的《越绝书》,是汉学术的异端声响。而《吴越春秋》与《越绝书》的问世,在一定程度上是太湖固有文化精神的回归。它是失落的吴越精神的重振。《吴越春秋》和《越绝书》唤醒了沉睡的吴越精神。"③

张觉在点校《吴越春秋》时,与北方的诸多史书相比较,也特别指出了这一点:"和《春秋》《左传》《史记》的记载相比较,本篇(指《吴越春秋·吴王寿梦传第二》)具有十分鲜明的特色。其一是突出吴文化与中原文化的不同。吴国虽然在寿梦之世崛起了,但其文化则显然不同于中原的礼仪之邦。所以文章一开始便描写了寿梦与鲁成公相见时的场面。显然,'陈前王之礼乐''咏歌三代之风'的鲁成公是华夏文化的代表,而'以椎髻为俗'的寿梦则是吴文化的代表。文章通过他们那些具有强烈反差的言行

---

① 王充:《论衡》,第113—114页,陈蒲清点校,长沙:岳麓书社,2006年。
② 曹聚仁:《中国学术思想史随笔》,第108页,北京:生活·读书·新知三联书店,2003年。
③ 田兆元:《秦汉时期太湖与东南地区学术发展趋向研究》,载《荆州师范学院学报》(社会科学版),2003(1)。

对比,形象揭示了两种文化的不同色彩;而寿梦之叹,更渲染了一种对于华夏礼仪不屑一顾的傲气,十分传神。这些笔墨,在其他史籍中是没有的。特别值得注意的是,《左传·襄公二十九年》与《史记·吴太伯世家》都以极大的篇幅详细地描述了季札在鲁国观赏周乐的情节,由于季札的评论带有浓厚的华夏文化色彩,所以此文竟只字不提。这史料的一添一删,很能体现作者的写作意图。"①

"在这种乡邦文献中,不仅正在失去的一切都暂且停留下来,而且在其中还寄托着重振家声的痛苦而隐秘的愿望。"②为此,在《吴越春秋》和《越绝书》中,作者本着反对贬抑、彰显自身的意图,对吴越人士的神勇和兵器的精良做了神秘化的、诗性的描画(如"杀其二子,以血衅金"炼就的吴钩,"神物之化,须人而成"炼就的干将莫邪宝剑,"或自有之"的"越女之剑",等等),会让人对江南地区产生一种"悦兵敢死"③的整体错觉,与北方统治集团"吴楚之民,脆弱寡能,英才大贤,不出其土"④的贬抑之辞显著不同。现在还有许多学者疑惑,江南人是如何在东晋南朝时期从崇武转为尚文、"从百炼钢化为绕指柔"的?实际上,秦汉时期江南地区的学术文化发展虽然呈现出一定的"异端"色彩,但始终是以自然诗性为基础的。

在学术思想领域,批判的过程实际也是接受的过程。江南地区这些不入主流的"异端"思想的边缘性存在,不仅有着彰显自身文化价值所在的意识,同时也为东晋南朝时期江南地区的思想变迁打下了深厚的基础。从此,学术主体强烈的批判个性、学术体裁的多元化发展,也逐渐成为江南学术话语的重要特征。

魏晋南北朝是我国学术思想领域继春秋战国之后的又一个思想大解放时期。与春秋战国时期学术思想解放仅仅发生在北方文化圈不同,魏

---

① 张觉:《吴越春秋校注》,第 16—17 页,长沙:岳麓书社,2006 年。
② 刘士林:《江南文化的诗性阐释》,第 137 页,上海:上海音乐学院出版社,2003 年。
③ 张觉:《吴越春秋校注》,第 286 页,长沙:岳麓书社,2006 年。
④ 袁淮语,见《三国志·魏志·齐王芳传》注引。

晋南北朝时期学术思想解放发生在北方文化圈、鼎盛于江南文化圈。也就是说,春秋战国时期学术思想解放是在北方文化背景下完成的,原有的学术思想与传统得到了进一步的强化和发展,没有发生质的变化;而东晋南北朝时期学术思想解放则是在具有江南主体精神的文化背景下完成的,原有的学术思想与传统更多的是被扬弃,形成的是一种以自然为中心的新的玄学思想。此后,来自印度的具有"他赎"倾向的禅宗,也在江南主体精神的熏陶下,演化成了充满"自悟"精神的中华禅:"公元三四世纪(两晋时期)时的著名学者在思想上往往是道家,其中不少还和佛教高僧结为至交。这些学者对佛经非常熟悉,而佛教高僧对道家经典,尤其《庄子》也非常熟悉。他们相聚时,往往从事所谓'清谈';当谈到精妙处,即'非非'处时,往往相视无言而会心微笑,这是一种心领神会的思想交流。正是在这样的时候,人体会到佛教'禅'的精神。禅宗是中国佛教的一个宗派,它实际是道家哲学和佛学两家精妙之处的汇合。"①

　　充满江南主体精神的自然诗性话语,在东晋南朝时期促使儒、道思想玄学化,其后又促使玄、佛思想禅学化。这是江南学术对中国学术发展的两大重要贡献,在某种程度上甚至还暗暗地促进了中国学术文化思想的整体性转变。到了明朝,肇始于程颢、发展于陆九渊的追求心性的理学,在南禅的进一步影响下,已经在王阳明手中成为完备的心学了。"当王学在短短的几十年中在士人中风靡开来的时候,另一种思路和取向,却更迅速地发酵膨胀起来,其内在的自然主义和追求自由的精神,渐渐越出了王阳明设定的极限,也超越了主流意识和政治秩序允许的边界。……他们把俗人与圣人、日常生活与理想境界、世俗情欲与心灵本体彼此打通,肯定日常生活与世俗情欲的合理性,把心灵的自然状态当成了终极的理想状态,也把世俗民众本身当成圣贤,肯定人的存在价值和生活意义。"②

---

① 冯友兰:《中国哲学简史》,第219页,北京:新世界出版社,2004年。
② 葛兆光:《中国思想史》第2卷,第316—317页,上海:复旦大学出版社,2001年。

然而,这种新兴的具有主体精神的思想和处于意识形态中心位置的理学思想之间的大规模交锋还没有正式开始,就被清人入关意外而又简单化地扼杀了,旧有秩序仍然继续得以维持。在这样的环境里,这些具有主体精神的新兴思想失去了自由表达的权力,甚至在更大的苦难面前失去了表达的意义。《桃花扇》中李香君和侯方域的爱情最富有象征意味。他们二人为了自由和爱情,与旧势力展开了殊死的抗争,但是这种充满血泪和牺牲精神的抗争,最后得到的却不是现代意义上的自主恋爱的甜蜜,也不是传统道德意义上的赞赏,甚至不是普泛的人性意义上的同情,而是一种变了味的东西。当他们在乱世欣喜重逢时,旁观者的感受是这样的:"羞答答当场弄丑惹的旁人笑;明汤汤大路劝你早奔逃。"①这种沉痛,怎不让当时的新兴知识分子产生"回头皆幻景,对面是何人"②式的怀疑。

清代以后,由于遭受到了异族文化精神上的残酷挤压和摧残,再加上统治者掌控了象征着知识与真理的理学,在明末江南地区生成的这种新兴的主体精神反映在学术界,就是演化成了一种因"疑今"进而"疑古"的怀疑精神,而且这种怀疑精神因为有了考据的辅助而日趋深入,成为一种习惯和传统。江南学术界从对空疏的宋明理学的反动开始,沿着东汉古文经学、西汉今文经学的逆时针发展方向不断向前探究,直至先秦诸子乃至原始儒学。在不断地怀疑与否定、证实与证伪之中,一种奇异的现象产生了:学者们逐渐抛弃了曾经苦苦追求的致用的义理,转而眷顾于过去的知识本身,学术方法也由诗性的玄思转为实事求是的考证。为此,梁启超在总结清代学术研究时说:"综举有清一代之学术,大抵述而无作,学而不思,故可谓之为思想最衰时代。"③但不可否认的是,除了考证之功不可没外,此时的江南学术仍有一种立于政治伦理对面的"异端"色彩,因为正是

---

① 孔尚任:《桃花扇》,第228页,长春:吉林文史出版社,1997年。
② 孔尚任:《桃花扇》,第229页,长春:吉林文史出版社,1997年。
③ 梁启超:《清代学术概论》,第119页,北京:中国人民大学出版社,2004年。

有了他们的独立存在,"结束了新儒学的正统学说以及它的钦定体系和强烈的形式主义对学术的垄断。"①

(四) 理性与诗性的相互观照

在历史上多次政治、军事南北大的对垒上,江南地区虽然大多处于劣势,但与北方地区相比,并未曾遭受过大的战争和其他毁灭性的影响,自然诗性文化发展一脉相承,具有自身的优势与特色;同时由于经济地理和社会人文方面的优势,以及自身学术文化组成结构的松散,致使江南学术文化在发展过程中,能够不断得以兼收并蓄其他文明成果,从而促进了自身学术文化的理性反思与不断超越。在这种诗性与理性的相互观照中,江南学术文化不断发展,逐渐呈现出日渐繁荣的良好态势。

图5 马克思

马克思在《资本论》中指出:"过于丰饶的自然,'使人离不开自然的手,像儿童离不开引绳一样'。那不会使人类本身的发展成为一个自然的必然。"②江南地区自然条件的优越,生活资料的易得,反而容易使得当地人对于生产不够重视,从而造成经济文化发展的停滞。同时,再加上自然地理条件上的限制,江南地区的发展也缺乏内部各个区域之间的相互刺激:"在各个封闭的地理单元内食物长足,从局部区域来说,江南地区在某一时

---

① [美]艾尔曼:《从理学到朴学:中华帝国晚期思想与社会变化面面观》,第117页,赵刚译,南京:江苏人民出版社,1995年。
② [德]马克思:《资本论》第1卷,第555页,郭大力、王亚南译,北京:人民出版社,1963年。

间段内也可以发展比较大规模的早期文化类型,如良渚文化、石家河文化等。但是,当这些文化的发展达到这一地区环境所提供的生存空间的上限时,地理上的分割所造成的政治上的小单元,对于更大范围的融合便形成了局限,这些文化便无法继续向前发展。"①

早期的江南地区,由于没有内忧和外来民族的压力,人与人之间也就缺乏协作的动力,去创造更大的文明成果,自然的障碍将古代的文化分割在一个一个的"文化龛"中,文明的发展呈现出"杂花生树"式的自然生发景象。这种状况在春秋战国时期曾得到了很大的改变。太伯奔吴以及紧随而来的吴文化与中原文化之间的交流,促进了季札、孙武、子游等吴国早期学术人物与思想的产生。随着楚国的日渐强大,吴国不得不把都城从现在的无锡迁移至苏州。苏州一带本为越人的领域,而且吴国重心的南移,对湖海山河环绕、已无退路的越国造成了巨大的威胁。为此,吴越两国在狭小的长江三角洲上互相倾轧,是一件必然的事。战争是残酷的,但其本身却是一种理性行为,诚如《吴越春秋》中所言:"夫战之道,知为之始,以仁次之,以勇断之。"②吴越长时间的争霸,不仅促进了相互之间的沟通与交流,还刺激了各自以对象化为主要特征的理性思维能力的发展。其中,范蠡本着自然天道观,对政治保持着极其清醒的认识,他功成身退后从事"货物所交易也"③,以崭新的思想观念,为知识分子走出了一条新路。

江南学术文化在发轫期所呈现出的"杂花生树"式的自然生发景象,表明其内在精神结构不仅是自然诗性的,而且是简约松散的;在进一步的发展过程中,不仅需要外在的激发,还需要在内外交汇中保持一种开放的心态。

"儒学传统中,有一个最薄弱与最柔软的地方特别容易受到挑战,他

---

① 李鑫:《江南地区文明初期发展迟滞原因探析》,载《陕西师范大学学报》(哲学社会科学版),2003(3)。
② 张觉:《吴越春秋校注》,第260页,长沙:岳麓书社,2006年。
③ 司马迁:《史记》,第617页,北京:新世界出版社,2007年。

们关于宇宙与人的形而上的思路未能探幽寻微,为自己的思想理路找到终极的立足点,而过多地关注处理现世实际问题的伦理、道德与政治的思路,又将历史中逐渐形成的群体的社会价值置诸不容置疑的地位。于是,当人们不断追问这一思路的起源以及其合理性依据时,它就有些捉襟见肘。"①在历史经验失去效用、社会现实秩序崩散的"乱世",思想敏锐的知识分子喜欢追问的却往往又是这些"玄而又玄"的"终极的立足点"。东晋南朝学人在对两汉儒学反思以及名教与自然关系的论辩中,在南北两种学术文化思想的相互映照下,重新发现了生命的意义,在自然山水中体会到某种异质同构的玄理,完成了玄学的创建。更加富有意味的是,神仙化了的江南道教也将儒家的诸多道德信条列为成仙的必要条件。葛洪认为:"欲求仙者,要当以忠孝和顺仁信为本。若德行不修,而但务方术,皆不得长生也。……人欲地仙,当立三百善;欲天仙,立千二百善。"②此外,江南学术文化也以开放的精神,使得佛教在江南流传过程中,逐渐从印度禅转化为中华禅。

江南学术文化所持有的开放心态,不仅体现在南北学术文化思想的互补和对佛学的接受和改造上,还体现在中西学术文化思想交流方面。明代的徐光启在反省他和传教士利玛窦学术交往时说:"(西方有)一种格物穷理之学,凡世间世外,万事万物之理,叩之无不河悬响答,丝分理解。"③为此,他本着"救儒补佛"的目的,向利玛窦等西方传教士学习天文历法、经济水利,首开了"西学东渐"之风。清末随着国门的被打开,西方学术思潮开始涌入,"国故"逐渐由置疑的对象转为"整理""革命"的对象,儒学也尽失"建制",变成了"游魂"④。由于经济地理等原因,江南地区受冲击最大,也得风气之先。诸多江南学人本着开放的心态,或自觉接受海

---

① 葛兆光:《中国思想史》第 1 卷,第 319 页,上海:复旦大学出版社,2001 年。
② 王明:《抱朴子内篇校释》,第 47 页,北京:中华书局,1980 年。
③ 徐光启:《泰西水法序》,见《徐光启集》卷 2,第 66 页,王重民辑校,上海:上海古籍出版社,1984 年。
④ 余英时:《中国思想传统及其现代变迁》,第 246 页,桂林:广西师范大学出版社,2004 年。

外思想,或以"博通古今"的国学功底,力求"学贯中西"。反思传统与回应西学,构成了江南现代学术的思想基调。他们中涌现出一批大师级的人物,为中国现代学术的确立作出了很大的贡献。王国维作为中国现代学术开山人物之一,陈寅恪是这样评价他的学术理路的:"自昔大师巨子,其关系于民族盛衰学术兴废者,不仅在能承续先哲将坠之业,为其托命之人,而尤在能开拓学术之区宇,补前修所未逮。故其著作可以转移一时之风气,而示来者以轨则也。"①

总之,江南学术文化有着内在的发展逻辑,其中自然诗性、善于怀疑发见、兼收并蓄的学术传统与精神是一以贯之的。

---

① 陈寅恪:《金明馆丛稿二编》,第247页,北京:生活·读书·新知三联书店,2001年。

第一章
江南学术文化的发轫

"发轫"一词,出自屈原的《楚辞·离骚》:"朝发轫于苍梧兮,夕余至乎县圃。"①王逸注曰:"轫,搘车木也,将行发之。"②"发轫"意味着新事物的出现或新局面的开始。江南学术文化的"发轫",是指江南学术文化的孕育和萌生,在历史上即为春秋及之前的历史阶段。

第一节 "文化龛"的形成

江南学术文化作为江南文明的产物,是由复杂的自然环境与人文环境的交叉作用孕育出来的。史初的江南地区温暖湿润,雨水丰沛,形成了河网稠密、草木丛生的自然环境。这样的自然环境与先民们的生存、思想息息相关,一方面先民们在降水较多的洪涝期或海水内侵之时,不断迁徙,居住在较高的地势上,使江南的文明兴衰与陆地的大小密切相连;另一方面纵横交错的水系格局和复杂多变的山水林沼组合而成了封闭的地理单元,先民们在封闭的地理单元中生存和发展,形成了无数的"文化龛"。

(一) 封闭的地理单元

江南地区处于长江泥沙淤积所形成的低海拔平原。一方面东临大

---

①② 朱熹:《楚辞集注》,第15页,上海:上海古籍出版社,1979年。

海,受海洋气候影响,温暖湿润,降水丰沛,河流广布,湖泊众多,是著名的"水乡泽国"。一方面受全球气候变化影响,海面时常有波动:当温度升高或降水增多时,海面升高,内侵沿海,低洼地区被淹;反之,海面下降,陆地面积扩大,平原增多。江水、降水和海水不断塑造和改变着古江南的地形地貌,深刻影响着江南的地理环境和早期江南文明的兴衰。

在更新世末期,气候寒冷,海平面较低,古长江在大陆架外缘入海,上海地区的海岸线位于现今海平面−137 米的东海大陆架外[1],陆地面积较大。大约在 1.1 万至 1 万年前,发生了新仙女木事件,全球性气候回暖、冰川消退,开始进入温暖湿润的全新世。在全新世早期,海面已达到−40 米,海水沿谷底侵入,海岸线逐步内退。[2] 从距今 8 500 年到 7 500 年前,温度与降水持续升高,在 8 000 年前左右达到最高值。可见,这个时期江南地区是高海面、高降水的气候条件,能具备人类生存的地方并不多。大约在距今 7 500 年前时,气温和降水量有所下降,海平面上升速率趋于缓慢。[3] 古长江流至长江下游时,地势变缓,河道渐宽,河水挟持的泥沙逐渐沉积,并淤积至近海。在潮汐的作用下,进行重新分配,形成了土地肥沃的三角洲,这为人类生存提供了条件。

约距今 7 000 年前,气候温暖湿润,海平面基本稳定,江南地区开始出现先民活动的遗迹,先后出现了河姆渡文化和马家浜文化,从河姆渡文化遗址发掘中,发现了陶器、稻谷、榫卯、家畜等,还有制作难度较大的企口板,反映了江南灿烂的早期文明。约距今 7 000 年前到 6 000 年前的时候,年均温与降水量增高,比现今水平还要高,朱诚等根据长江下游地区古贝壳堤海波高程和其区域分布状况研究得出:距今 7 000 年前到 6 500 年前依旧为高海面期。到了晚期,海平面不断升高,长江入海口到达扬

---

[1] 许世远、黄仰松、范安康:《全新世以来上海地区滨海平原发育》,载《地貌及第四纪研究进展》,1991(2)。
[2] 耿秀山:《中国东部晚更新世以来的海水进退》,载《海洋地质与第四纪地质》,1981(1)。
[3] 陈中原、王张华:《长江与尼罗河三角洲晚第四纪沉积对比研究》,载《沉积学报》,2003(1)。

州、镇江附近。海水入侵杭嘉湖平原形成大片泄湖①,除一些高岗外,绝大部分被水淹没,先民多在地势相对较高的丘陵地带上生活,后来一部分迁至苏锡一带的高原上。

约距今 6 000 年前到 5 000 年前,江南出现了崧泽文化。崧泽文化早期为高海平面稳定阶段,气候温暖湿润,王开发、张玉兰通过对太湖地区第四纪沉积的孢粉组合分析,此时江南为湿热的中亚热带气候。② 中期,气候转为干凉,湖泊面积缩小,从遗址发掘中,首次在阳澄湖地区发现了水井,这也反映了崧泽文化时期,有段时间气温下降,降水量减少,先民不得不挖井饮水。此时先民仍沿循择高而居的生存方式,崧泽文化开始逐渐发展繁荣,但到晚期后,气温开始回升,降水增多,水域面积开始扩大,③先民的生存活动空间减少,文化发展受阻。

约距今 5 000 年前到 3 800 年前,此时为良渚文化时期,气温与降水虽然有小幅波动,但总趋势是年均温和年降水量都大幅度降低,平均值低于现今水平,海水退去,上海滨海平原西部和杭嘉湖平原南部发育成岸外砂咀,属于低海面时期。江南此时进入了先民最适宜生存的时期,水域面积缩小,平原面积增大,气候宜人,人类采集与狩猎范围也逐渐增大,成为本地区新石器时代最辉煌的时期。距今 4 000 年,气温开始上升,降水增多,海面又开始上升,江水回灌,水域面积扩大,差不多恢复到了距今6 000年之前的状况,江南很多地区被淹没,人类的许多居住地被淹,尤其是生活在低洼或小盆地地区的良渚先民,遭到此次灾害的重创。在阳澄湖湖底考古过程中,就发现了大量良渚文化遗址,从遗存方面来看,这些是属于良渚文化后期的遗迹,这也说明了海水或洪水的侵袭,是良渚文化突然消亡的一个重要原因。

---

① Stanley DJ, Warne GA. Nile Delta: Recent Geological. Evelution and HumanImpact. Science, 1994(2).
② 王开发、张玉兰:《太湖地区第四纪沉积的孢粉组合及其古植被与古气候》,载《地理科学》,1983(1)。
③ 倪华、吉磊:《从古文化遗址看阳澄湖地区环境变迁与湖泊群形成》,载《湖泊科学》,1997(1)。

距今 3 800 年前,进入马桥文化时期,早期气候温暖湿润,降水量大,海面较高,太湖平原环境较为恶劣,湖泊和沼泽广布,先民生存空间狭小,其遗址主要分布在太湖东部与上海西部之间狭长的区域范围内,文化发展缓慢,因此目前发现马桥文化早期遗址数量较少。到了晚期,气温开始下降,降水量减少,湖泊面积减小,海平面降低。在马桥时期起到防洪和阻止海水内侵作用的砂堤两侧都发现了先民生活的遗迹,尤其是东侧发现了许多遗存,也正反映了马桥文化晚期,海平面下降,海岸线东移,先民的生活范围扩大。

总之,从考古学、沉积学和地理学等角度的研究,反映了江南地区在全新世时期,气候的冷暖变化与降水多少,影响到了本地区水域面积的大小,尤其是到了距今约 7 000 年前时,江南文明开始兴起,先民的生存状况与自然环境变化密切相关。气候的波动直接作用于海水的进退,降水的多少深深影响着本地的旱涝情况。此后,江南地区不但海平面有几次较大升降,还至少出现过 9 次特大水灾,迫使江南先民不断迁移:当高海面和洪涝期时,就择高而居;当海水退去或降水减少,则逐渐向海岸带推进。① 可以说,海水的进退与湖泊水域大小的变化迫使先民不断迁徙和改变生存方式,深刻影响着阳澄湖地区文明的兴衰。

由于海侵不断,海水沿河道或地势低处侵入与退回,使本地区的地形受强烈切割,形成了深切的河槽和相对崎岖的丘陵。② 这些纵横的河槽和高低不一的丘陵相组合,与众多的湖泊水域共同组成了江南地区的地理环境。随着先民们改造自然能力的提高,海陆变化也受到人们活动的影响,先民们开荒拓土、围湖造田等生存活动,加快了水土流失,造成长江三角洲河口的泥沙沉积量增加,三角洲面积增大。先民们在发展中不断

---

① 于世永、朱诚、王富葆:《太湖流域全新世气候海面短期震荡事件及其对新石器文化的影响》,载《地理科学》,2000(1)。
② 王富葆、曹琼英、李弘:《长江口南岸平原第四纪沉积与环境研究进展》,载《第四纪研究》,1998(4)。

适应和改造着多水的环境,多水的自然环境也影响和滋润着江南地区的早期文明。

(二) 独立的"文化龛"

江南地区在全新世以来,虽然气候有所波动,但总体上讲,仍属于湿热多雨地区。刘金陵等认为,该地区的气温即便有小幅度波动,但当时的气候仍然属于亚热带范围。① 因此,江南地区雨水丰沛,河流众多,除了有古长江外,还有古淞江、古娄江、古东江、东苕溪、西苕溪等较大河流,并与众多小支流形成了稠密的河网。《尚书·禹贡》记载:"淮海惟扬州,三江既入,震泽底定,沿于江海,达于淮泗。"《周礼·职方》记载:"东南曰扬州,其山镇曰会稽,其泽薮曰具区,其川三江,其浸五湖,其利金、锡、竹箭,其民二男五女,其畜宜鸟、兽,其谷宜稻。"这两部古书里的"扬州",相当于现在的江南(《尔雅·释地》"江南曰扬州");"三江"不是指有三条江,而是有很多条江。据统计,太湖平原每平方千米范围内的河流长度平均为6～7千米,而杭嘉湖平原则高达12.7千米,是全国水网最为稠密的地区。除了河网密集,此地还有众多湖荡。太湖作为我国第三大淡水湖,历史上有145条水道汇入,而出水道则有169条之多。除了水体面积最大的太湖外,还有洮湖、滆湖等大小200多个湖荡,面积在千亩以上的湖泊有150个。② 因此,江南地区的水系格局特点为河网稠密,地表径流与湖荡、沼泽纵横交织。

更新世晚期以来,随着降水的增多,地表径流的增大,长江三角洲很多平原地区遭到了切割侵蚀,如杭嘉湖平原由于长期受到古钱塘江与众多大小支流的侵蚀,形成了呈指状展布的古地形格局,太湖平原地区也一样受到古苕溪等河的侵蚀,因此江南地区有诸多的河谷与河间地。在地形变化中,还产生了众多的山地丘陵,这些山地丘陵海拔大多在100米至

---

① 刘金陵、William Y. B. Chang:《根据孢粉资料推论长江三角洲地区12 000年以来的环境变迁》,载《古生物学报》,1996(2)。
② 吴锤、曹柯平:《长江三角洲的史前环境》,载《东南文化》,2000(9)。

200米之间,也有少数山峰在300米以上。大多山地丘陵属于天目山的余脉,它们因海侵或地壳的沉降,沦为海上的孤岛;有的是经泥沙沉积而与陆地相连成为突起在平原上的孤丘;有的是山麓冲积扇扩大,将平原上的孤岛变成了孤丘。因此,在长江三角洲的平原上星罗棋布地散布着大小不一的孤丘。

江南纵横交错的河网、湖荡,与平原上散布的大小孤丘相组合,将长江三角洲平原分割成无数个大小不一的地理单元格。在远古时期,江南先民就生活在这样的地理单元格内。由于当时先民们的生产力水平还比较低,抵御洪水的能力有限,他们只能多居住在地势较为平坦的丘陵高地之上,或者在河谷、山麓地区人工填高居住地,以防洪水侵袭,因此形成了江南地区"人民山居"①"随陵陆而耕种,或逐禽鹿而给食"②的生存方式。因独特地形水系的分割,先民们居住范围和捕猎范围也就受到了限制,因而在史前阶段,江南地区的部落规模一般不大,多以氏族或家族为单位进行居住和生存。在河姆渡遗址发掘中,根据出土建筑遗迹的范围以及深坑中储存的稻谷重量,估算当时河姆渡应该有两百五十人左右。③ 河姆渡部落在江南地区已经算是规模比较大的了,那其他部落的人口规模估计应该在几十人到一百人左右。而且部落之间被河网、丘陵、森林和沼泽隔开,交通较为不便,阻隔了部落之间的交流。因此,早期江南地区的聚落,以同一族群或家庭为单位,生活在相对独立的单元格内,活动范围一般不大。

江南地区温暖湿润,动植物丰富,加上先民们学会了种植水稻和圈养猪、羊等家畜,生活资料相对而言较为易得。从河姆渡遗址、良渚遗址中发现了许多稻谷、谷壳、鱼类、贝类、梅花鹿、獐等动植物的骨骸与堆积层,还有蚕豆、芝麻、毛桃、酸枣、松籽等干果的种子和果壳,可见,江南先民们的食物来源较为丰富多样。"地广人稀,饭稻羹鱼,或火耕而水耨,果隋

---

①② 张觉:《吴越春秋校注》,第172页,长沙:岳麓书社,2006年。
③ 朱小丰:《中国的起源》,第122页,上海:上海文艺出版社,2014年。

赢铪,不待贾而足,地势饶食,无饥馑之患。"①江南地区具有优越的自然条件,在封闭的地理单元格内食物相对充足,因此在江南原始社会早期发展出了一些规模较大的文化类型,如河姆渡文化、崧泽文化和良渚文化等。

图6 童恩正

在相对封闭的地理单元格内,一方面江南地区的主体文化可以独立生发,另一方面它也规避了外来文化过度蔓延而带来的负面影响,因此在原始社会初期,江南各个区块文化特征的差异相对明显。根据文化个性差异,学界曾将马家浜文化时期环太湖地域划分为了几个地方类型。②散落在江南地区各个地方的氏族聚落,在封闭的地理单元格内保持了地域文化的主体个性,形成了无数相对独立的文化单元格。童恩正指出:"(由于)山峦阻隔,河川纵横,森林密布,沼泽连绵,人们只能在河谷或湖泊周围的平原上发展自己的文化,自然的障碍将古代的文化分割在一个一个的文化龛中……文化龛之间虽然相互存在影响,但交往却不如北方平原地区那么方便密切。"③"文化龛"的形成与发展,为江南学术文化的萌生提供了"温床"。

---

① 司马迁:《史记》,第619页,北京:新世界出版社,2007年。
② 陈晶:《马家浜文化两个类型的分析》,载《中国考古学会第三次年会论文集》,第30页,北京:文物出版社,1984年。
③ 童恩正:《中国北方与南方古代文明发展轨迹之异同》,载《中国社会科学》,1994(5)。

第二节　自然诗性思想萌生

江南地区以水为主的自然环境,一方面培养了先民们崇尚自然的思想与偏于虚无的精神,另一方面也使生活在"文化龛"中的先民们的生活范围受到限制,文明发展受到了制约,在思想文化上更多地保持了原始的诗性智慧。

(一) 自然思想的滋生

阿诺德·汤因比认为,人类文明的发展是挑战和反应产生的结果,所以人类最早的文明,都出现在自然条件较差的地区。[①] 依照这种理论及其解释框架,以思想性和知识性为主要特征的学术文化,在江南丰饶的土地上产生和发展,应该是一件艰难的事情。历史上偏安于一隅的江南,似乎很少听到干戈与疾苦声,如同王维在《辛夷坞》一诗中所描绘的那样:"木末芙蓉花,山间发红萼。涧户寂无人,纷纷开且落。"这些美丽的花儿,虽然属于"木末",非常容易消逝,但她们根据自然的给予,在安谧的环境里,自开自落,怡然自得,自成圆满,寂静而又空灵。

从个体生存的小生态环境来看,江南地区易于为生,从而使先民们产生了对自然环境的自然顺应感和深度倚赖感,"池塘生春草,园柳变鸣琴",自然思想的悄然滋生,应是一件水到渠成的事情。再加上山水林沼的阻隔,族群之间缺少交往与竞争,以家庭为单位的社会长期处在自足封闭、闲暇少争的自然状态之中,文明的发展呈现出"杂花生树"式的自然生发景象,与北方文明的"百川东到海"式的"大一统"场面明显不同。

对于这种"杂花生树"式的自然生发景象,刘士林有着非常贴切的阐释:"走在江南的春树花丛中,我一直在为一千五百多年前的丘迟所创造的'杂花生树'这个意象结构而沉迷,觉得再也找不到比它更好的文字来

---

① 参见[英]阿诺德·汤因比:《历史研究》,上海:上海人民出版社,2000年。

描述我所看到的一切了。尤其是'杂'字,用得真是一字千金,如老吏断狱,叫人心折神往。面对着满树春花,经过几天的寻觅(是直观而不是思考、推敲、索解),我终于找到了这样的结论。我以为,也许'杂'并不意味着数量上的繁多或组合上的杂乱,如《楚辞》中讲的'杂杜衡与芳芷';而是说这些花的身份很卑微,像我也算是爱花的人,但是来到江南不由惭愧起来,因为这里大多数的花我根本不认识。江南的花,不是课本上经常讲的国色天香的牡丹,也不是名士们持蟹饮酒时赏过的菊花,更不是信誓旦旦地在师长口边挂了许久、且还要一直继承下去的'梅花香自苦寒来',等等,没有谁特别地描述、赞美过它们,但是正是它们创造了扬名天下的江南春色。"①

在江南,这些花儿,只代表着自然与美丽,不像北方的花儿被赋予了太多的道德成分,甚至因为成为伦理政治的象征而受到格外的顶"礼"膜拜。初期的江南文明,如同江南的花儿,是繁盛的、自然的、松散的、宽柔的,而不是人为的、教化的结果。这种文明体现在个体人的身上,就有了孔子所谓的"南方之强"与"北方之强"的区分:"宽柔以教,不报无道,南方之强也,君子居之。衽金革,死而不厌,北方之强也,而强者居之。"②

丹纳认为:"一个民族的生长环境对那个民族性格的形成具有绝大的作用。"③梁启超也从生长环境方面对"南学"的精神进行了分析与总结:"(南地)气候和,其土地饶,其谋生易,其民族不必惟一身一家之饱暖是忧,故常达观于世界以外。初而轻世,既而玩世,既而厌世。不屑屑于

图7 梁启超

---

① 刘士林:《千年挥麈》,第230—231页,南昌:百花洲文艺出版社,2000年。
② 《论语·大学·中庸》,第214页,李裕华、马银华译注,太原:山西古籍出版社,2004年。
③ [法]丹纳:《艺术哲学》,第317页,合肥:安徽文艺出版社,1991年。

实际,故不重礼法;不拘拘于经验,故不崇先王。又其对于北方学派,有吐弃之意,有破坏之心。探玄理,出世界;齐物我,平阶级;轻私爱,厌繁文;明自然,顺本性。此南学之精神也。"①"明自然,顺本性",是"南学"的核心思想。

(二) 偏于虚无的精神

江南地区多水,而水是一种介于有无之间的物质,它不仅自身处在不断的变化之中,还滋生着万物、映照着万物。面对多水的江南,先民们在潜移默化中深受影响,他们也会同世界上其他人类文明开始一样,会思考自己来自哪里,以及世界的源头在哪里? 这时他们往往会想到滋养他们生命的水,就像印度最古老的典籍《梨俱吠陀》对世界的起源思考一样:"那时既没有'有',也没有'无'。既没有空中,也没有那外面的天,什么东西转动着(或:覆盖着,包孕着)? 什么地方? 在谁的保护下? 是不是有浓厚的水?"②

水在静止的时候,具有清澈透明的特点,"水静犹明,而况精神! 圣人之心静乎天地之鉴也,万物之镜也"③。当江南先民们面对如镜面般的静水,注视着水面的涟漪与反射的光亮时,心也会沉静下来,达到一种虚无的状态,产生一种玄想,有所思、有所悟。而在夏季,多雨的江南,有时还会遇到台风、海侵等自然灾害,先民们为了生存不得不搬迁到较高的地方,或与洪水搏斗,也会对水产生一种敬畏之情。"使中国哲人兴味盎然的水是现于大江、小溪和农田的灌溉沟渠中的水。这是雨和由降雨形成的水潭,寻常普通而非无边无涯,它滋养了生命并为众人所体验。从这种最常见与最多变的自然现象的沉思冥想中,中国哲人找到对生命的基本原则的理解。"④

---

① 梁启超:《清代学术概论》,第 23 页,北京:中国人民大学出版社,2004 年。
② 转引自金克木:《东方文化八题》,第 73 页,北京:北京大学出版社,2008 年。
③ 王先谦:《庄子集解》,第 81 页,北京:中华书局,1954 年。
④ [美]艾兰:《水之道与德之端》,张海晏译,第 34 页,上海:上海人民出版社,2002 年。

《越绝书·计倪内经》记载,江南地区"西则迫江,东则薄海,水属苍天,下不知所止。交错相过,波涛濬流,沉而复起,因复相还"①。一方面东临大海,广阔无垠的海洋,有氤氲磅礴的景象,因舟船的发明,海上交通来往而荟萃四方的逸闻,开阔了先民们的思维空间,也刺激了他们的想象力。另一方面,纵横交错、蜿蜒曲折的溪流,使先民们在表达感情方面,如灵动的溪水一般,更趋于委婉含蓄,这就和北方中原的思想不同。刘师培从地缘方面找寻个中原因:"北方之地,土厚水深,民生其间,多尚实际。南方之地,水势浩洋,民生其际,多尚虚无。"②王国维则从人性方面予以考察:"南方人性冷而遁世,北方人性热而入世;南方人善玄想,北方人重实行。"③"尚虚无""善玄想",是体现江南先民们精神世界的重要方面。

(三)诗性观念的表达

在自然思想和虚无精神的影响下,江南先民们更多关注于自然事物,诗性表达自己的情感与喜好。"由于工具的制作而对物质材料的驾驭以及形式感获得一种巨大敏感时,它就渐渐引起了一种崭新的审美需要:人不再满足于日常器物的制作,甚至也不满足于器物的造型本身的美,而要想方设法在器物上加上一定的纹饰或从事于一种主要服务于装饰目的器物的创造。"④随着江南地区生产力的提高,于是出现了许多有意味的审美形式。在许多文化遗址中出土的大量陶器上,都有一些刻画的图纹。有些学者认为,"主要的几何形图案花纹可能是由动物图案演化而来的,波浪形的曲线纹和垂樟纹由蛙纹演变而来的"⑤。那么,这些几何形图案必然取材于先民们生活中常见的事物,一般以自然植物或动物图案为主。多水的江南自然环境,植物种类丰富多样,贝类、鱼类等水生动物众多,多

---

① 袁康、吴平:《越绝书》,第29页,上海:上海古籍出版社,1985年。
② 刘师培:《南北学派不同论》,见钱钟书主编:《刘师培辛亥前文选》,第400页,北京:生活·读书·新知三联书店,1998年。
③ 王国维:《屈子文学之精神》,见傅杰主编:《王国维论学集》,第315—316页,北京:中国社会科学出版社,1997年。
④ 朱狄:《艺术的起源》,第286页,北京:中国社会科学出版社,1982年。
⑤ 石兴凯:《有关马家窑文化的一些问题》,载《考古》,1962(6)。

彩的大自然给江南先民们带来了审美素材和灵感,先民们通过模仿刻画自然的动物与植物,表达了他们对自然的喜爱,也反映了他们崇尚自然的审美观。

李泽厚在《美的历程》中指出:"凝冻在、聚集在这种图案符号形式里的社会意识,亦即原始人们那如醉如狂的情感、观念和心理,恰恰使这种图像形式获有了超模拟的内涵和意义,使原始人们对它的感受取得了超感觉的性能和价值,也就是自然形式里积淀了社会的价值和内容,感性自然中积淀了人的理性性质,并且在客观形象和主观感受两个方面,都如此。这不是别的,又正是审美意识和艺术创作的萌芽。"[1]江南原始社会早期的陶器,图案的线条简约玄澹:既有生动形象的写实图案,又有抽象的写意作品;既有天空中自由飞翔的鸟类,又有水中畅游的鱼类,还有种植的水稻、树木花草等。这些都表现了江南先民们对大自然的热爱和对生活的希望。在河姆渡文化遗址中出土了许多绘画艺术精美的陶器,如鱼禾纹陶盆、稻穗纹陶盆、植物纹陶块等,其中鱼禾纹陶盆采用了抽象写意的手法:一面中间刻着一对兽目,两侧刻有鸟纹;另一面中间刻着生机盎然的禾苗,两旁各有一条游鱼。线条明快,构图简单,达到了形式美与内容美的统一。

在考古遗址出土的陶器中,有大量的绳纹装饰和几何形纹饰,还有一些陶器上为禾叶纹,常以植物的茎与叶相间排列成三角形,并以此连环续接,绕上一周。这种禾叶纹近 10 种,线条流畅自然,有繁简、写实和写意之别,主要施于盘、盆的口沿。其中河姆渡出土的陶器以弧线、圆圈线和卷曲线为主,通过不同线条进行组合成为图案,以不同曲线的综合运用来表达描写图像的外形特征及其内在精神,是河姆渡原始艺术最大的美学特征。[2] 江南先民们偏爱用弧线和曲线进行刻画,除了因陶器形状的限制外,与他们的思维方式与审美有关。江南湿热多水,形成了众多蜿蜒流

---

[1] 李泽厚:《美的历程》,第 21 页,天津:天津社会科学院出版社,2001 年。
[2] 林华东:《河姆渡文化初探》,第 226 页,杭州:浙江人民出版社,1992 年。

淌的河流,茂密的亚热带植物众多,尤其是藤蔓类植物,弯弯曲曲的生长,这些具有曲折美和灵动美的景物,使先民们产生了模仿的兴趣,在模仿刻画的同时,也带给了他们创作与欣赏的美感。

江南先民们的这种诗性表达方式,可以用"质有而趣灵"来概括,即这些东西本来是自然存在的,但经过一番静思玄想,最终虚灵化了。江南地区地理单元的封闭、湿热多水和植物的繁茂更是加剧了空间的分割。为此,可以超越这种封闭和分割、实现自由翱翔的飞鸟,就成了先民们的崇拜和模仿对象。《山海经·海外南经》记载:"羽民国在其东南,其为人长头,身生羽。"[1]在河姆渡文化遗址发掘中,就发现了许多鸟纹雕刻和堆塑鸟图像的文物,如双鸟朝阳的象牙雕刻、圆雕的木鸟、堆塑双飞燕器盖、双头连体鸟纹骨匕和蝶形器上雕刻的双鸟太阳纹等。在良渚文化遗址中,也发现许多有鸟纹或鸟形的器皿和玉器,而且在多数台形图案内部,都有一个似人似鸟的图形,其中最有代表性的玉琮上也是刻有鸟纹图案的。面对自由超越的鸟类、飘逸灵动的蛇类、变化万端的江河湖泊,乃至后期的历史人物,等等,先民们都对其赋予灵异的色彩,将自然虚灵化。

"考古资料证明,不同的自然地理环境对不同的文化共同体的制约是有限度的。在该文化共同体的不同发展阶段也是不相同的。即某一地理单元的自然环境能够满足该文化共同体生存与发展的需求时,这种制约是有效的。一旦该文化共同体的发展需求得不到满足时,就会冲破这种制约,而面向临近的地理单元扩展。"[2]随着社会的发展,江南地区独立的"文化龛"阻碍了聚落间文化的传播和交流,如马家浜文化、崧泽文化和良渚文化等都在太湖东岸、北岸范围传播较多,向一水之隔的宁绍地区传播速度较为缓慢;随着人口规模的扩大,"文化龛"的发展逐渐达到单元格内环境所提供空间资源的限度,这些"文化龛"对于更大范围的融合便形成了阻力,这些文化无法再向更高程度发展,也就制约了先民智慧的成熟,

---

[1] 郭璞:《山海经》(四部丛刊初编),海外南经第6卷,上海:上海书店,1989年。
[2] 董琦:《虞夏时期的中原》,第14页,北京:科学出版社,2000年。

但是，又在很大限度上使原始诗性智慧得以延承。

总体来说，江南文明是以"质有而趣灵"的诗性存在方式，标举以自然为中心的诗性观念，进入中国人的精神版图的。由于江南地区文明发展不存在北方文明中食物链可能断裂之类的严重危机，因而也不会像北方文明那样由于应对严峻挑战而导致的智慧的早熟。江南地区文明缺乏这种断乳条件，因此在学术文化思想上更多的是对原始诗性智慧的自然延承与发展，习惯于个体情感自然呈现这种诗性表达方式，而不是采用道德认知的方式。

第三节　季札及早期学术人物

季札（前576—前484），姬姓，名札，又称公子札，《汉书》中称为吴札，春秋时吴王寿梦第四子。季札为避王位，不惜"弃其室而耕"①。封于延陵，称延陵季子。后又封州来，称延州来季子。季札比孔子年长，相传为孔子的老师，被称为"南方第一圣人"，有着"南季北孔"的美誉。季札博学清言，是江南学术的先行者。

季札身上表现出与北方各学术流派不同的思想向度。首先值得注意的就是

图8　季　札

他的朴素的自然天道观，以及从中流露出的泛神论思想。《礼记·檀弓》记载："延陵季子适齐，于其反也，其长子死，葬于嬴博之间。孔子曰：'延陵季子，吴之习于礼者也。'往而观其葬焉。其坎深不至于泉，其敛以时服。既葬而封，广轮掩坎，其高可隐也。既封，左袒，右还其封，且号者三。

---

① 司马迁：《史记》，第157页，北京：新世界出版社，2007年。

曰:'骨肉复归于土,命也。若魂气则无不之也,无不之也。'而遂行。孔子曰:'延陵季子之于礼也,其合矣乎。'"

季札在埋葬他不幸早亡的长子时,墓坑不是很大,还没有挖出地下水;陪葬几乎没有,甚至没有特别添置一件新的衣物。在北方看来,这几乎是薄葬(孔子的称赞从侧面说明了这一点),与死者的贵族地位毫不相称。原因何在,季札在唁词中给予了说明:"骨肉复归于土,命也。若魂气则无不之也,无不之也。"视死如归,归于物质,不迷信来世,自然通达,却又相信灵魂不灭,万物有灵,眷念于今生,满怀着深情。

其次,就是这种发自内心的自然深情。《史记》记载:"季札之初使,北过徐君。徐君好季札剑,口弗敢言。季札心知之,为使上国,未献。还至徐,徐君已死,于是乃解其宝剑,系之徐君冢树而去。从者曰:'徐君已死,尚谁予乎?'季子曰:'不然。始吾心已许之,岂以死倍吾心哉!'"[①]季札在交聘中原时路过徐国,徐君非常喜爱他的佩剑,无奈出使时还要用。等到季札周游回来时,徐君已死。季札特地前往拜墓,并拔剑相赠。这种"心已许之,岂以死倍吾心"的行为,这种源自自然本心的真挚情感,跨越了生死的鸿沟,超越了普通的伦理准则。东晋南朝士人风度实滥觞于此,这是江南学术文化思想里一直蕴藏着的宝贵传承。

再次,还有兼收并蓄的学术态度。《史记》记载:"吴使季札聘于鲁,请观周乐。为歌《周南》《召南》。曰:'美哉,始基之矣,犹未也。然勤而不怨。'歌《邶》《鄘》《卫》。曰:'美哉,渊乎,忧而不困者也。吾闻卫康叔、武公之德如是,是其《卫风》乎?'歌《王》,曰:'美哉,思而不惧,其周之东乎?'歌《郑》,曰:'其细已甚,民弗堪也,是其先亡乎?'歌《齐》,曰:'美哉,泱泱乎大风也哉。表东海者,其太公乎?国未可量也。'歌《豳》,曰:'美哉,荡荡乎,乐而不淫,其周公之东乎?'歌《秦》,曰:'此之谓夏声。夫能夏则大,大之至也,其周之旧乎?'歌《魏》,曰:'美哉,沨沨乎,大而宽,俭而易,行以德辅,此则盟主也。'歌《唐》,曰:'思深哉,其有陶唐氏之遗风乎?不然,何

---

① 司马迁:《史记》,第158页,北京:新世界出版社,2007年。

忧之远也？非令德之后，谁能若是！'歌《陈》，曰：'国无主，其能久乎？'自《郐》以下，无讥焉。歌《小雅》，曰：'美哉，思而不贰，怨而不言，其周德之衰乎？犹有先王之遗民也。'歌《大雅》，曰：'广哉，熙熙乎，曲而有直体，其文王之德乎？'歌《颂》，曰：'至矣哉，直而不倨，曲而不诎，近而不逼，远而不携，迁而不淫，复而不厌，哀而不愁，乐而不荒，用而不匮，广而不宣，施而不费，取而不贪，处而不底，行而不流。五声和，八风平，节有度，守有序，盛德之所同也。'见舞《象箾》《南籥》者，曰：'美哉，犹有憾。'见舞《大武》，曰：'美哉，周之盛也其若此乎？'见舞《韶濩》者，曰：'圣人之弘也，犹有惭德，圣人之难也！'见舞《大夏》，曰：'美哉，勤而不德！非禹其谁能及之？'见舞《招箾》，曰：'德至矣哉，大矣，如天之无不焘也，如地之无不载也，虽甚盛德，无以加矣。观止矣，若有他乐，吾不敢观。'"①季札观看到了蔚为壮观的周乐，并对其各个部分进行了评论，既观其国家政治兴衰与社会风貌，又赞其中和之美，并最早将"美"的概念引入到文艺评论范畴，体现了他对北方中原文化的了解。季札在听到《邶》《鄘》《卫》等周乐的时候，用"渊"(《说文解字》解释为"回水也"②)、"泱""荡""沨"等词语来形容，也体现了多水的江南特色。

《吴越春秋》中还记载了季札对人生的看法："洁身清行，仰高履尚，惟仁是处，富贵之于我，如秋风之过耳。"③季札识见高深，兼收并蓄，博学清言；爱慕知识，不事著述，注重内心体验，所有这些，都成为以后江南学者的清雅象征。

伍子胥(前559—前484)，名员，字子胥，也称申胥。楚国椒邑人。投奔吴国辅佐吴王阖庐，协同孙武带兵攻入楚都。除了用兵之道之外，最为人称道的是他的城建思想。伍子胥认为："凡欲安君治民、兴霸成王、从近制远者，必先立城郭，设守备，实仓廪，治兵库。"④"乃使相土尝水，象天法

---

① 司马迁：《史记》，第158页，北京：新世界出版社，2007年。
② 许慎：《说文解字》，卷11下，上海：上海书店，1989年。
③ 张觉：《吴越春秋校注》，第27页，长沙：岳麓书社，2006年。
④ 张觉：《吴越春秋校注》，第55—56页，长沙：岳麓书社，2006年。

地,造筑大城,周回四十七里。陆门八,以象天八风;水门八,以法地八窗。"①在江南多水的土地上建造的阖庐大城(今苏州古城),无疑具有极高的学术价值。

孙武(约前545—约前470),字长卿,被尊称为兵圣或孙子。齐国乐安人。至吴国辅佐吴王阖庐用兵,占领楚国都城郢城,几近覆亡楚国。著有《孙子兵法》,被誉为"兵学圣典",并在政治、经济、军事、文化、哲学等领域被广泛运用,为国际上最著名的兵学典范之书。该书吸收了江南自然、切用的思想,不迷信鬼神:"先知者不可取于鬼神,不可象于事,不可验于变,必取于人,知敌情者也。"②他结合江南特殊的地形("不知山林险阻沮泽之形者,不能行军"③),以法言兵(将"智"列作为将者的首要条件,把"仁"降至第三④),用兵之中极尽变化之道("兵无常势,水无常形"⑤),集中体现了南、北学术刚柔并济的优良品质。季札与孙武,一文一武,成为江南学术起步阶段相互辉映的双星。

子游(前506—?),姓言,名偃,字子游,亦称言游、叔氏。吴国常熟人,成年后至鲁就学于孔子,是孔门"七十二贤人"之一,被列为文学之首。《史记》记载:"子游既已受业,为武城宰。孔子过,闻弦歌之声。孔子莞尔而笑曰:'割鸡焉用牛刀?'子游曰:'昔者偃闻诸夫子曰,君子学道则爱人,小人学道则易使。'孔子曰:'二三子,偃之言是也。前言戏之耳。'"⑥子游敢于当面诘难孔子,体现了江南学者的自然精神。孔子赞言:"吾门有偃,吾道其南。"后来子游到江南传播儒学,被后世儒家誉为"南方夫子"。

地处江南的楚国,计然、范蠡的思想,也具有独特的价值。计然(生卒年不详),姓辛氏,又作计倪、计研、计砚,字文子,号称渔父。自宋国游历

---

① 张觉:《吴越春秋校注》,第56页,长沙:岳麓书社,2006年。
② 曹操等:《孙子十家注》,第227—228页,上海:上海书店,1986年。
③ 曹操等:《孙子十家注》,第111页,上海:上海书店,1986年。
④ 曹操等:《孙子十家注》,第6页,上海:上海书店,1986年。
⑤ 曹操等:《孙子十家注》,第102页,上海:上海书店,1986年。
⑥ 司马迁:《史记》,第343页,北京:新世界出版社,2007年。

至越国辅佐勾践,善于从经济学的角度来谈论方略,留下著名的"计然七策":"知斗则修备,时用则知物,二者形则万货之情可得而观已。故岁在金,穰;水,毁;木,饥;火,旱。旱则资舟,水则资车,物之理也。六岁穰,六岁旱,十二岁一大饥。夫粜,二十病农,九十病末。末病则财不出,农病则草不辟矣。上不过八十,下不减三十,则农末俱利,平粜齐物,关市不乏,治国之道也。积著之理,务完物,无息币。以物相贸易,腐败而食之货勿留,无敢居贵。论其有馀不足,则知贵贱。贵上极则反贱,贱下极则反贵。贵出如粪土,贱取如珠玉。财币欲其行如流水。"①其经济思想的核心,就是求源于自然的"物之理也"。

范蠡(前536—前448),字少伯,自楚国投奔越国,辅佐越国勾践成功复国。与北方士人迷信政治不同,范蠡本着自然天道观,对政治有着极其清醒的认识:"吾闻天有四时,春生冬伐;人有盛衰,泰终必否。知进退存亡而不失其正,惟贤人乎!蠡虽不才,明知进退。高鸟已散,良弓将藏;狡兔已尽,良犬就烹。"②范蠡功成身退,离开政治后,不仅让越王勾践想念,"乃使良工铸金象范蠡之形,置之坐侧,朝夕论政"③,让后来的士人所艳羡,而且以崭新的思想观念,为知识分子走出了一条新路:"乃乘扁舟浮于江湖,变名易姓,适齐为鸱夷子皮,之陶为朱公。朱公以为陶天下之中,诸侯四通,货物所交易也。乃治产积居。与时逐而不责于人。故善治生者,能择人而任时。十九年之中三致千金,再分散与贫交疏昆弟。此所谓富好行其德者也。后年衰老而听子孙,子孙修业而息之,遂至巨万。故言富者皆称陶朱公。"④

---

① 司马迁:《史记》,第617页,北京:新世界出版社,2007年。
② 张觉:《吴越春秋校注》,第277页,长沙:岳麓书社,2006年。
③ 张觉:《吴越春秋校注》,第279页,长沙:岳麓书社,2006年。
④ 司马迁:《史记》,第617页,北京:新世界出版社,2007年。

第二章
江南异端学术话语的生成

所谓异端学术话语,是指与业已跃升为秦汉时期主流意识形态的北方中原学术话语相比,在自然诗性思想影响下形成的江南学术话语显得比较不同。江南地区失去独立发展的主权,在一定程度上促进了江南异端学术话语的生成。江南异端学术话语的生成,体现了江南学人激越的主体精神,也体现了南北学术话语之间的沟通与融合。

第一节　江南学术话语的不振

春秋时期,江南地区学术文化发展到了第一个高点,吴越两国都涌现出诸多学术人物和思想。其后,江南学术在发展的道路上速度缓慢,甚至表现为衰落或停滞。个中原因何在?

学术发展的停滞主要归结于经济、社会发展的停滞。马克思在《资本论》中指出:"过于丰饶的自然,'使人离不开自然的手,像儿童离不开引绳一样'。那不会使人类本身的发展成为一个自然的必然。资本的母国,不是草木郁然繁茂的热带,而是温带地方。……我想不出,有什么事,还比位置在生活资料食料大部分靠自然生产,气候使人无需为衣服住宅担忧的地带这件事,对人民全体来说,更可诅咒。……不管怎样劳动也得不到果实的土地,和不劳动已经可以供给丰富产品的土地,是一样不好的。"[①]

---

① 马克思:《资本论》第1卷,郭大力、王亚南译,第555页,北京:人民出版社,1963年。

司马迁在《史记》中,对江南地区由于自然资源丰富而导致的缺乏内在需求的经济状况有过直接的阐述:"果隋蠃蛤,不待贾而足……以故呰窳偷生,无积聚而多贫。是故江淮以南,无冻饿之人,亦无千金之家。"①江南地区自然条件优越,生活资料易得,使得各个"文化龛"的先民们反而对于经济、生产不够重视,而且这种经济、生产上的停滞,必然引起文化和社会发展的停滞。

由于江南地区地理单元的封闭,经济社会发展也缺乏内部各个区域之间的相互刺激:"江南地区除却长江中下游两大平原外,都是以丘陵、山地、盆地为主,而且即使在两大平原之上,也是水网密布,再加上茂密的原始森林,对于当时交通工具极为粗陋的原始居民来说,是一个很大的障碍。这种地形水系格局,阻碍了各种人群的交流,直接限制了当地文化的发展。但是由于江南地区气候湿润,自然资源丰富,充沛的雨量也促进了各类农作物的生长。在各个封闭的地理单元内食物长足,从局部区域来说,江南地区在某一时间段内也可以发展比较大规模的早期文化类型,如良渚文化、石家河文化等。但是,当这些文化的发展达到这一地区环境所提供的生存空间的上限时,地理上的分割所造成的政治上的小单元,对于更大范围的融合便形成了局限,这些文化便无法继续向前发展。"②

史初的江南地区,由于没有内忧和外来民族的压力,人与人之间也就缺乏协作的动力,去创造更大的文明成果。这种状况在春秋时期曾得到了很大的改变。那就是随着楚国的日渐强大,吴国不得不把都城从现在的无锡迁移至苏州。苏州一带本为越人的领域,而且吴国重心的南移,对背靠湖海山河、已无退路的越国造成了巨大的威胁。为此,吴越两国在狭小的长江三角洲上的互相倾轧,是一件必然的事。

战争是一种残酷的行为,但其内在有理性的因素。《吴越春秋》中申

---

① 司马迁:《史记》,第619页,北京:新世界出版社,2007年。
② 李鑫:《江南地区文明初期发展迟滞原因探析》,《陕西师范大学学报》(哲学社会科学版),2003(3)。

包胥曾言:"夫战之道,知为之始,以仁次之,以勇断之。"①知识起着首要的作用。吴越两国长时间的争霸,不仅促进了相互之间的沟通与交流,也刺激了各自以对象化为主要特征的理性思维能力的发展。季札、孙武、伍子胥、计然、范蠡等江南学术人物的出现,很大程度上是南北文化沟通与融合的结果。

由于南北社会组织形式的不同,以及对外物质需求度的不同,导致了政治、军事力量的不对称局面,秦汉时期的江南地区失去了独立发展的主权,并且一直处在中央政治的边缘地带,甚至受到中央政权的特别敌视(如受秦楚争霸思维方式影响,秦始皇借东巡破坏金陵等江南一带的"天子气";楚汉相争的落败方——项羽的发迹地江东;都于广陵的吴王刘濞带头造成"七国之乱",等等),学术文化思想发展受到业已跃升为主流意识形态的北方中原儒、法、阴阳思想的一统专制。

田兆元从学术发展的角度,谈江南学术文化为什么徘徊沉寂在主流意识形态的边缘:"太湖流域学术不振于汉王朝,除了政治上复仇,经济上自给自足的原因阻碍学术发展外,太湖学术的原有优势在汉王朝政治生活不能进入主流也是十分关键的。汉初黄老学说盛行,而黄老之学不产于太湖流域,因而难以参与。武帝时罢黜百家,独尊儒术,而儒术则是齐鲁优势。汉代传经,太湖流域的学者难有作为。五经博士,大多是北方的学者,太湖流域没有太多优势真正参与到大汉文化的建设中去。太湖流域在春秋后期还是光彩照人的,为什么那些优势不能发挥呢?这是因为,作为太湖流域最有代表性的学术成就——兵学,在汉初不再受到重视。汉初休养生息,无为而治,对内轻徭薄赋,偃武修文,对外和亲,不尚武力,兵学自然受到冷遇。也就是说,太湖流域最优秀的学术文化在汉王朝尤其是汉初没有用武之地。同时,汉代实行重农抑商政策,商人遭到打击,范蠡、计然之策也自然无所用之。故经济商业上的学术文化积累也被置之一旁。王朝所崇尚的学术文化是太湖流域原先所缺门类,而太湖流域

---

① 张觉:《吴越春秋校注》,第 260 页,长沙:岳麓书社,2006 年。

的本来优势又不得其用,太湖学术在秦汉时期的主流市场上徘徊沉寂就是必然之势了。在大一统的帝国之下,太湖文化进入盘整时期。"①

除了上文列举的兵学、商学之外,江南学术文化中的自然诗性思想,更与汉王朝的意识形态化的儒家经学思想不兼容。在这样的背景下,以自然为核心理念的江南学术文化思想作为一种异质文化思想,与以北方中原地区学术文化思想为主体的主流意识形态相比,确实存在着诸多不同的元素,相互之间有着一定的排异反应,需要长时间的不断磨合;而且由于二者之间地位上的不对等,江南学术文化还受到主流意识形态的压制甚至是歧视。在以北方为中心的统治者看来,"吴楚之民,脆弱寡能,英才大贤,不出其土"②,贬抑之情溢于言表。

第二节 异端学术话语的萌生

由于远离主流意识形态,"在山泉水清",江南学术文化在其后的发展演进过程中,对原有诗性文化传统保存得较好,自然诗性的主体精神一脉相承;同时也正因为身处边缘,再加上受到主流意识形态的压制,江南学术话语充满着个性,富有批判精神,呈现出一定程度的"异端"色彩。

西汉时期,江南学人不擅长经学,为此这种"异端"色彩首先体现在自己相对熟悉的辞赋中。汉赋源自楚辞,也是楚辞的时代变异体。楚辞本为不得志于政治的诗人"朗丽以哀志""绮靡以伤情"之作,侧重于个人"幽情"的抒发。③ 而到了汉朝,情况有了变化。《汉书·地理志》记载:"汉兴,高祖王兄子濞,于吴招天下娱游子弟,枚乘、邹阳、严夫子之徒,兴于文、景之际。"吴王名为"娱游",实际是想凭借煮盐铸铁得来的财富造反。枚乘(前?—前140),字叔,淮阴人,时为刘濞郎中,于是作《七发》警醒吴

---

① 田兆元:《秦汉时期太湖与东南地区学术发展趋向研究》,《荆州师范学院学报》(社会科学版),2003(1)。
② 袁淮语,见《三国志·魏志·齐王芳传》注引。
③ 周振甫:《文心雕龙注释》,第36页,北京:人民文学出版社,1998年。

王,开启了"劝百讽一"的汉赋传统。

《七发》假托"楚太子有疾,而吴客往见之"。其中心问题,就是要解决"今时天下安宁,四宇和平",与太子因"邪气袭逆"而导致的"聪明眩曜,悦怒不平,久执不废,大命乃倾"之间的矛盾。值得我们注意的不仅仅是"吴客"的劝说方式,还包括劝说者自身的思想倾向。劝说者以赏乐、美食、游览、观涛等七事进行启发,不可不谓鞭辟入里,也不可不谓曲折隐晦;其重视自然、享受生活的态度,也真切地反映了江南人的生活观。其中,最值得注意的,是"吴客"所信奉的"要言妙道"以及"万不失一"的生命玄想:"将为太子奏方术之士有资略者,若庄周、魏牟、杨朱、墨翟、便蜎、詹何之伦,使之论天下之精微,理万物之是非。孔、老览观,孟子持筹而算之,万不失一。此亦天下要言妙道也。"

在这种"万不失一"的生命玄想中,处于意识形态中心位置的孔、孟,只是"要言妙道"中形而下的一种思想资源;真正可以"论天下之精微,理万物之是非"的形而上的思想,却来自于庄周、杨朱、墨翟等人。这种对待问题、对待生活、对待学问的态度,体现了早期江南学术的自然诗性风貌。

"严夫子"(严忌)与枚乘同游,其辞赋中也体现出这种与主流意识形态不同的自然诗性风貌,并影响到其后的严助、朱买臣等人。

严忌(约前188—前105),字子夫,会稽郡吴县人,本名庄忌,因避汉明帝刘庄讳改名严忌。与司马相如等俱好辞赋,以文才和善辩闻名于时。《汉书·艺文志》著录庄夫子二十四篇赋,今仅存《哀时命》一篇,借哀叹屈原秉性忠贞、不遇明主之事,抒发自己怀才不遇的感情,并表达了乱世归隐及成仙思想:"下垂钓于溪谷兮,上要求于仙者。"

严助(前?—前122),严忌之子,也有人说是严忌同族人的子弟,本名庄助,吴人举贤良第一人,"辩知闳达,溢于文辞"。[1] 为汉武帝侍臣,曾力主出兵,传旨淮南,出任会稽。著有《相儿经》《严助赋》等三十五篇赋,其所在书已不传,唯存《谕意淮南王》《上书谢罪》二篇文。

---

[1] 班固:《汉书》,第2863页,北京:中华书局,1962年。

朱买臣(生卒年不详),字翁子。会稽郡吴县人。家境贫寒,卖柴为生,却好读书,"买臣负薪"典故源于此,"覆水难收"讲的是他成名以后对待前妻的故事。《汉书·艺文志》著录其赋三篇,今已不存。朱买臣经严助推荐,为汉武帝说《春秋》、讲《楚辞》,表明江南学人除了辞赋之外已开始擅长经学。其后,江南地区出现多位擅长经学的学者,如严光、包咸、谢夷吾等。

严光(前39—41),又名遵,字子陵,原姓庄,因避汉明帝刘庄讳改名严光。会稽郡余姚人。帮助刘秀起兵,事成之后,归隐富春山,耕读垂钓,留有著名的严子陵钓台和富春山居佳话。刘秀在《与严子陵书》中曰:"古大有为之君,必有不召之臣,朕何敢臣子陵哉。"范仲淹在《严先生祠堂记》赞其"先生之风,山高水长"。

包咸(前7—65),字子良。会稽郡曲阿人。年轻时求学回乡途中,被赤眉盗拘执,十余日,早晚诵经自如,赤眉盗以之为异,把他遣发走了。居乡里,太守黄谠请他为其子授学,包咸曰:"礼有来学,而无往教。"①后举荐入朝,教太子《论语》,又作《论语》章句。显宗认为包咸有恩德,生活清苦,经常赏赐珍玩束帛,俸禄也比各公卿多,包咸都散给诸生中最贫困的。其子包福,也用《论语》教授和帝。

谢夷吾(25—89),字尧卿,会稽郡山阴人。为官刚正不阿,但又体恤民情,甚合儒家执政理念,后因"柴车行春",不合礼仪被贬。擅长《春秋》,精于风角、占侯之术。《后汉书·谢夷吾传》记载他"推考星度,综校图录,探赜圣秘,观变历征,占天知地,与神合契,据其道德,以经王务"②。谢夷吾曾举荐王充,王充以老而有病予以谢辞。

第三节 江南地方史书写

史书的书写在中国具有特别的象征意义。东汉时期江南地方史的书

---

① 范晔:《后汉书·儒林列传》,第2570页,北京:中华书局,1965年。
② 范晔:《后汉书·方术列传》,第2713页,北京:中华书局,1965年。

写,其思想价值非常值得重视:"两汉时的太湖吴越之地学术,或批判文化主流,或张扬自我,都有卓然不群之感。前者如王充《论衡》,后者如赵晔《吴越春秋》和吴越贤者的《越绝书》,是汉学术的异端声响。而《吴越春秋》与《越绝书》的问世,在一定程度上是太湖固有文化精神的回归。它是失落的吴越精神的重振。《吴越春秋》和《越绝书》唤醒了沉睡的吴越精神。"①

《越绝书》以春秋末年至战国初期吴越争霸的历史事实为主干,上溯夏禹,下迄两汉,旁及诸侯列国,对这一历史时期吴越地区的政治、经济、军事、天文、地理、历法、语言等多有所涉及。《越绝书》内容极其广泛,详细记载吴越交战、越王勾践生聚教训,最后兴越灭吴、逐鹿中原的经过,涉及兵法、权谋、术教等方面,被有些学者称为"复仇之书";还记载了许多有关季节变化、农田水利、土地利用、粮食丰歉等内容,被不少学者视为一本发展生产、经世致用之书;书中《吴地传》《地传》两篇,详细记述了吴越两国的山川、地理、物产等,被有些学者尊为中国地方志之鼻祖。此书末尾序外传记有隐语:"以去为姓,得衣乃成,厥名有米,复之以庚。"这个隐语里面暗藏了"袁康"两个字;又有"禹来东征,死葬其疆",这两句表明作者是会稽人;又云:"文词属定,自于邦贤;以口为姓,承之以天,楚相屈原,与之同名",这几句里面隐藏了"同郡吴平"之名。《四库全书总目提要》判定该书作者为汉朝的袁康、吴平,这两人的生平已经无从考证。《越绝书》被王充誉为当时五大名著之一,成书应该在前。

《吴越春秋》著录于《隋书·经籍志》和《唐书·经籍志》,皆云赵晔撰,12卷,然今本只有10卷。赵晔(?—约83),字长君,会稽郡山阴人,著有《吴越春秋》《韩诗谱》《诗细历神渊》《诗道微》等。蔡邕(133—192),字伯喈,陈留郡圉人,曾避难江南十二年,在会稽时曾读过《诗细历神渊》。赵晔的著述,今仅存《吴越春秋》一种,该书钞撮古史,编年记事,以补《国语》

---

① 田兆元:《秦汉时期太湖与东南地区学术发展趋向研究》,《荆州师范学院学报》(社会科学版),2003(1)。

《左传》《史记》不足之处,如吴兵破楚入郢之役、孙武为吴军之将等记载较详,与《越绝书》互为参照,书写的精神比较一致,都体现了对吴越地区自我的张扬和对失落的吴越精神的重振。

图9 《吴越春秋》

张觉在点校《吴越春秋》时,与北方的诸多史书相比较,也特别指出了这一点:"和《春秋》《左传》《史记》的记载相比较,本篇(指《吴越春秋·吴王寿梦传第二》)具有十分鲜明的特色。其一是突出吴文化与中原文化的不同。吴国虽然在寿梦之世崛起了,但其文化则显然不同于中原的礼仪之邦。所以文章一开始便描写了寿梦与鲁成公相见时的场面。显然,'陈前王之礼乐''咏歌三代之风'的鲁成公是华夏文化的代表,而'以椎髻为俗'的寿梦则是吴文化的代表。文章通过他们那些具有强烈反差的言行对比,形象揭示了两种文化的不同色彩;而寿梦之叹,更渲染了一种对于华夏礼仪不屑一顾的傲气,十分传神。这些笔墨,在其他史籍中是没有的。特别值得注意的是,《左传·襄公二十九年》与《史记·吴太伯世家》都以极大的篇幅详细地描述了季札在鲁国观赏周乐的情节,由于季札的评论带有浓厚的华夏文化色彩,所以此文竟只字不提。这史料的一添一删,很能体现作者的写作意图。其二是突出吴国的让位传统。这种传统始于太伯。但在此篇中,作者不但一而再、再而三地以赞赏的口气大肆铺陈季札的让位言行,甚至还无视《春秋》《左传》等史籍的经典记载,创作出诸樊'轻慢鬼神,仰天求死'的情景来,其创作倾向也是不言而喻的。其三是突出吴国的崛起,所以对其'与诸侯为敌'之处也往往大书一笔。"①

"在这种乡邦文献中,不仅正在失去的一切都暂且停留下来,而且在其中还寄托着重振家声的痛苦而隐秘的愿望。"②为此,在《越绝书》和《吴越春秋》中,作者本着反对贬抑、突显自身的意图,对吴越人的勇敢和兵器的精良作了大肆渲染。在人的勇敢上,《越绝书》评价为"锐兵任死"③;《吴越春秋》评价为"越性脆而愚,水行山处,以船为车,以楫为马,往若飘然,去则难从,悦兵敢死,越之常也"④。连"细小无力,迎风则僵,负风则仆"的要离,都可以用巧计刺杀"筋骨果劲,万夫莫当。走追奔兽,手接飞鸟,骨腾肉飞,拊膝数百里"的庆忌,而且不因报答,不要名义,不求富贵,不要理由,与当时主流意识形态提倡的家国、礼义完全不同。不仅该书的作者,甚至连刺客本身也认识到了这一点——"从者曰:'君何不行?'要离曰:'杀吾妻子以事吾君,非仁也;为新君而杀故君之子,非义也;重其死,不贵无义,今吾贪生弃行,非义也。夫人有三恶以立于世,吾何面目以视天下之士?'言讫,遂投身于江。未绝,从者出之。要离曰:'吾宁能不死乎?'从者曰:'君且勿死,以俟爵禄。'要离乃自断手足,伏剑而死。"⑤要离刺杀庆忌,似乎只有一个混沌而又神圣的意识在支撑着他,诚如书中所言,"神物之化,须人而成。"⑥

---

① 张觉:《吴越春秋校注》,第277页,长沙:岳麓书社,2006年。
② 刘士林:《江南文化的诗性阐释》,第137页,上海:上海音乐学院出版社,2003年。
③ 袁康、吴平:《越绝书》,第58页,上海:上海古籍出版社,1985年。
④ 张觉:《吴越春秋校注》,第286页,长沙:岳麓书社,2006年。
⑤ 张觉:《吴越春秋校注》,第68页,长沙:岳麓书社,2006年。
⑥ 张觉:《吴越春秋校注》,第59页,长沙:岳麓书社,2006年。

在兵器制作上,也蕴含着如此出人意表的行为、如此可怕而又可敬的献身精神,来突显兵器的精良。为了炼成"吴钩",父亲毫不痛惜地"杀其二子,以血衅金"①;为了炼成宝剑,莫邪毅然决然地"断发剪爪投于炉中"②;还有"忽自有之"的"越女之剑",不仅精良,而且奇异:"其道甚微而易,其意甚幽而深。道有门户,亦有阴阳。开门闭户,阴衰阳兴。凡手战之道:内实精神,外示安仪;见之似好妇,夺之似惧虎;布形候气,与神俱往;杳之若日,偏如滕兔;追形逐影,光若彿彷;呼吸往来,不及法禁;纵横逆顺,直复不闻。斯道者,一人当百,百人当万。"③

《越绝书》和《吴越春秋》对江南地区自我的过度张扬,会让人产生一种整体的错觉。吴越人是如何在东晋南北朝时期从"崇武"转为"尚文"、从"百炼钢"化为"绕指柔"的,目前还有许多研究者困惑其中。实际上,这些异端话语的生成,是为了重振失落已久的吴越精神,是为了彰显江南地区的主体精神。江南地区的文化思想,始终是以自然诗性为基础的,这是两汉时期江南学者继承固有传统、批判主流意识形态的基本武器。

第四节 异端思想体系建立

自汉武帝"罢黜百家,独尊儒术"之后,特别是在东汉时期,神权与政权、学术权合为一体,组成谶纬之学牢笼自由的学术思想:"在汉初以来学术与思想的意识形态化过程中,儒学不断修正其过分理想主义与精神主义的道德中心思路,采纳了相当多的黄、老思想为自己建构宇宙支持系统,采纳了相当多的法术思想为自己开发制度与法律系统,同时也采纳了相当多的数术方技知识为自己建设一种沟通宇宙理论与实际政治运作和实际社会生活之间的策略与手段,不仅是董仲舒,此后相当多的儒者及官

---

① 张觉:《吴越春秋校注》,第61页,长沙:岳麓书社,2006年。
② 张觉:《吴越春秋校注》,第59页,长沙:岳麓书社,2006年。
③ 张觉:《吴越春秋校注》,第277页,长沙:岳麓书社,2006年。

僚都在运用这种以阴阳五行为骨架、天人感应为中心、灾异祥瑞与现实政治相贯通的理论,也有不少儒者或官僚本人就很精通这种预测祸福的技术。"①

对于统治者利用谶纬、今文经学所宣扬的"天人感应"思想,以及由此造成的思想混乱局面,王充本着自然天道观,以"天"为最高范畴,以"气"为核心理念,以元气、精气、和气等自然气化为生成模式,与"天人感应论"形成了对立之势,并本着"疾虚妄"的精神,以事实验证言论,对谶纬之学加以批判。曹聚仁认为:"王充的先行者,只是提供了'异端'思想的萌芽与雏形,到了王充,才系统地清算了正统派的汉儒思想体系,建立了一个完整的'异端'思想体系。……王充沿着唯物主义路线(唯物主义自然观,自然主义唯物观)批判阴阳灾异思想,对某些自然变化的了解,颇和现代科学观点相接近,他还注意到劳动民众的生产经验,这都是超过了他的时代,十分可宝贵的。另一方面,他继承了前此的无神论传统,反驳了有神论及其表现形式,树立了一个无神论的体系,这是他的伟大的历史功绩。至于他的认识论,基本上也是唯物主义的,虽然是直观的唯物主义认识论,却是对神秘主义和复古主义思潮的沉重打击。他接触到了认识论中的一系列原理,也是我国古代哲学中的光辉成就。"②

王充(27—约97),字仲任,会稽郡上虞人。他秉承的自然天命观,是他对"天人感应"理论进行批判的出发点。"王充继承了先秦稷下道家和荀子关于'气'的唯物主义说明,吸取汉代自然科学成果,对'气'的范畴做了新的唯物主义的规定,形成了较完整的元气论。首先,他认为'气'是构成天地万物(包括人在内)的统一的物质元素。这种元气是'无欲、无为、无事'(《自然》)的物质存在,如同云烟一般,没有感觉与意识。元气就其性质而言,有阴气与阳气之分,二者相辅相成,构成宇宙万物。其次,他认为万物与人类都是由元气凝聚而成,物坏人死则复归元气,这是一个'自

---

① 葛兆光:《中国思想史》第1卷,第284页:上海,复旦大学出版社,2001年。
② 曹聚仁:《中国学术思想史随笔》,第108—109页,北京:生活·读书·新知三联书店,2003年。

生''自然'的物质变化过程,不以人的主观意志为转移。他说:'寒温之气,系于天地,而统于阴阳。人事国政,安能动之?'(《变动》)再次,他认为由元气凝聚而成的万物与人都有生有死,而元气却是无始无终、永恒存在的。他说:'有血脉之类,无有不生,生无不死,以其生,故知其死也。天地不生,故不死;阴阳不生,故不死。'(《道虚》)"①王充的自然天命观及其对人的生死的看法,与季札的观点可以说是一脉相承的。在《论衡》中,王充多次肯定太伯让位、季札挂剑等行为,并专门更正了传书中对季札捡拾遗金行为的不实记载。

图10 王 充

---

① 萧萐父:《〈论衡〉前言》,载王充:《论衡》,第4页,陈蒲清点校,长沙:岳麓书社,2006年。

王充还秉承自然天命观,批驳了汉代神学家们狂热鼓吹的帝王受命说。汉代流行着尧和刘邦都是龙施气而生的政治神话,认为这是他们受命于天的符瑞。王充针锋相对地指出,在动物界中,只有"同类之物"的雌雄双方才能相互施气,产生后代。"今龙与人异类,何能感于人而施气?"①就这样,剥去了汉王朝合法性的外衣。王充认为,"天人感应"理论有其认识论根源,这就是把天人同构的思想推向极端,在天与人之间进行主观类比推理,从而按照人的模样塑造出人格神的天。

　　王充还以自然澄明的学术态度,不仅指出"道虚""儒增","非韩""刺孟",还对谶纬之学神化了的中心人物——孔子进行了追问:"凡学问之法,不为无才,难于距师,核道实义,证定是非也。问难之道,非必对圣人及生时也。世之解说说人者,非必须圣人教告,乃敢言也。苟有不晓解之问,追难孔子,何伤于义?诚有传圣业之知,伐孔子之学,何逆于理?"②王充对孔子的威权提出如此质疑,在经学时代尚属首次,这也一直影响到汉末的孔融、明代的李卓吾和清末民初的章太炎。据此,他指斥那些"皓首穷经"的俗儒不过是"鹦鹉能言之类",尊崇那些"博能通用"的鸿儒,尤其注重"精诚由中""夺于肝心"的情感作用,站在了迷信谶纬、固守教条的主流意识形态的对立面。③

　　王充除了"好博览而不守章句,……博通众流百家之言"④之外,还"为人清重","性恬淡,不贪富贵"⑤,非常注重养生,南朝名士之风度,实际上亦由此滥觞:"养气自守,适食则酒。闭明塞聪,爱精自保。适辅服药引导,庶冀性命可延,斯须不老。"⑥

　　在学术思想领域,批判的过程实际上也是接受的过程。因此,两汉时

---

① 王充:《论衡》,第44页,陈蒲清点校,长沙:岳麓书社,2006年。
② 王充:《论衡》,第113—114页,陈蒲清点校,长沙:岳麓书社,2006年。
③ 王充:《论衡》,第177页,陈蒲清点校,长沙:岳麓书社,2006年。
④ 范晔:《后汉书·王充传》,第1629页,北京:中华书局,1965年。
⑤ 王充:《论衡》,第374页,陈蒲清点校,长沙:岳麓书社,2006年。
⑥ 王充:《论衡》,第380页,陈蒲清点校,长沙:岳麓书社,2006年。

期江南地区这些不入主流的"异端"思想的边缘性存在,不仅有着彰显自身文化所在的价值,同时也为魏晋南北朝时期江南地区的思想变迁打下了深厚的基础。从此,学术主体强烈的批判个性,就逐渐成为江南学术话语的重要特征。

第三章
清虚的诗性哲学

魏晋南北朝时期,江南地区成为乱世中的一方净土,也成了各种文化思想风云际会的场地。魏晋南北朝是我国学术文化领域继春秋战国之后的又一个思想大解放时期。与春秋战国时期学术文化思想解放仅仅发生在北方文化圈不同,魏晋南北朝时期学术文化思想解放发生在北方文化圈,而鼎盛于江南文化圈。也就是说,春秋战国时期学术文化思想解放是在北方文化背景下完成的,原有的学术思想与传统得到进一步的强化和发展,没有发生质的变化;而魏晋南北朝时期学术文化思想解放则是在江南文化背景下完成的,原有的学术文化思想与传统更多的是被扬弃,形成的是一种新的学术文化,这两种思想解放之间有着本质的区别。

还想特别作一说明的是,对北方文化来说,这是一种新的质变,如同佛学进入中土;对江南文化来说,这种变化只是发展阶段上的飞跃,因为是北方文化的河流大规模地汇入了江南文化的河道。正是因为玄学、佛学进入江南,与江南本土的道教风云际会,才致使江南新的文化精神的产生。"溟涨无端倪,虚舟有超越。"这种新生的清虚的诗性哲学,深深地依托于江南地区原有的学术文化思想。

第一节 神仙思想

江南人的信仰带有明显的泛神论色彩,这种泛神论意识是道教产生与传播的思想基础。东汉末年,魏伯阳父子已经形成了系统的炼丹理论。

魏伯阳(151—约221),名翱,字伯阳,号云牙子。会稽郡上虞人。其父魏朗遭党祸被害致死后,魏伯阳隐遁山林,整理父亲遗稿并辑成《魏子》一书传世。其后魏伯阳闲居养性,造访名山,所著《周易参同契》,思想来源于黄老与《周易》,并参考古炼丹术及炼丹书,假借爻象,以论作丹之意,由于"恐泄天之符",行文多恍惚之辞、类比之喻,文字古奥难懂,不易捉摸。《周易参同契》奠定了道教丹鼎学说的理论基础,被后世奉为"万古丹经王",是现存系统阐述炼丹理论的最早著作,魏伯阳也被世界公认为留有著作的最早的化学家。魏伯阳本人不是道士,后世道教却将其奉为神仙,他的弟子有徐从事、淳于叔通(即淳于斟,又名翼)等人。

孙吴政权建立后,随着孙吴集团的信仰与倡导,道教发展由自发转为自觉,并进入了主流意识形态。《历代崇道记》记载:"吴主孙权于天台山造桐柏观,命郭玄居之;于富春造崇福观,以奉亲也;建业造兴国观;茅山造景阳观、都造观三十九所,度道士八百人。"①孙权的崇道信仙活动,吸引了大批神仙方术之士和道教徒从四面八方来到江南。江南逐渐涌现出了众多的民间道团。其中,茅山派最著名,代表人物先秦时有仙人展上公、郭四朝等,秦汉时有高道李明、左慈等,两晋时有祖师魏华存、杨羲、许谧、许翙、葛洪等,南北朝时有陆修静、孙游岳、陶弘景等,隋唐时有王远知、潘师正、司马承祯、李含光以及著名诗人李白等,高道辈出,为道教正宗与道门主流。

在玄学与佛教的影响下,江南地区道教进一步分化、变革、提升并完形。以葛洪为代表的丹鼎派,大力宣扬服丹成仙。葛洪(284—364),字稚川,自

图11 葛洪

---

① 杜光庭:《历代崇道记》,见车吉心:《中华野史·先秦至隋唐卷》,第1029页,泰安:泰山出版社,2000年。

号抱朴子,世称小仙翁,丹阳郡人。葛洪是有名的医生,著有《肘后方》,有世界上最早有关天花的记载。在炼丹方面也颇有心得,丹书《抱朴子》介绍了许多有关化学的知识。还对道教所信奉的神仙,有着最早的具体描绘:"仙人者,或竦身入云,无翅而飞;或驾龙乘云,上造天阶;或化为鸟兽,游浮青云;或潜行江海,翱翔名山;或食元气;或茹芝草;或出入人间而人不识;或隐其身而莫之见。面生异骨,体有奇毛,率好深僻,不交流俗。"①

葛洪还特别指出,人只要按照长生之道来养生就可以成仙:"若夫仙人,以药物养身,以术数延命,使内疾不生,外患不入,虽久视不死,而旧身不改,苟有其道,无以为难也。"②他在《枕中记》中,构造了一个元始地自然之气而生的元始天王(即"盘古真人"),它开天辟地,化生万物,创造人类,并"能召诸天上大圣及地下神灵,无所不制"③,为等级最高的神仙;在《神仙传》中,他不仅集录了许多古代传说中的神仙,还将江南道教中的一些著名道士奉为神仙,形成了比较完整的神仙理论体系。

为了适应南朝士族政治的需要,陆修静吸收儒家的伦理和礼法,从教理到道术,从斋醮仪式到组织机构,对道教进行改革,促进了道教的官方化。经陆修静改革后的道教,被称为"南天师道"。陆修静(406—477),字元德,号简寂。吴兴东迁人。笃好文籍,穷究象纬。早年出家修道,好方外游,遍历云梦山、衡山、罗浮山、峨眉山等名山胜地。宋文帝闻其名,延请入宫讲道,陆修静不愿囿于束缚,固辞不就。在庐山构筑精庐修道,是为太虚观,为刘宋天师道势力的发展和影响的扩大作出了极大贡献。主张戒律为本,太上老君为高,认为斋醮是求道之本,然后复以礼拜,课以诵经,即能成道。将所得之道教经诀,总括为《三洞》:《洞真经》(《上清》诸经)、《洞玄经》(《灵宝》诸经)、《洞神经》(《三皇经》),并建立了三洞四辅结

---

① 邱鹤亭:《列仙传注译·神仙传注译》,第104页,北京:中国社会科学出版社,2004年。
② 王明:《抱朴子内篇校释》,第13页,北京:中华书局,1980年。
③ 《道藏》第3册,第269页,文物出版社、上海书店、天津古籍出版社,1988年。

构,编纂了我国第一部道教经书总目《三洞经书目录》。撰斋戒仪范一百余卷,以为典式,江南道教斋仪因而初备。

茅山派是上清派的正式名称,上清派为陶弘景在茅山所创,故得名茅山派。陶弘景(456—536),字通明,自号隐居先生或华阳居士,卒谥贞白先生。丹阳郡秣陵人。博学多识,在医药、炼丹、天文历算、地理、兵学、铸剑、经学、文学艺术、道教仪典等方面都有深入的研究,对本草学贡献尤大;有"山中宰相"之誉,后被迫自誓受戒,佛道兼修。全部作品达七八十种,多亡佚,至今尚存者有《本草经集注》《集金丹黄白方》《养性延命录》《华阳陶隐居集》等。编订了第一部道教神仙谱系称《真灵位业图》,包括天神、地祇、人鬼和诸多仙真,大约3 000名,以7个等级排列。

如何才能延年长生?江南道教的答案是:"我命在我不在天。"①除了服丹之外,陶弘景还主张顺应自然之道,炼形养神:"生者神之本,形者神之具。神大用则竭,形大劳则毙。……人所以生者神也,神之所托者形也。神形离别则死,死者不可复生。"他将"少思寡欲""息虑无为"作为养神的基本要求,认为人的七情六欲都是劳心伤神的,应加以控制,并保持心地清静;同时,他又把"饮食有节,起居有度"作为炼形方面的基本要求,认为"饮食之患,过于声色。声色可绝之逾年,饮食不可废之一日。为益亦多,为患亦切"。起居也应像四时那样有序,久坐久卧都对身体不利。只要形神相合,生道合一,便能长生不死。②

江南道教还将儒家的积善立功、忠孝为本,作为成仙的必要条件。葛洪认为:"欲求仙者,要当以忠孝和顺仁信为本。若德行不修,而但务方术,皆不得长生也。……人欲地仙,当立三百善;欲天仙,立千二百善。"③陶弘景远离政治,隐居山林,探讨玄理。当崇佛的梁武帝追问他的行为的

---

① 王明:《抱朴子内篇校释》,第262页,北京:中华书局,1980年。
② 参见陶弘景:《养性延命录·教诫篇》,《道藏》第18册,第477页,文物出版社、上海书店、天津古籍出版社,1988年。
③ 王明:《抱朴子内篇校释》,第47页,北京:中华书局,1980年。

时候,这位"山中宰相"的回答是一首玄言诗:"山中何所有?岭上多白云。只可自怡悦,不堪持赠君。"①陶弘景儒道释兼修,开创了一代道风。

第二节　玄礼双修

"儒学传统中,有一个最薄弱与最柔软的地方特别容易受到挑战,他们关于宇宙与人的形而上的思路未能探幽寻微,为自己的思想理路找到终极的立足点,而过多地关注处理现世实际问题的伦理、道德与政治的思路,又将历史中逐渐形成的群体的社会价值置诸不容置疑的地位。于是,当人们不断追问这一思路的起源以及其合理性依据时,它就有些捉襟见肘。"②在历史经验失去效用、社会现实秩序崩散的"乱世",思想敏锐的知识分子喜欢追问的却往往又是这些"玄而又玄"的"终极的立足点"。

随着东汉大一统王朝的分崩离析,统治思想界近四百年的儒家之学开始失去了魅力,学术界对两汉经学的繁琐学风、谶纬神学的怪诞浅薄、三纲五常的陈词滥调、伦理政治的极端压制普遍感到厌倦,于是转而寻找新的"安身立命"之地,醉心于形而上的哲学论辩。风雅名士们聚在一起,谈论玄道,时人称之为"清谈"或"玄谈"。"清谈"或"玄谈"的主题,是道家的"自然"与儒家的"名教"。他们一改汉代"儒道互黜"的思想格局,主张"祖述老庄",以道家为主调和儒道,建立起了一种"以无为本"的哲学本体论,即"玄学"。

"玄"这一概念,最早见于《老子》"玄之又玄,众妙之门"③。王弼《老子指略》曰:"玄,谓之深者也。"④玄学即是研究幽深玄远问题的学说。当时,玄学主要是对"三玄"(《老子》《庄子》《周易》)的研究和解说,可以说是

---

① 陶弘景:《诏问山中何所有赋诗以答》,见刘柯选编:《古典文学大观》,第45页,长沙:岳麓书社,1988年。
② 葛兆光:《中国思想史》第1卷,第319页,上海:复旦大学出版社,2000年。
③ 《老子》,第2页,朱良志注评,广州:暨南大学出版社,2003年。
④ 楼宇烈:《老子道德经注校释》,第197—198页,北京:中华书局,2008年。

道家之学一种新的表现方式,故又有"新道家"之称。主要代表人物有何晏、王弼、阮籍、嵇康、向秀、郭象等。在玄学发展早期,这些名士们为了表现其"越名教任自然"①的精神,言行上总喜欢表现出一种近乎粗鄙的怪诞,最典型的莫过于"竹林七贤"。"当时文俗之士所最仇疾的阮籍,行动最为任诞,蔑视礼法也最为彻底。然而正在他身上我们看出这新道德运动的意义和目标。这目标就是要把道德灵魂重新建筑在热情和率真之上,摆脱陈腐礼法的外形。因为这礼法已经丧失了它的真精神,变成阻碍生机的桎梏,被奸雄利用作政权工具,借以锄杀异己。"②

当饱历世乱的永嘉士族来到江南时,不仅失去了传统的物质、文化根基,甚至已经失去了思想信仰的支撑。但是,无论是抱残守缺的传统儒学,还是"贵无"的新兴玄学,都在与江南学术文化思想的乱世遭逢中,找到了新的生发点。一方面,玄学对自然的追求与江南地区固有的自然诗性思想深度契合,江南地区在两汉时期生成的异端学术话语也为玄学插上新的翅膀,为此,玄学至东晋后不减反增更为风行,王弼《周易注》在南朝立于学官,南朝宋齐两代的官方四学都包括玄学,梁、陈两代又盛行讲论"三玄"之风。另一方面,玄学家们在山明水秀的江南,重新发现了生命的意义,在自然山水中体会到某种异质同构的玄理,形成了以"澄怀观道"为中心的诗性哲学。名士们也由西晋末的对伦理政治近乎粗鄙的怪诞,转变为东晋南朝时"居易而以求其志"③式的"不竞"之风,"玄礼双修"的优雅风度中包含着一种以自然为中心的崭新的诗性文化精神。

宗白华在研究刘义庆的《世说新语》时,对江南名士们"玄礼双修"有了很好的发现,总结起来有以下四点:一是生活上、人格上的自然主义和个性主义,解脱了汉代儒教统治下的礼法束缚,多半会超脱礼法观点直接欣赏人格个性之美,尊重个性价值。桓温问殷浩曰:"卿何如我?"殷答曰:

---

① 嵇康:《释私论》,见严可均:《全三国文》,第517页,北京:商务印书馆,1999年。
② 宗白华:《美学散步》,第225—226页,上海:上海人民出版社,1981年。
③ 姚思廉:《梁书》,第731页,北京:中华书局,1962年。

图 12　王羲之

"我与我周旋久,宁作我!"这种自我价值的发现和肯定,在西洋是文艺复兴以来的事。二是这种精神上的真自由、真解放,才能把我们的胸襟像一朵花似的展开,接受宇宙和人生的全景,了解它的意义,体会它的深沉的境地。近代哲学上所谓"生命情调""宇宙意识",遂在晋人这超脱的胸襟里萌芽起来。王羲之的《兰亭》诗"群籁虽参差,适我无非新"两句尤能写出晋人以新鲜活泼自由自在的心灵领悟这世界,使触着的一切呈露新的灵魂、新的生命。三是当时美的标准树立得很严格,这标准也就一直是后来中国文艺批评的标准:"雅""绝俗"。这唯美的人生态度还表现于两点:一是把玩"现在",在刹那的现量的生活里求极量的丰富和充实,不为着将来或过去而放弃现在价值的体味和创造;二则美的价值是寄于过程的本身,不在于外在的目的,所谓"无所为而为"的态度。这截然地寄兴趣于生活过程的本身价值而不拘泥于目的,显示了晋人唯美生活的典型。四是晋人的"人格的唯美主义"和对友谊的重视,孕育出了一种高级社交文化如"竹林之游,兰亭禊集"等。玄理的辩论和人物的品藻是这类社交的主要内容。

"晋人以虚灵的胸襟、玄学的意味体会自然,乃能表里澄澈,一片空明,建立最高的晶莹的美的意境!"[①]由于精神上极自由、极解放,最富于智慧、最浓于热情,江南学人爆发出了惊人的创造力,不仅研究领域从经学、子学拓展到史学、文学艺术、自然科学等领域,而且许多学人博学多才,兼收并蓄,取得了极高的成就。

在经学、子学领域,主要是对《老子》《庄子》和《周易》这传统"三玄"进

---

① 宗白华:《美学散步》,第 211 页,上海:上海人民出版社,1981 年。

行研究和解说,并兼及"三礼"《论语》等传统典籍,主要学术人物有虞翻、杨泉、贺循、鲍敬言、沈驎士、王俭、贺玚、皇侃、戚衮,等等。

虞翻(164—233),字仲翔。会稽郡余姚人。曾为《周易》《老子》《论语》《国语》做过训注,经学颇有造诣,尤其精通《易》学。讲学不倦,门生常数百人。北方大儒孔融读到虞翻的《周易》注后,感慨道:"乃知东南之美者,非徒会稽之竹箭也。"①

杨泉(生卒年不详),字德渊,别名杨子。梁国人。早年入吴,常年隐居,道家"崇有派"代表人物,主张以气为体的自然观,一方面肯定"天地之性,自然之理"的客观性,一方面又肯定人有利用和改造自然的主观能动性,在天人关系问题上有着辩证的看法,明确反对北方士族名士的清谈玄风,并贬斥整个玄学思潮。强调"良农之务""工匠之巧"。通过对形声字的分析,发现形声字的声符不但主声也主义。著有《物理论》《太玄经》。

贺循(260—319),字彦先,谥号穆。会稽郡山阴人。精于《礼》传,在会稽任上开凿人工运河连接河网。曾往洛阳就职,经吴地阊门时在船上弹琴。张翰不认识他,听见琴声非常清朗,下船去找贺循,于是就一起谈论起来。张翰没有告诉家里,竟然和贺循一同上路,留下"舟中琴"的知音佳话。著有《丧服谱》《丧服要记》,有文集传世。

鲍敬言(生卒年不详),生平事迹不详,仅在葛洪所著《抱朴子·诘鲍篇》中有零星资料,推知大约生活于葛洪同时或稍前。在政治思想上主张"无君论",指出远古之世,人们本无尊卑,安居乐业,后来由于"君臣既立",社会便产生了不平等,使天下大乱。发展了道家思想"异端"的一面,在中国古代社会独树一帜。

沈驎士(419—503),字云祯,人称织帘先生。吴兴武康人。多次征召不就,隐居德清吴羌山讲授,学生数百人,各造屋依居其侧。家藏书近万卷,曾遇火烧毁数千卷,他虽年已过八十,仍于灯下手抄烬余残缺遗书,复

---

① 陈寿:《三国志》,裴松之注,第 1219 页,上海:上海古籍出版社,2011 年。

成数千卷。著有《周易·两系》《庄子·内篇训》,注有《易经》《礼记》《春秋》《尚书》《论语》《老子要略》等。

王俭(452—489),字仲宝。祖籍琅邪,建康人。儒学冠于当时,精通朝仪,每次大讨论,引证先儒言论,没有人能比过他。主要贡献在目录学,曾校勘古籍,依刘歆《七略》、撰《七志》,突破刘歆收书不收图的旧例,新增《图谱志》;又特立"文翰"一目,以诗赋文集属之,即后世"集部"雏形。

贺玚(452—510),字德琏,贺循玄孙。会稽山阴人。少承家学,精"三礼",梁初创定礼乐,多用其说。曾聚徒教授乡里,前后受业者三千余人,弟子中举明经者数十人。著有《五经义》。

皇侃(488—545),吴郡人。精通儒家经学,尤明"三礼"、《孝经》和《论语》,撰有《论语义疏》,略于传统的章句训诂和名物制度,而多以老、庄玄学解经,与汉儒说经相去甚远,表现出南朝的玄学之风。《论语义疏》至南宋时亡佚,清乾隆间从日本引回,收进《四库全书》;清代的《古经解汇函》中亦有刻本,此为南朝经疏中仅存的一部。

戚衮(519—581),字公文。吴郡盐官人。因他在儒林卓有声望,国子博士宋怀方自魏带来《三礼疏》《礼记疏》,秘惜不传,及将亡,立下遗嘱曰:"吾死后,戚生若赴,便以《仪礼》《礼记》义本付之,若其不来,即宜随尸而殡。"①擅"三礼",撰《三礼义记》《礼记义》,逢战乱已亡佚,清代马国翰辑佚为《周礼音》。

在史学领域,主要是书写新史,阐释旧史,研究杂史,代表人物有干宝、虞预、谢沈、裴松之、范晔、刘义庆,等等。

干宝(283—351),字令升。新蔡人。其祖、父皆曾在吴国任职。学识渊博,著述宏丰,堪称魏晋间之通人,尤其精通史学,好易学。主要有《周易注》《五气变化论》《论妖怪》《论山徙》《司徒仪》《周官礼注》《晋纪》《干子》《春秋序论》《百志诗》《搜神记》等。其中,《搜神记》是部志怪短篇小

---

① 姚思:《陈书》列传,卷27。

说集,被称作中国志怪小说的鼻祖。

虞预(约285—340),本名茂,避东晋明穆皇后母讳改,字叔宁。会稽郡余姚人。雅好经史,学问富博,憎嫉玄虚,不以阮籍之辈的裸袒为然。著《晋书》《会稽典录》《诸虞传》。

谢沈(290—342),字行思。会稽郡山阴人。博学多识,明练经史。多次征召不就,闲居养母,不交人事,耕耘之暇,研精坟籍。著《后汉书》,今不传,清代有辑本。

裴松之(372—451),字世期。河东闻喜人,后移居江南。宋文帝以陈寿所著《三国志》记事过简,让他为之作补注。据沈家本统计,注中引书"经部廿二家,史部一百四十二家,子部廿三家,集部廿三家,凡二百十家"。主要有六个方面:一是引诸家之论,以辨是非;二是参诸书之说,以核讹异;三是传所有之事,详其委曲;四是传所无之事,补其阙佚;五是传所有之人,详其生平;六是传所无之人,附以同类。其中往往嗜奇爱博,颇伤芜杂,但许多《三国志》中失载的历史事实得以保存;又多首尾完具,不似有些注皆翦裁割裂之文。与儿子裴骃、曾孙裴子野被合称为"史学三裴"。

范晔(398—445),字蔚宗。顺阳人,成长在江南。无神论者,反对天命论、图谶说。著有《后汉书》,上起汉光武帝刘秀建武元年,下讫汉献帝建安二十五年,囊括东汉一代一百九十六年的历史。自述编纂目的是"欲因事就卷内发论,以正一代得失"(《狱中与诸甥侄书》),明确提出写史为政治服务,可以说是历史上的第一人,为此特别重视史论。还使用类叙法,把人品相同的人合为一传,有《皇后纪》《党锢》《宦官》《文苑》《独行》《方术》《逸民》《列女》八个类传,大大地增加了书的容量,也给不少人品很好但事迹不多的人带来了立传机会。《后汉书》博采众书,结构严谨,属词丽密,与《史记》《汉书》《三国志》并称"前四史"。

刘义庆(403—444),字季伯。原籍彭城,世居京口。爱好文学,广招四方文学之士,聚于门下。曾任秘书监一职,掌管国家藏书馆阁,有机会接触与博览皇家典籍。主持编写志人小说《世说新语》、志怪小说《幽明录》。其中,《世说新语》是魏晋南北朝时期志人小说的代表作,依内容可分为"德行""言语""政事""文学""方正"等三十六类,主要记述东汉末年至晋代士大夫清高放诞的言谈逸事,较多地反映了当时士族的思想、生活和风气,每类收有若干则,全书共一千多则,每则文字长短不一,有的数行,有的三言两语,可见笔记小说"随手而记"的诉求及特性,在古小说中自成一体。

在文学艺术领域,主要是文艺新思想、新观念以及对名家名作的品评,代表人物有陆机、王羲之、孙绰、戴逵、顾恺之、谢灵运、沈约、刘勰、钟嵘、谢赫、萧统、萧纲、萧绎,等等。

陆机(261—303),字士衡,世称陆平原。吴郡吴县人。与其弟陆云合称"二陆"。诗歌重藻绘排偶,文章开骈文的先河。著有《文赋》,它是中国最早系统探讨文学创作问题的论著。亦善书法,章草作品《平复帖》是中国古代存世最早的名人书法真迹,也是历史上第一件流传有序的法帖墨迹,有"法帖之祖"的美誉。还著有《画论》。

王羲之(303—361),字逸少,别称王右军、王会稽。琅琊人,后迁会稽山阴,晚年隐居剡县金庭。具有"适我无非新"(《兰亭》)和"静照在忘求"(《答许询诗》)的自然哲学精神。其书法兼善隶、草、楷、行各体,精研体势,心摹手追,广采众长,冶于一炉,摆脱了汉魏以来质朴的书风,创妍美流便之新体,"飘若浮云,矫若惊龙",自成一家,影响深远,有"书圣"之称。代表作《兰亭序》被誉为"天下第一行书"。书法留有"入木三分"的典故,交往留有"兰亭雅聚"的方式,风度留有"坦腹东床"的佳话。其子王献之与之并称"二王"。

孙绰(314—371),字兴公。太原中都人,后迁会稽。玄言诗人,其《天台山赋》云:"恣语乐以终日,等寂默于不言,浑万象以冥观,兀同体于自然。"又云:"游览既周,体静心闲,害马已去,世事都捐,投刃皆虚,目牛无全,凝想幽岩,朗咏长川。"在《喻道论》中,以问答的形式对佛和道、周孔之教与佛教的关系等问题进行了论证,认为"夫佛也者,体道者也;道也者,导物者也",佛、道之间并没有冲突;提出"周孔即佛,佛即周孔"的观点,在中国历史上第一次用如此明快的语言表达了儒佛一致论。

戴逵(326—396),字安道。谯郡铚县人,居会稽剡县。隐逸不仕,"性高洁,常以礼度自处,深以放达为非道"①,工绘画,善弹琴,更擅长雕刻及铸造佛像。汉魏以来的佛像,由于"形制古朴,未足瞻敬",直到戴逵的出现才首创了中国式佛像,并且创造了夹纻漆像的作法,把漆工艺的技术运用到雕塑方面,是今天仍流行的脱胎漆器的创始者。在南京瓦官寺作的五躯佛像,和顾恺之的《维摩诘像》及狮子国的玉像,共称"瓦官寺三绝"。著有《戴逵集》。

顾恺之(348—409),字长康,小字虎头。晋陵无锡人。博学多才,时人称之为"三绝":画绝、文绝和痴绝。作画意在传神,"迁想妙得""以形写神"等论点,为中国传统绘画的发展奠定了基础。作品有《洛神赋图》《女史箴图》《斫琴图》《魏晋胜流画赞》《论画》。与陆探微、张僧繇为南北朝时期的三位最重要画家,代表了汉代美术迅速发展和成熟的人物画艺术,唐代张怀瓘对其画评价甚高,云:"张僧繇得其肉,陆探微得其骨,顾恺之得其神。"

谢灵运(385—433),原名公义,字灵运,小名客儿,世称谢客。世袭为康乐公,也称谢康乐。祖籍陈郡阳夏,生于会稽始宁。其诗与颜延之齐名,并称"颜谢"。所开创的山水诗,把自然界的美景引进诗中,使山水成为独立的审美对象。颇信佛教、道教,还兼通史学,擅长书法,录秘阁图书14 582卷,另有佛经书籍438卷,分为645帙。明人辑有《谢康乐集》。

沈约(441—513),字休文,谥号隐。吴兴武康人。长于文史,发现五言诗的"八病"。著有《晋书》《宋书》《齐纪》《高祖纪》《迩言》《谥例》《宋文章志》,并撰《四声谱》。作品除《宋书》外,多已亡佚。《宋书》起于东晋安帝义熙之初,终于宋顺帝升明三年,记东晋末年及刘宋一代史事,该书创立家传的形式,开以子、孙之传附父、祖之传的先声,是其时

---

① 房玄龄等:《晋书》第八册,第2457页,北京:中华书局,1974年。

社会风气崇尚门第、家族史和谱系之学在史学上的反映。周颙著《四声切韵》,提出平、上、去、入四声;沈约与谢朓、王融、范云等人一起,将四声的区辨同传统的诗赋音韵知识相结合,规定了一套五言诗创作时应避免的声律上的毛病,就是后人所记之"八病",即平头、上尾、蜂腰、鹤膝、大韵、小韵、旁钮、正钮等八种声病,开创"永明体"诗,讲求声律对仗,推动诗歌走向格律化。

刘勰(465—520),字彦和。京口人。青少年时期与沙门的僧人生活在一起,对经文非常精通,并分门别类进行整理。其文学批评著作《文心雕龙》共50篇,分上、下部,各25篇。一方面认为文学的发展变化,会受到时代及社会政治生活的影响;另一方面很重视文学本身的发展规律,主张"通变"。《文心雕龙》可谓体大虑周,并提出了"风清骨峻"的新审美观。

钟嵘(468—518),字仲伟。颍川长社人,后至江南。仿汉代"九品论人,七略裁士"的著作先例,写成诗歌评论专著《诗品》。以五言诗为主,全书将两汉至梁代诗人122人,分为上、中、下三品进行评论,故名为《诗品》。在《诗品》中,钟嵘提倡风力,反对玄言;主张音韵自然和谐,反对人为的声病说;主张"直寻",反对用典,提出了一套比较系统的诗歌品评的标准。

谢赫(479—502),南朝齐、梁间人。善作风俗画、人物画。著有《古画品录》,为中国最古的绘画论著,品评了前代27位画家的作品,几乎是中国画创作历史上的第一次系统性总结;提出绘画上的"六法"(一为气韵生动,二为骨法用笔,三为应物象形,四为随类赋彩,五为经营位置,六为传移模写),形成了一个初步完备的绘画理论体系框架,对中国古代绘画创作的影响极为深远。

萧统(501—531),字德施,小字维摩,后世称昭明太子。南兰陵人。酷爱读书,笃好玄学,身边有一大批有学识的知识分子,经常在一起讨论文籍,商榷古今,继以著述,主持编有《文集》、典诰类的《正序》、五言诗精华《英华集》、历代诗文而成的总集《文选》。其中,《文选》是中国现存的最早一部诗文总集,选录了先秦至南朝梁代八九百年间、一百多个作者、七百余篇各种体裁的文学作品,选录的标准是"事出于沉思,义归乎翰藻",主要收录诗文辞赋,除了少数赞、论、序、述被认为是文学作品外,即情义与辞采内外并茂,有意识地把文学作品同学术著作、疏奏应用之文区别开来。

萧纲(503—551),萧统之弟,字世缵。自幼爱好文学,围绕在他的周围,形成了一个主张鲜明的文学集团,主张"立身之道与文章异:立身先须谨重,文章且须放荡"(《诫当阳公大心书》),公开宣布并倡导文学史上著名的宫体文学。宫体诗主要是以宫廷生活为描写对象,具体的题材不外乎咏物与描写女性,内容贫乏,只讲究词藻与对偶,但在一定程度上发展了吴歌的艺术形式,并继承了永明体的艺术探索而更趋格律化。

萧绎(508—554),萧纲之弟,字世诚,小字七符,自号金楼子。性好书籍,博学多才,著有《孝德传》《忠臣传》《丹阳尹传》《汉书注》《内典博要》《玉韬》《补阙子》《全德志》《荆南志》《贡职图》《古今同姓名录》《老子讲疏》《金楼子》《式赞》等数百卷,多已佚,明人辑有《梁元帝集》。画作《职贡图》表现了外国使臣的形象,生动地体现了南北朝的对外关系。《金楼子》是采用札记、随感的形式,阐发自己的思想。萧绎被困江陵时,仍讲《老子》于龙光殿;城陷后,将聚集数十年的太王、浑天仪毁掉,又取古画、法帖、古今图书14万卷尽焚于一炬,史称图书一厄。

在自然科学领域,主要是基于自然思想,对客观规律的发现和科学发明创造,代表人物有阚泽、虞喜、祖冲之,等等。

阚泽(170—243),字德润。会稽郡山阴人。少年时家贫,只得向别人抄书,于是博学多闻。虞翻称其为"蜀之扬雄""今之仲舒"。撰有《乾象历注》,以纠正历法时日的差误,另有《九章算术》,皆不存。祖冲之对圆周率的精确计算借鉴了阚泽的成果。

虞喜(281—356),虞预之兄,字仲宁。博学好古,尤喜天文历算,咸和五年(330),根据冬至日恒星的中天观测,发现岁差,认为太阳从第一年冬至到第二年冬至向西移过原先位置,推算出每 50 年退一度。祖冲之制《大明历》开创中国天文学史新纪元,就用了"岁差"因素。著有《安天论》《毛诗释》《尚书释问》。

图 13 祖冲之

祖冲之(429—500),字文远。祖籍范阳郡遒县,建康人。钻研自然科学,主要贡献在数学、天文历法和机械制造三方面,首次将圆周率精算到小数第七位,即在 3.141 592 6 和 3.141 592 7 之间,对于中国乃至世界是一个重大贡献,被称为"祖率";在《大明历》中,区分了回归年和恒星年,最早将岁差引进历法,提出了用圭表测量正午太阳影长以定冬至时刻的方法,并采用了 391 年加 144 个闰月的新闰周,推算出一个回归年为 365.242 814 81 日(与今天的推算值仅相差 46 秒),第一次提出月亮相继两次通过黄道、白道的同一交点的时间(即"交点月")长度为 27.212 3 日(与现今推算值仅相差十万分之一日,即不到 1 秒),为后世的天文研究提供了正确的方法;设计制造过水碓磨和铜制机件传动的指南车、千里船、定时器。主要著作有《缀术》《安边论》《述异记》《历议》。其中,在《缀术》中提出了"开差幂"和"开差立"的问题,"开差幂"即是已知长方形的面积和长宽的差,用开平方的方法求它的长和宽,而"开差立"就是已知长方体的体积和长、宽、高的差,用开立方的办法来求它的边长,同时也包括已知圆柱体、球体的体积来求它们的直径的问题。祖冲之代表江南自然科学的第一个高峰。

第三节　佛学思想

　　道教、玄学部分地解决了知识分子对安身立命问题的自我思考,在学术史上留下了许多美丽的佳话。然而无论是道教的成仙思想还是玄学的自然观念,解决的只是今生今世的问题,还有来生来世的问题仍然是悬而未决。特别是对于普通民众来说,在乱世苟且偷生的依据或意义何在?

　　东传的佛教给其信仰者提供了"救赎":"凡其经旨,大抵言生生之类,皆因行业而起。有过去、当今、未来,历三世,识神常不灭。凡为善恶,必有报应。渐积胜业,陶冶粗鄙,经无数形,澡练神明,乃致无生而得佛道。其间阶次心行,等级非一,皆缘浅以至深,藉微而为著。率在于积仁顺,蠲嗜欲,习虚静而成通照也。故其始修心则依佛、法、僧,谓之三归,若君子之三畏也。又有五戒,去杀、盗、淫、妄言、饮酒,大意与仁、义、礼、智、信同,名为异耳。云奉持之,则生天人胜处,亏犯则坠鬼畜诸苦。又善恶生处,凡有六道焉。"①

　　宗白华是这样评价魏晋南北朝时代的学术思想的:"这时代以前——汉代——在艺术上过于质朴,在思想上定于一尊,统治于儒教;这时代以后——唐代——在艺术上过于成熟,在思想上又入于儒、佛、道三教的支配。只有这几百年间是精神上的大解放,人格上、思想上的大自由。人心里面的美与丑、高贵与残忍、圣洁与恶魔,同样发挥到了极致。这也是中国周秦诸子以后第二度的哲学时代,一些卓超的哲学天才——佛教的大师,也是生在这个时代。"②

　　佛教在江南流传过程中,依靠神异力量"他力救赎"的取向逐渐消解,转为依靠自身的宗教信仰与道德行为的"自力救赎"取向。谢灵运等人拥有深厚的中国文化背景,他们在参与研究和讨论佛理时,对佛学的理解就

---

① 魏收:《魏书·释老志》,第 3026 页,北京:中华书局,1974 年。
② 宗白华:《美学散步》,第 208 页,上海:上海人民出版社,1981 年。

常常超出世俗具体的救赎、供养、施舍、报应等范围,而往往涉及精深的思理。玄学的加入有力地促进了江南佛学思想的发展,从而涌现出一批佛学大师。在此过程中,江南地区基于自然的无神论思想也得以迅速发展。

在域外佛学大师传授方面,公元222年,月氏人支谦到建业,译出《大明度无极经》《维摩诘经》《大阿弥陀经》等36部48卷。247年,康僧会从交趾到建业,后来在孙权支持下建造建初寺,译编《六度集经》《道品》等佛经2部14卷,并注《安般守意经》《法镜经》等。310年,西域僧帛尸梨蜜多罗过江住建初寺,与王导、庾亮等公卿交往密切,译《大孔雀王神咒》等佛经2部2卷。381年,西域僧竺昙无兰到建康译经,译经61部63卷,其中多为《阿含经》单品经。423年,罽宾国佛陀什到建康,与竺道生等译出《五分律》《五分比丘戒本》等。424年,西域僧置良耶舍、罽宾国僧昙摩蜜多到建康,置良耶舍译有《观无量寿经》,昙摩蜜多译有《观普贤菩萨行法经》等12部17卷。435年,中印度僧求那跋陀罗到建康,后译出《胜鬘经》《楞伽经》《杂阿含经》等52部134卷。548年,印度优禅尼国僧真谛到建康,译出《十七地论》《摄大乘论》《显识论》《转识论》《唯识论》《俱舍论释》等49部142卷。

图14 支 谦

第三章 清虚的诗性哲学

支谦(生卒年不详),又名支越,字恭明。本月氏人,随祖父移居中国,精通汉文。222年到建业后,孙权拜其为博士辅导太子,最后隐居穹隆山。他对从前那些过分朴质以致隐晦义理的佛经译本很不满意,主张"尚文"和"尚质"要调和,从而领佛经翻译由质趋文的风气之先。以大乘"般若性空"为重点,译出《大明度无极经》《维摩诘经》《大阿弥陀经》等36部48卷,除翻译外,还作了合译和译注的功夫。深谙音律,留意经文中赞颂的歌唱,曾依据《无量寿经》《中本起经》创作了《赞菩萨连句梵呗》三契,对赞呗艺术的发展有相当影响。

康僧会(? —280),祖籍康居,随父移居交趾,精通汉文。247年到建业,孙权为其建建初寺,史称此为江南有佛寺之始。译编有《六度集经》《道品》等佛经2部14卷,又传泥洹呗声,并注《安般守意经》《法镜经》《道树》三经,并为之作序,为中国佛教史上最早有佛、道、儒三家思想的僧人。曾在上海龙华寺附近设立"沪生堂",传授自印度流传过来的制糖之法,上海及周边地区的人们在饮食中都要加一些糖的生活习惯保留至今,并有"不可一餐无糖"的说法。

帛尸梨蜜多罗(? —343),汉名吉友,时人称为"高座"。龟兹人。让王位之后,出家为僧。西晋永嘉年间来中国,310年到建康住建初寺。不学汉语,交往要靠翻译,但颖悟非常,往往不待翻译,而已神领意得。主持译出《大孔雀王神咒》《孔雀王杂神咒》各1卷,又援弟子以"高声梵呗",对于咒法和赞呗在江南的传播发展作出了贡献。

竺昙无兰(生卒年不详),译名为法正。西域人。381年到建康译经61部63卷,其中多为《阿含经》单品经。译作多属于小乘经典及神咒。

佛陀什(生卒年不详),亦称佛驮什、佛大什,译名为觉寿,亦作觉受。罽宾国人。专精律品,兼达禅要。423年到建康龙光寺,译《五分律》34卷,并抄《戒行》《羯摩》等行世。

畺良耶舍(383—442)。西域人。博通阿毗昙、律部,精通禅观。424年从西域赴建康,居钟山的道林精舍。译《观无量寿佛经》《观药王药上二菩萨经》。

昙摩蜜多(356—442)，译名为法友，人称"大禅师"，又称"连眉禅师"。罽宾国人。424年到达建康，开始住在中兴寺，后又住在祇洹寺，译出《五门禅经要用法》《观普贤菩萨行法经》《观虚空藏菩萨经》各1卷，并以禅道教授学徒。后止于钟山下定林寺，另建上寺，以为安禅之所，并译出《禅秘要经》3卷。

求那跋陀罗(394—468)，译名为功德贤，号摩诃衍。中天竺人。先习小乘，后又深通大乘。435年到达建康，颜延之等以师礼事之。译有《杂阿含经》《大法鼓经》《胜鬘经》《楞伽经》《相续解脱经》和《无量寿经》。求那跋陀罗的翻译比较质直，但仍不失原意。由于求那跋陀罗传播了这一禅法的种子，后来得到达摩、慧可、法融等人的培养，形成一派专讲《楞伽经》的楞伽师，终至蜕化为中国的禅宗。

真谛(499—569)，梵名波罗木陀，原名拘那罗陀。印度优禅尼国人。精通大乘佛教。548年应梁武帝邀请，真谛带着经论梵本240夹，乘船来到建康。在准备开始译经之时，爆发了"侯景之乱"，于是他辗转到富春，才开始译经。之后，又多次迁移，虽在兵荒马乱年代，但始终坚持译经。译有《十七地论》《摄大乘论》《显识论》《转识论》《唯识论》《俱舍论释》等49部142卷。与鸠摩罗什、玄奘、不空并称为中国佛教四大译经师。

在中国学人传授佛学方面，308年，竺道潜避乱过江，与东晋元、明二帝及丞相王导、太尉庾亮等公卿交往很深，时人称为"方外之士"。其后，支遁迁居江南。412年，法显游历后回国，并把见闻写为《佛国记》。422年，谢灵运著《辨宗论》，会通儒佛，发挥竺道生的顿悟理论。430年，昙无谶所译《大般涅槃经》传到建康，慧严、慧观和谢灵运依六卷本《泥洹经》对其进行改编，此即为南本《涅槃经》，有36卷，由此，涅槃佛性学说盛极一时。504年，梁武帝舍道归佛，508年敕编《众经要抄》并目录78卷、《大般涅槃子注经》72卷，此即今存《大般涅槃经集解》；509年敕撰《涅槃义疏》10余万言，并为其作序；515年敕撰《经律异相》55卷、《出要律仪》20卷。518年，僧祐卒，生前撰《出三藏记集》《弘明集》《释迦谱》等。519年，慧皎撰《高僧传》13卷,叙目1卷。560年,宝琼注《成实论》。

竺道潜(286—374),又称竺潜、竺法潜、竺法深、深公、潜法师,俗姓王,晋丞相王导、大将军武昌郡公王敦的同宗兄弟。琅琊人。出身贵族,容貌堂堂,事中州大名士刘元真为师。308年到建康开讲《法华》《大品》,追随他学道的人很多。后隐迹剡山,以避当世,优游讲席30多年。

支遁(314—366),字道林,世称支公,亦曰林公,别号支硎,本姓关。陈留人。随家人迁居江南,隐居余杭山、支硎山,后遁入剡山。精通玄佛,提出"即色本空":"'色'(现象世界)自身本来没有实在的本性,其实就是'空',虽然色与空不同,但归根结底'色即是空','知'(意识世界)自身也不能自足地拥有知觉,所以'知'与'寂'实际上也是一回事。按照这种思路,人们不必专门固执于心灵之'空',不必逃避宇宙之'色',不必提心吊胆地提防知识的障碍,也不必苦苦地追求空寂的境界,所以,在自然适意之中,反而达成了宇宙与人心的合一。"①作《即色游玄论》《逍遥论》《圣不辩之论》《道行旨归》,创立般若学即色义。

法显(334—420),司州平阳郡武阳人。399年从长安出发,经陆上丝绸之路至天竺,游历32个国家,收集了大批梵文经典,历时十四年,412年由海上丝绸之路回国,是中国历史上有记载的第一位到达了印度本土的中国人。第二年到达建康道场寺,同佛陀跋陀罗、宝云等译出《摩诃僧祇律》40卷、《僧祇比丘戒本》1卷、《僧祇比丘尼戒本》1卷、《大般泥洹经》6卷、《杂藏经》1卷,并撰写历游天竺记传《佛国记》。《佛国记》又名《法显传》《历游天竺记》《昔道人法显从长安行西至天竺传》《释法显行传》《历游天竺记传》等,成书于416年,书中记叙了法显与同侣发迹长安,度沙河,逾葱岭,历经艰辛而至北天竺,尔后周游西天竺、中天竺、东天竺,最后从海上返回的全部行程及其见闻,并讲述了中国人笃信佛家,把一切因缘际会、聚散离合,以及人世间千丝万缕的复杂而微妙的关系,都归结在了一

---

① 葛兆光:《中国思想史》第1卷,第401页,上海:复旦大学出版社,2001年。

个"缘"字上。该书是中国人最早以实地的经历,根据个人的所见所闻,记载一千五六百年以前中亚、南亚、东南亚的历史、地理、宗教的一部杰作。由于书中记叙的西域古国早已灭亡,典册罕存,该书便成了研究这些古国历史变迁的稀世珍宝,因而受到了中外学者的高度重视。

竺道生(355—434),本姓魏,巨鹿人。主张"一切众生,莫不是佛,亦皆涅槃"(《法华经疏》)、"顿悟成佛"(谢灵运(《辨宗论》),认为法显所译《泥洹经》不够圆满,因而被逐出建康,但得到了谢灵运等人的支持。"道生和谢灵运并不是反对学佛和修行的重要性,他们的意思是说,学佛和修行只是成佛的预备,仅靠这样的渐进积累远不足以成佛。成佛还要有一个突变的心灵经验,使人跳过深渊,由此岸达到彼岸,在一瞬间成佛。人在跳跃深渊时,也可能跳不过去,结果还是留在此岸;在此岸和彼岸,并无其他中间步骤。"[①]著有《二谛论》《佛性当有论》《法身无色论》《佛无净土论》。

僧祐(445—518),本姓俞。原籍彭城下邳,生于建康。精通律部,史称"僧祐律师"。中国历史上第一个搜聚卷帙建立经藏者,并编成《出三藏记集》15卷,此为现存最古的佛教经录。著述有《出三藏记集》15卷、《萨婆多部相承传》、《十诵义记》、《释迦谱》5卷、《世界记》5卷、《法苑集》10卷、《弘明集》14卷、《法集杂记传铭》10卷,这八种著述总其名为《释僧祐法集》。传弘律学,门徒达一万一千余人。

萧衍(464—549),字叔达,小字练儿。即梁武帝。南兰陵郡武进县人。以经学、史学研究为主,撰有《周易讲疏》《春秋答问》《孔子正言》等200余卷,主持编撰600卷的《通史》,都没有流传下来;晚年转佛,四次舍身出家,著有《涅槃》《大品》《净名》《三慧》等数百卷佛学著作;对道家也颇有研究,创立了"三教同源说"。

慧皎(497—554),本姓陈。会稽上虞人。博通内外学及佛教经律,住会稽嘉祥寺,春夏讲经传法,秋冬专心著述,撰《涅盘义疏》10卷、《梵网经

[①] 冯友兰:《中国哲学简史》,第215页,北京:新世界出版社,2004年。

疏》3卷行世。鉴于佛教盛行,出家人众,不少名僧徒具虚名,遂收检史料,编撰《高僧传》凡14卷,分译经、义解、神异等十科,记载自东汉明帝至梁代高僧257人,附200余人,成为中国佛教史上第一部系统的僧传,所创僧传体例为后世所依。

宝琼(504—584),又称宝璃,俗姓徐。东莞人,后避难居于毗陵曲阿。蒙梁武帝诏入寿光殿论谈,其后请辞归乡,在建安寺讲说。后再度入京,讲说成实论等,其间亦颇多灵异。及陈武帝、陈文帝之世,被举为京邑大僧正,大力改革旧弊,令僧尼自行检肃,名声遂传于四方。擅于讲说,如讲成实论九十一遍、涅槃经三十遍、大品般若经五遍;著作亦繁,如成实玄义20卷、成实文疏16卷、涅槃疏17卷、大品疏13卷、大乘义10卷、法华、维摩等之文疏各若干卷。

在无神论及其与佛学论辩方面,慧琳著《白黑论》,认为佛、儒、道皆劝人为善,但方法不同;又认为佛教宣传的精神不灭、生死轮回理论,不足置信。何承天著《达性论》,发挥神灭论观点,谓"生必有死,形毙神散",颜延

图15 范 缜

之曾著文反驳。467年,顾欢撰《夷夏论》,谓佛、道同源,但有夷、夏之别,道教适宜内地教化。487年,萧子良撰《净住子》,范缜与之论辩,盛称无佛,著《神灭论》。

慧琳(？—487),本姓刘。秦郡人。少年出家,住建业冶城寺。俳谐好语笑,为性傲诞,颇自矜伐,敢于批判与诋毁佛教。精于儒家经典及老庄之学,曾注解《孝经》及《庄子》之《逍遥游》。433年作《白黑论》,又名《均善论》《均圣论》,针对当时佛教与反佛教双方争执的根本问题,假设白学先生(代表儒、道)与黑学先生(代表佛教)相互辩难,尽管文章旨归在调和三教,认为三教"均善",教主"均圣",主张佛教的六度与儒家的五教(五常)并行,信顺(指道)与慈悲(指佛)齐立,但对于佛教的基本理论如"净土说""地狱说""来生说"之类的核心问题,颇多讥评。时人以其着黑色僧衣,称之为"黑衣宰相"。

何承天(370—447),别称何衡阳。东海郯人。通览经史子集,精于天文律历和计算。制订《元嘉历》,确定冬至时刻和冬至时日所在位置,在我国天文律历史上占有重要地位。论周天度数和两极距离相当于给出圆周率的近似值约为3.1429,对后世历法影响很大。兼通音律,发明一种接近十二平均律的新律,能弹筝,复擅弈棋。著有《达性论》《与宗居士书》《答颜光禄》《报应问》,运用当时所能达到的自然科学水平,进行反佛的理论斗争,在形神问题上批判"神不灭"的唯心主义理论,反对因果报应说。《报应问》《达性论》等这些著作记录了他和佛教徒宗炳、颜延之等的辩论。

顾欢(生卒年不详),字景怡。吴郡盐官人。前半生治儒学,撰有《王弼易二系注》《尚书百问》和《毛诗集解叙义》等。晚年服食,事黄老,崇奉道教,是上清派的信奉者和重要传人。齐高帝萧道成征召,自称山谷臣。顾欢见佛、道二家互相非毁,欲辨其是与非,于是作《夷夏论》,以论佛、道二家的是非、优劣。论中虽有调和二教之辞,但重点是强调二者之异,说道教是产生于华夏的圣教,佛教则是出于西戎的戎法,虽然二教皆可化俗,但只能各自适用于自己的国度,即道教适用于中国,佛教只适用于西戎。同时，他还进一步指出，产生于西戎的佛法，有些思想是与中国的礼教不相容的，华夏之邦只能施行道教，不能"述效"戎法，佛教应该回到它的本土去。此文一出，立即遭到佛徒及其信仰者的强烈反对，纷纷著文反驳，形成南朝齐初一场规模颇大的道佛斗争。

范缜（约450—515），字子真。南乡舞阴人，467年移居建康。继承和发扬荀况、王充等人的唯物论思想。489年与以竟陵王萧子良为首的佛门信徒展开一场论战。其后写出《神灭论》，提出"形存神存，形谢神灭"的无神论观点。"神即形也，形即神也。是以形存则神存，形谢则神灭也。"所谓"形"是形体，"神"是精神，"即"就是密不可分；形体存在，精神才存在，形体衰亡，精神也就归于消灭。在"形神相即"的基础上，进一步提出"形质神用"的著名论点，即形体是精神的质体，精神是形体的作用，是由形派生出来的东西，决不能脱离形这个主体而单独存在。《神灭论》继承和发扬了荀况、王充等人的唯物论思想，是中国古代思想发展史上具有划时代意义的不朽作品。507年，梁武帝颁发《敕答臣下神灭论》，响应者有临川王萧宏等六十四人，萧琛、曹思文、沈约亦著文反驳。范缜对此毫不示弱，遂将《神灭论》改写成宾主问答体，共设三十一个问答，同时沉着应战，据理驳斥。在这场论战中，范缜"辩摧众口，日服千人"，最终以胜利者的姿态结束这场论战。

第四节　崇"清"风尚

魏晋南北朝期间，由于整个时代失去思想信仰（或曰信仰多元化），也由于江南学术文化自身的包容性，促使道教、玄学、佛学等思想在同一时代中共存局面开始形成，形成了以"澄怀观道"为中心的诗性哲学。这种诗性哲学注重自然，偏爱与山水审美式的沟通，在江南地区逐渐成为一种自觉的追求。

图16　谢灵运

《南史·颜延之传》载:"延之尝问鲍照己与灵运优劣,照曰:'谢五言如初发芙蓉,自然可爱;君诗若铺锦列绣,亦雕缋满眼。'"这种"初发芙蓉"式的审美风尚可以用一个关键词来形容,那就是"清":"清,朗也。澄水之貌。朗者,明也,澄而后明,故云澄水之貌,引申之,凡洁曰清,凡人洁之亦曰清。同瀞。从水,青声。""瀞,无垢秽也"(《说文解字注》)。"清"包含着自然澄明的美学内涵。

(一)"清":超凡绝俗的自然情性

《世说新语》中就有这种心理境界的刻画:"司马太傅斋中夜坐,于时天月明净,都无纤翳。太傅叹以为佳。谢景重在坐,答曰:'意谓乃不如微云点缀。'太傅因戏谢曰:'卿居心不净,乃复强欲滓太清耶。'"联想到陶渊明的《拟古》诗"日暮天无云,春风扇微和",可见晋人对内心"清净"的推崇。《世说新语》也爱用"清"来评价当时人物的这种因内及外形成的风度,如评王羲之"风骨清举也",评桓子野"每闻清歌,辄唤奈何"。

当时的文论家也爱用"清"来赞美作家以及作家表现在作品中的超凡绝俗的情性美。钟嵘在《诗品》中评刘琨"善为凄戾之词,自有清拔之气",评谢庄诗"气候清雅"。刘勰在《文心雕龙》中更是多方论及:"嵇志清峻,阮旨遥深";"胡阮嘉其清,王子伤其隘,各其志也";"标序盛德,必见清风之华;昭纪鸿懿,必见峻伟之烈",并主张构思时"贵在虚静,疏瀹五藏,澡雪精神";"务在节宣,清和其心,调畅其气"。

他们不仅向内发现了"清气"和文中"清志"的关系,还向外发现了人的"清心"与自然山水之"清"的对应关系:"清风明月,辄思玄度","非唯使人情开涤,亦觉日月清朗"(《世说新语》);"若夫珪璋挺其惠心,英华秀其清气,物色相召,人谁获安","天高气清,阴沈(沉)之志远","况清风与明月同夜,白日与春林共朝哉!"(《文心雕龙》)

这是一种来自山水的灵性之美,是人的个体生命精神超越世俗后诗意的升华和自然的回归。"处在魏晋玄风影响下的魏晋文学对美的追求是同对无限超越的理想人格本体的追求分不开的……它追求的是一种超世绝俗的美。"①这种超凡绝俗的情性,是形成当时文学"清"的审美特质的核心所在。

(二)"清":简约玄澹的审美形式

魏晋南北朝一方面追求形式上的"华丽、壮大",另一方面更追求形式上的"清峻、通脱",即简约玄澹。② 与"清"的审美内核相连,简约玄澹成为当时文人名士超凡绝俗情性的最好呈现方式。

钟嵘在《诗品》中主张诗"吟咏性情"。如何来表达这种"自然英旨"呢?他反对"用事""声律"等"伤其真美"的形式主义的做法,主张"直寻":"清浊通流,口吻流利";"托喻清远";"诗虽嫩弱,有清工之句";"康帛二胡,亦有清句";"奇句清拔"。

刘勰的《文心雕龙》中亦有同样的论述:"颂惟典雅,辞必清铄,敷写似赋,而不入华侈之区";"张载剑阁,其才清采";"清词转而不穷,巧义出而卓立";"体同而事核,辞清而理哀";"体赡而律调,辞清而志显";"句之清英,字不妄也";"结藻清英,流韵绮靡"。

萧子显在《南齐书·文学评论》中从反面总结出语言形式欠"清"的原因:"辑事比类,非对不发,博物可嘉,职成拘制。或全借古语,用申今情,崎岖牵引,直为偶说。唯睹事例,顿失清采。"一句话,不够自然。刘勰在《文心雕龙》中概括道:"云霞雕色,有逾画工之妙;草木贲华,无待锦匠之奇。夫岂外饰,盖自然耳。"

魏晋南北朝时期江南文学尚自然甚至"任自然",不拘于形式,反而萧萧朗朗,简约而又玄澹。他们就推崇这种自自然然的美。李白在《古风》中云:"自从建安来,绮丽不足珍。圣代复元古,垂衣贵清真。"对绮丽与清真的态度很鲜明。

(三)"清":晶莹澄澈的美的意境

作者超凡脱俗的空灵的情性之美,被简约玄澹的形式所把握,文章中

---

① 李泽厚、刘纲纪:《中国美学史》,第135页,北京:中国社会科学出版社,1987年。
② 鲁迅:《鲁迅文集》,第419页,北京:九州图书出版社,1998年。

自有一种晶莹澄澈的美的意境。这种意境更因时代的哀怨的氛围的净化而更为明净动人。钟嵘《诗品》就把握到这一点，评诗时经常"清怨"并提："文温以丽，意悲而远……虽多哀怨……人代冥灭，而清音独远"；"《团扇》短章，辞旨清捷，怨深文绮"；"善为凄戾之词，自有清拔之气"；"不闲于经纶，而长于清怨"。除此之外，钟嵘还用"清"来概括作家作品中晶莹澄澈的风貌："风华清靡"；"务其清浅"；"清便宛转，如流风回雪"；"往往崭绝清巧"。

刘勰评"张衡怨篇，清典可味"，指出"清"与时代的关系，也用"清"来概括他作品的个人风格。这种概括在《文心雕龙》里有很多："贾谊才颖，陵轶飞兔，议愜而赋清"；"《王命》清辩，《新序》该练"；"魏文之才，洋洋清绮，……而乐府清越，《典论》辩要"；"张华短章，奕奕清畅"；"曹摅清靡于长篇，季鹰辨切于短韵"；"温太真之笔记，循理而清通"。

除此之外，许多论文者在评述个体作家时都爱用"清"来形容作品意境的晶莹澄澈之美。陆云《与兄平原书》云："云今视文，乃好清省……但清新相接，不以此为病耳。"《南齐书》评谢朓"少好学，有美名，文章清丽"。《南史》评吴均"文体清拔有古气"。

这时的文论家甚至用"清"来概括魏晋南北朝时期的江南地区诗歌、某个文体甚至整个文学作品的整体共性美。刘勰在《文心雕龙》中指出："风清而不杂"；"五言流调，则清丽居宗"；"赋颂歌诗，则羽仪乎清丽"；"诗人综韵，率多清切"；"简文勃兴，渊乎清峻"。葛洪在《抱朴子》中指出："且夫《尚书》者，政事之集也，然未若近代之优文、诏、策、军书、奏议之清富赡丽也。"李延寿在《北史》中指出："江左宫商发越，贵乎清绮。"

总之，江南诗性哲学的内核，是崇尚自然、主张超越的，是一种来自世俗之外的山水清音。"江南本身是南朝文化的产物，它直接开放出中国文化'草长莺飞'的审美春天。在它的精神结构中充溢的是一种不同于北方政治伦理精神的诗性审美气质。也可以说，尽管和北方与中原一样共同遭受了魏晋南北朝的混乱与蹂躏，但由于它自身天然独特的物质基础与精神条件，因而才从自身创造出一种完全不同于前者的审美精神觉醒。

它不仅奠定了南朝文化的精神根基,同时也奠定了整个江南文化的审美基调。从此,中国民族的审美意识才开始获有了一个坚实的主体基础,使过于政治化的中国文明结构中出现了一种来自非功利的审美精神的制约与均衡:一方面有充满现实责任感的齐鲁礼乐来支撑中国民族的现实实践,另一方面由于有了这种可以超越一切现实利害的生命愉快,才使得在前一种生活中必定要异化的生命一次次赎回了它们的自由。"①

---

① 刘士林:《江南轴心期与中国古典美学精神的生成》,载《浙江学刊》,2004(6)。

第四章
潜默的哲学

公元589年,隋军攻陷建康,陈朝灭亡。隋文帝杨坚下令将建康城夷为平地,人口全部北迁,繁华的六朝古都变成了废墟。与之几乎同时被摧毁的,还有繁盛的江南学术。不仅如此,江南文化还背负着"亡国犹唱"的骂名。隋唐是追求事功的年代,切用的道教、佛教和儒学得到高度重视,崇尚自然玄虚的江南学术重新徘徊在社会主流意识形态的边缘。"性合神契,至于无言",①禅学主张第一义不可说,被称为沉默的哲学,在江南地区得到了很大的发展。牛头禅的出现,标志着依靠"他力救赎"的印度禅,演化成了依靠"自力救赎"的中华禅。

第一节 禅宗的发端

六朝都会建康是当时中国的经济、文化、政治和军事中心,也是当时世界上最大的城市,更是世界上第一个人口超过百万的城市。建康城内佛寺林立,梁朝时"都下佛寺五百余所,穷极宏丽,僧尼十余万,资产丰沃"②,成为建康城的一大特色。著名的有江南首寺建初寺、位于鸡笼山下的同泰寺、栖霞山的栖霞寺、花漉岗的瓦官寺和道场寺。随着陆上丝绸之路和海上丝绸之路的通达,来自国内外的高僧大德在此翻译经书、探究

---

① 刘禹锡:《牛头山第一祖融大师新塔记》,见《全唐文》,卷606。
② 李延寿:《南史·郭祖深传》,第1721页,北京:中华书局,1975年。

佛理、传经布道,建康城也成为当时世界上的佛学中心。

这些高僧大德在与玄学家们的相聚清谈中,往往会体会到这种不言而喻的"禅"的精神:"公元三四世纪(两晋时期)时的著名学者在思想上往往是道家,其中不少还和佛教高僧结为至交。这些学者对佛经非常熟悉,而佛教高僧对道家经典,尤其《庄子》也非常熟悉。他们相聚时,往往从事所谓'清谈';当谈到精妙处,即'非非'处时,往往相视无言而会心微笑,这是一种心领神会的思想交流。正是在这样的时候,人体会到佛教'禅'的精神。禅宗是中国佛教的一个宗派,它实际是道家哲学和佛学两家精妙之处的汇合。"①

禅宗作为佛教的一个宗派,发端于南朝时期:"中文的'禅'或'禅那'是梵文'Dhyana'的音译,英文通常把它译为'沉思'或'冥想'(Meditation)。它的起源,按照传统的说法是:释迦所传授的佛法,除见诸佛经的教义之外,还有'以心传心,不立文字;直指人心,见性成佛'的'教外别传'。释迦只传授了一个弟子,这个弟子又传授给一个弟子。这样在印度传了二十八世,到菩提达摩(Bodhidharma)。菩提达摩于南朝宋末、公元520—526年间到中国,成为禅宗在中国的始祖。"②

达摩(?—536),原名菩提多罗,后改名菩提达摩。南天竺人,通彻大乘佛法,著有《少室六门》上下卷,包括《心经颂》《破相论》《二种入》《安心法门》《悟性论》《血脉论》6种。达摩开创禅宗,是受到了求那跋陀罗的影响。公元435年,中天竺僧求那跋陀罗到建康传经,后译出《楞伽经》《胜鬘经》《杂阿含经》等52部134卷。达摩来到中国后,成为求那跋陀罗的弟子。古禅训曰:"宋太祖之时,求那跋陀罗三藏禅师,以楞伽传灯。起自南大竺国,名曰南宗。次传菩提达摩禅师,次传可禅师……"达摩和梁武帝对话后,"一苇渡江",在江北长芦寺停留,又至定山寺面壁修行,最后把嵩山少林寺作为他落迹传教的道场,广集僧徒,首传禅宗,自此以后,少林

---

① 冯友兰:《中国哲学简史》,第219页,北京:新世界出版社,2004年。
② 冯友兰:《中国哲学简史》,第221页,北京:新世界出版社,2004年。

寺被称为中国佛教禅宗的祖庭。达摩传授徒众的经书《楞伽经》,即为求那跋陀罗所译。发端于江南地区的禅宗,主张"以心传心,不立文字;直指人心,见性成佛",试图建立一种沟通宇宙本源、终极境界与宗教生活之间的贯通之路。自初祖达摩起,皆指人心,不拘修行;后下传慧可、僧璨、道信、弘忍。

图 17 达 摩

如何才能实现宗教生活与终极境界之间的贯通与超越?弘忍的两大弟子神秀、惠能有着不同的看法:神秀的观点是"即心即佛",走传统的苦行之路,而成北宗:"身如菩提树,心如明镜台。时时勤拂拭,莫使染尘埃!"惠能的观点是"非心非佛",走新兴的顿悟之路,而开南宗:"菩提本无树,明镜亦非台。本来无一物,何处染尘埃!"在二人中,惠能以"非心非佛"的本原、"无念无相无往"的"顿悟"途径和"空"的无差别超越境界作为自己学说的主脉,对传统禅法进行改造,一方面承袭了自南朝道生以来的"自心即佛"思想,一方面追寻"空"的终极境界。"禅宗后来依循惠能的路线而发展,正是禅宗的发展使宗空和道家思想的结合达到了顶峰。"[1]

禅宗由于惠能和神秀而分裂成南宗、北宗,这是冯友兰等人的观点。但印顺法师的观点却和他们不同,认为在"南能北秀"以前,"南宗"实际上早已存在。那"南宗"是什么呢? 一是南印度传来的宗旨。慧能的弟子神会在《南宗定是非论》中记载,普寂是神秀的弟子,自称为南宗,可见"南宗"一词,本与"南能北秀"无关。这篇论名,也说明了达摩所传的就是南宗。达摩所传的是南宗,因为其所传的《楞伽经》起自南天竺,被称为"南天竺一乘宗"或"南宗"。此外,南天竺传来的般若和三论,也被称为"南宗"。二是指中国南方的佛学。在南北政局的长期对立中,佛教也形成了南北的种种差别:同样的经法,由于思想方式不同而见解不同。从南北朝到隋唐,中国佛教有了南统与北统,也就是南宗与北宗的差别,以南土的为南宗,北土的为北宗。禅宗之所以称为"南宗",有远源于南印度的特殊意义。后来,道信统一了《楞伽经》与《般若经》,传布于中国南方——长江流域及岭南,因而更富有中国"南宗"的特性。慧能等人更是发扬了"南宗"的特色,取得了"南宗"正统的地位。

第二节 牛头禅兴盛

禅宗发端于江南,与江南文化精神之间,自然有着密切的关系:"代表南中国文化的特性是什么? 大概地说,面对现实的、人为的、繁琐的、局限的世界,倾向于理想的、自然的、简易的、无限的世界;这不妨称之为超越

---

[1] 冯友兰:《中国哲学简史》,第 222 页,北京:新世界出版社,2004 年。

的倾向。江南的佛教,尤其是发展于南方的'南宗'禅,更富于这种色彩。"① 这种倾向于理想、自然、简易、无限的精神,在魏晋玄学气氛的影响下,更是倾向于简略。但是玄学清谈,是江南精神透过贵族与名士的意境而表现出来,所以简易而不够朴实,充满了虚玄、逸乐的气息。南朝的佛教,也不免沾染这些气息,玄谈有余,实行不足。到了隋唐统一,江东不再是政治文化中心,贵族也消失得差不多了。较朴质而求实际的禅风,才在江东兴盛起来——牛头禅。

与城市相比,山林更适宜禅慧修证。江东地区,以建康为中心,东北二十八里有摄山(又称栖霞山),南二十五里有牛头山(青山),还有句容的茅山,在都市附近而远一些,正是修禅的好道场。江南的禅学,就是在这三处孕育成长起来的。法朗(507—581),沛郡沛人,住摄山学三论,不出外弘化,显示出山林佛教的特色。明法师得法朗传灯后,终身住茅山,成为摄山精神的继承者。茅山是牛头初祖法融出家修学的道场,其后由此而到牛头山。牛头禅的形成,是继承了摄山和茅山的禅风。法融(594—657),亦称慧融、懒融,本姓韦。润州延陵人。公元636年于牛头山幽栖寺北岩下别立禅室,潜修禅观,净侣四至,百有余人。这时牛首山的佛窟寺藏有佛经、道书、佛经史、俗经史和医方图符等七藏,法融潜心阅读,闭门研究,通世间学问,他不以闻思的"义学"为满足,而求禅心的自证,生活恬淡,慈悲柔忍,为江南佛教树立了新的典型,被誉为"东夏之达摩"②。

牛头禅的初祖为法融,以下是智岩、慧方、法持、智威、慧忠、玄素。牛头六代相承,有着显著的区域色彩。不但传说中的六代,都在牛头山弘化,而且六代祖师也属于同一区域的人,如慧方、玄素是润州延陵人,智岩是曲阿人,法持、智威是润州江宁人,慧忠是润州上元人。慧忠的弟子佛窟遗是金陵人,玄素的弟子法钦是昆山人。玄素(668—752),俗姓马,又

---

① 印顺:《中国禅宗史》,第68页,南昌:江西人民出版社,2007年。
② 赞宁:《宋高僧传》,卷8。

被称为马素、马祖、鹤林玄素,谥大津禅师。润州延陵人。从学于智威,后住润州鹤林寺。玄素的禅风非常简默,强调"道惟心通,不在言通",重视实地修行,同时也秉持了初祖法融慈悲柔忍的宗风。牛头六代及慧忠、玄素的大弟子,都生于这一地区。这也从一个方面说明,建康城被毁后,佛教底蕴还在,山林色彩更浓。

图 18　牛头初祖法融

中国的禅宗,与印度禅是不同的。印度禅,即使是达摩禅,还是以"安心""定慧"为方便。印度禅蜕变为中国禅宗——中华禅,胡适以为是神会。印顺法师认为不但不是神会,也不是慧能,而是法融。他所建立的"得自然智慧"[1]的牛头禅,是中华禅的根源。"虚空为道本"和"无心合道",是牛头禅的标帜。

"虚空为道本",这里的"虚空",是空、空性、空寂、寂灭的别名;"道",是不落于名言、不可以心思的,凡言说所及、心思所及的一切二法,都不等于道。从道来说无情,就是"无情有佛性""无情成佛"了。"道遍无情""无

---

[1] 李华:《润州鹤林寺故径山大师碑铭》,见《全唐文》,卷 320。

情成佛",是牛头禅的特色。"青青翠竹,尽是法身;郁郁黄花,无非般若",是牛头禅的成语。其时的东山宗说"佛语心为宗""即心是佛",是从有情自身出发,以心性为本,立场是人生论的;而牛头禅说"道本",泛从一切本源说,是宇宙论的。

道本虚空,是超越一切而又不可思议的。这样的大道,要怎样才能悟入呢?法融主张"无心合道",即以"无心用功"为方便——一种无方便的方便。无心而达一切法本无,就是合道,所以《绝观论》说:"无心即无物,无物即天真,天真即大道。""但是法空心,照世间如日",是悟证的境地:"高卧放任,不作一个物,名为行道。不见一个物,名为见道。不知一个物,名为修道。不行一个物,名为行道。"

禅宗经过不断发展,分化成了诸多宗派,牛头禅至慧忠、玄素时,宗门大盛,与神秀北宗、惠能南宗,并列为禅宗三大宗派。中唐时,禅宗"脉散丝分,或遁秦,或居洛,或之吴,或在楚。秦者曰秀,以方便显,普寂其允也;洛者曰会,得总持之印,独曜莹珠……吴者曰融,以牛山闻,径山其裔也;楚者曰道一,以大乘摄……"(韦处厚《兴福寺内道场供奉大德大义禅师碑铭》)。其中,"牛头法众,欲近万人"。法钦(714—792),本姓朱,吴郡昆山人,上京赴试途经丹阳,闻鹤林元素禅师之名,前往拜谒,遂剃发出家,742年云游至杭州径山,768年唐代宗诏请进长安讲学,赐号国一禅师,重建径山禅寺,唐德宗时追谥为大觉禅师。

心境的自由有时是以终极意义的丧失为代价的。当牛头禅因"得自然智慧"而倡导心灵的自由时,佛教作为信仰者精神解脱的监护和指导意味也在渐渐减退,宗教退化成了生活,由信仰而来的精神超越被一种以自然适宜为心境的日常生活所替代:"佛教是一个以拯救人类灵魂为宗旨的宗教,它所要关心的不仅仅是形而上学层面的哲学问题,也不仅仅是法律制度层面的社会问题,也不仅仅是衣食住行层面的生活问题,而是一个既关涉生活,又关涉超越生命的终极意义的问题。从一开始,它曾经悬置了一个充满了光辉与永恒的终极境界,把这个境界称为佛性的境界,这无非是引导信仰者从现实的、短暂的、苦难的世界中解脱出来,但是最终,它又给信仰者设计了一个平常的,但在现实生活世界中又很有魅力的,只能在心灵中由于自我调整而得到的轻松境界,它把日常生活世界当作宗教的终极境界,把人所具有的性情当作宗教追求的佛性,把平常的心情当作神圣的心境,于是,终于完成了从印度佛教到中国禅宗的转化,也使本来充满宗教性的佛教渐渐卸却了它作为精神生活的规则与督导的责任,变成了一种审美的生活情趣、语言智慧和优雅态度的提倡者。"[1]

如果说禅宗是一种没有"上帝""天堂"等终极实在的宗教,不如说是一种"潜默的人生哲学"。禅宗的第一义不可说,讲究参修顿悟,没有滞着,但是不离日常生活。"担水砍柴,无非妙道",禅扎根于心,是聪慧的哲学、热忱的宗教、浓郁的诗性和日常的生活的统一。在后来的禅宗看来,未悟之前,"见山是山,见水是水";悟了之后,"见山还是山,见水还是水"。但是,人的精神经过点化、飞跃之后,心灵境界已不是过去的境界:"禅是中国人接触佛教大乘义后体认自己心灵深处而灿烂发挥到哲学境界与艺术境界。静穆的观照和生命的飞跃构成艺术的两元,也是构成'禅'的心灵状态。"[2]

第三节　儒道佛兼行

隋唐时期,儒、道、佛成为国教,三教并立局面正式形成。由于科举制度的建立和完善,儒学和政治更加紧密地联系在一起。玄学的影响仍在继续,南北道教不断融会。佛教进入宗派形成和发展的集大成时期。此时的江南地区,由于远离政治和主流意识形态,加上大运河的畅通促进了区域经济开发,学术思想重新回归到魏晋南北朝之前的状态,呈现出欣欣向荣的自由生发景象。

---

[1]　葛兆光:《中国思想史》,第2卷,第89—90页,上海:复旦大学出版社,2001年。
[2]　宗白华:《艺境》,第145页,北京:北京大学出版社,1999年。

（一）回归山林的佛教

佛教不断综合南北的思想体系，由学派而演变成若干新的宗派。宗派与学派不同，有各自独特的教义、不同的教规，并和财产的继承权相关而更加强调传法世系。佛教主要有八宗：一是三论宗又名法性宗，二是瑜伽宗又名法相宗、慈恩宗、唯识宗，三是天台宗，四是贤首宗又名华严宗，五是禅宗，六是净土宗，七是律宗，八是密宗又名真言宗，这就是通常所说的性、相、台、贤、禅、净、律、密派。其中，三论宗、天台宗的祖庭在江南地区，此外还涌现出智𫖮、吉藏、道宣、鉴真、澄观、寒山和拾得等高僧。

智𫖮（538—597），本姓陈，字德安，世称智者大师、天台大师。祖籍颍川，荆州华容人。在金陵瓦官寺开法华经题，从而树立新宗义。575年在台州创立了中国佛教宗派史上第一个宗派——天台宗，因以《法华经》为主要教义根据故亦称法华宗，天台寺也成为中国佛教天台宗的祖庭。主张止观双修，有"一心三观"说、"三谛圆融"说、"一念三千"说，建立了天台宗的思想体系。著有《法华玄义》《法华文句》《摩诃止观》等著作，生前度僧四千余人，传业弟子三十二，思想远传日本、朝鲜。

吉藏（549—623），本姓安，又称胡吉藏。祖籍安息，世居南海，后迁金陵，其名为真谛所取。7岁从法朗出家，学说源于摄山学系，后到会稽住嘉祥寺，宣讲三论，从他受学者多至千余人，被尊称为嘉祥大师，嘉祥寺也成为中国佛教三论宗的祖庭。在吉藏之前有所谓"古三论"，即罗什门下僧肇、道融的"关内义"，有僧朗、僧诠、法朗三世相承的"山门义"，到了他始集三论教义的大成，因此吉藏的三论学说被称为"新三论"。著有《中论疏》《十二门疏》《三论玄义》《大乘玄义》《二谛义》等，思想远传高丽、日本。

道宣（596—667），本姓钱，字法遍。吴兴人。主张心识戒体论，一生精持戒律，在终南山创立戒坛为人授戒，撰述疏钞解释戒律，制订礼仪，创立律宗，也被称为"南山律宗"。他以《四分律》为基础，参考其他各部律典,综合各家之所长,会通大乘和小乘,形成自己独到的见解。著有"南山五部"(《四分律删繁补阙行事钞》《四分律删补随机羯磨疏》《四分律拾毗尼义钞》《比丘含注戒本疏》《比丘尼钞》),门下有受法传教弟子千人,盛名远播西域,又称南山律师、南山大师,世称律祖。唐、宋二代分别对其追加谥号"澄照律师"和"法慧大师"。

鉴真(688—763),本姓淳于,别名天平之甍、传灯大法师。广陵江阳人。任大明寺主持,由他传戒的门徒达四万多人。应日本留学僧请求,十年之内五次泛海,历尽艰险,均未成功。第五次东渡失败后,62岁的鉴真大师双目失明,但他东渡宏愿始终不移,753年率弟子40余人第六次成功渡海登岸。鉴真在日本奈良亲手兴建唐招提寺,弘传佛法,是我国第一位到日本开创佛教律宗的大师,并传播中国的建筑、雕塑、医药、艺术等文化。著有《戒律三部经》。

图 19　鉴　真

澄观(738—839),本姓夏侯,被授予"清凉国师"称号。越州山阴人。既广学律、禅、三论、天台、华严各宗教义,又研究经传、子、史、小学、尔雅、天竺悉昙、诸部异执、四围、五明、秘咒仪轨等学问,立"一心法界缘起"说,祖述师说,中兴华严,有弟子一百余人,被尊为华严宗四祖。撰《华严经疏》等。

寒山(生卒年不详),长安人;拾得(783—891),籍贯不详。同到天台山出家,后任苏州寒山寺主持。两人踪迹怪异,总是满面春风,拍掌而笑,玄谈妙对,民间奉为和、合二仙,是中国佛教史上一对著名的诗僧,合有《寒山子集》。胡适在《白话文学史》中将寒山、王梵志、王绩三人并列为唐代的三位白话大诗人,其白话诗偈也远传日本、美国。

(二) 发扬光大的道学

隋唐的官方学术包括道学,其中《周易》用王弼注,《论语》用何晏的《集解》,是玄学中《易》学的延续;尊崇《老子》《列子》《文子》《庄子》四部书为经,是玄学中老庄学的发扬。尤其是南北道教不断融会,形成了茅山宗为主流的格局。王远知、司马承祯、李白为代表人物。

王远知(509—635),又名远智,字广德,时人称为"王法主"。原籍琅琊临沂,扬州人。师事陶弘景,后游历天下,归隐茅山,专习辟谷休粮、上清道法。先后得到陈、隋、唐几代皇帝的尊崇,为茅山宗的扩展争取了有力的支持,并成为唐代道教的主流。史称年一百二十六岁,谥号"升真先生",后改谥"升玄先生"。著有《易总》15卷。

司马承祯(647—735),字子微,法号道隐,自号白云子,人称"白云先生",谥称"正一先生"。河内温县人。得上清经法,隐居天台山。主张遂我自然、修我虚气,即可修道成仙,放弃炼丹服食及神仙方士之术,并将修仙程序分为"三戒""五渐门""七阶次"。著有《修真秘旨》《上清含象剑鉴图》《神形坐忘录》《天隐子》《服气精义论》《采服松叶法》。

李白(701—762),字太白,号青莲居士,又号谪仙人,被后人誉为诗仙。祖籍甘肃天水,生在绵州昌隆,曾游历江南。思想深受黄、老、列、庄的影响,爱好寻仙学道,"一生好入名山游"(《庐山谣》),不愿"安能摧眉折腰事权贵,使我不得开心颜"(《梦游天姥吟留别》)。著有《李太白集》。

(三) 备受冲击的儒学

江南地区的儒学根基本来就不厚实,科举制度的实施,使儒学进入到体制内,学术思想受到了一定的抑制。繁盛的佛教和兴盛的道教,对儒学冲击也很大。此时的江南儒学,更多是在融合中发展,杜佑、陆贽、白居易可为其中的代表。

杜佑(735—812),字君卿,谥号安简。京兆万年人。早期在剡县、润州等江南地区任职。博览古今典籍及历代名贤论议,考溯各种典章制度的源流,耗时三十六年,撰成《通典》两百卷,记述了远古黄帝时期至唐朝天宝末年的制度沿革,分为食货、选举、职官、礼、乐、兵、刑法、州郡、边防九典,并以说、议、评、论的方式,提出自己的见解和主张,是中国历史上第一部记述历代典章制度的典志体史书。

陆贽(754—805),字敬舆,谥号宣。吴郡嘉兴人。指陈弊政,废除苛税。具有"天命在人"的治乱思想,均节赋税、养人资国的经济思想和一定的军事思想,在中国封建社会里产生了深远的影响。司马光非常推崇陆贽,在《资治通鉴》中引用陆贽的议论,达三十九篇之多,长者近千言,基本上把《陆宣公文集》的主要内容都概括了。像这样连篇累牍地记录一个人的政治主张,在《资治通鉴》中是罕见的,可见陆贽言论"资治"作用之大。有《陆宣公翰苑集》24卷行世,另有《陆氏集验方》50卷。

白居易(772—846),字乐天,号香山居士,又号醉吟先生。祖籍太原,生于河南新郑。杭州任内有修筑西湖堤防、疏浚六井等政绩,苏州任内开凿了西起虎丘东至阊门的"七里山塘",并写下了著名的诗歌《忆江南》:"江南好,风景旧曾谙。日出江花红胜火,春来江水绿如蓝。能不忆江南?江南忆,最忆是杭州。山寺月中寻桂子,郡亭枕上看潮头。何日更重游?江南忆,其次忆吴宫。吴酒一杯春竹叶,吴娃双舞醉芙蓉。早晚复相逢?"

白居易与元稹共同倡导新乐府运动，主张"文章合为时而著，歌诗合为事而作"(《与元九书》)，"为君、为臣、为民、为物、为事而作，不为文而作也"(《新乐府序》)。有《白氏长庆集》传世。

魏晋南北朝时期，经过玄学和佛教的净化，江南山水从自然原生状态中苏醒过来，矗立在人生的彼岸，散发着清幽的辉光。隋唐时期经过禅宗的再顿悟之后，江南山水又重新回到此岸，显得更加明艳动人。在盛唐，自然诗性的江南("吴越")终于获得了与"京洛"(代表北方伦理政治)"同台登场"的机会："皇皇三十载，书剑两无成。山水寻吴越，风尘厌京洛。扁舟泛湖海，长揖谢公卿。且乐杯中物，谁论世上名。"(孟浩然《自洛之越》)

第五章
更新的儒学

汉末以来,学界以道家为主调和儒、道,促使玄学(新道家)的产生;六朝以来,以玄学为主沟通玄、佛,促进禅学(新佛学)的产生;两宋期间,引入玄、禅深化儒学,促进理学(新儒学)的产生;至此,儒、道、佛共同拥有一个"终极之理",相互之间的界限终于打通,知识分子的心灵获得了更大的解放。随着江南地区经济社会的持续发展,五代十国和两宋时期的江南,逐渐成为文化人心目中的一片乐土,"花月正春风"(李煜《忆江南·多少恨》),各种思想文化得到了进一步的融合,新儒学也由此开端。

第一节 道禅思想风行

隋唐时期,佛教成为国教之一,走上了意识形态化的道路。到了中唐,意识形态化了的佛教逐渐教条化、世俗化,不仅给予不了自由思想的空间,而且需要持戒修行的由复杂的理论和繁琐的符号表达的"佛法",已经成为一种"理障",阻碍了知识分子对终极境界的心灵感悟,已经很难引起人们的兴趣,如:"法师智巩多所著述,而听徒绝少,因弃讲居衡岳寺,一日,有耆宿至,而阅师所著,曰:汝所述颇符佛意,而阙人缘。"①

这种"理障",被他们视为眼中的"金屑",虽然贵重,却阻碍了"见道",也遮蔽了佛性的光芒。为此,主张"无心合道""顿悟成佛"的禅宗的兴起,

---

① 《大正藏》,卷49。

就是对这种沉湎于"工具"本身的苦行方式的反动。在这样的背景下,五代和两宋时期的江南地区,禅宗思想逐渐向儒学方面扩散:"禅宗从中晚唐到北宋愈益流行,宗派众多,公案精致,完全战胜了其他佛教派别。禅宗教义与中国传统的老庄哲学对自然态度有相近之处,它们都采取了一种准泛神论的亲近立场,要求自身与自然合为一体,希望从自然中吮吸灵感或了悟,来摆脱人士的羁縻,获取心灵的解放。千秋永在的自然山水高于转瞬即逝的人世豪华,顺应自然胜过人工造作,丘园泉石长久于院落笙歌……"①

随着社会的稳定和经济的发展,江南地区逐渐成为文化人心目中的一片乐土。唐代的士人喜欢停居江南,"窃占青山白云、春风芳草以为己有"(皎然《诗式》),享受自然惬意而又超越世俗的生活,"江南风土欢乐多,悠悠处处尽经过"(张籍《相和歌辞·江南曲》)。他们在传统的伦理政治之外,重新发现了一个诗性的安身立命之处。唐代灭亡之后,南唐定都金陵,并扩建城邑。此时,北方中原战火不断,而江南境内却没有发生大的战争,儒、道、佛思想在士人身上得到了进一步的融合,其中最为风行的是重在山林的道禅思想。

图 20 李 煜

李煜(937—978),初名从嘉,字重光,祖籍彭城,出生在金陵。因为生有"异相",阔额丰颊,骈齿重瞳,所以深受长兄弘冀猜忌。他远离政治,自号钟隐,别号钟山隐士、莲峰居士、钟峰隐者、钟峰白莲居士。"浪花有意千重雪,桃李无言一队春",从其早期词作《渔父》中,可见道禅思想对他的影响。后来弘冀病卒,两年内李煜从太子成为国主,从道禅的山林被推上了儒家伦理政

---

① 李泽厚:《美的历程》,第 275 页,天津:天津社会科学院出版社,2001 年。

治的最前沿。在经历多种委曲求全之后,他向赵匡胤肉袒出降。李煜的政治对手赵匡胤这样评价他:把作词的工夫用在治国上,国何至于亡。毛泽东对李煜的评语是:"不抓政治,终于亡国。"①亡国之后,由于精神上遭受到了屈辱和损害,李煜的伦理政治意识终于觉醒,"小楼昨夜又东风,故国不堪回首月明中"(《虞美人·春花秋月何时了》)。如果说李煜是唐代以后践行道禅思想的第一人,那么他也是遵循这种思想生活的第一得意人和第一失意人。正是由于李煜对于伦理政治的纠结,才让后来更多士人解开了心结。

"史家论南唐政事,都说朝廷对待百姓十分宽厚。这倒真有点南京人的味道。然而做人自当忠厚,治国恐怕就不宜一味忠厚。……到了后主登基,这种状况更是有过之而无不及。李煜与小周后偷情,且作新词《菩萨蛮》描写小周后提着金缕鞋光脚赴幽会的情状,'画堂南畔见,一向偎人颤。奴为出来难,教君恣意怜。'韩熙载连说'不像话'。李煜听说韩熙载风流放诞,蓄妓数十,帷薄不修,以'惜才念老'而置之不问,却总想看一看那种游宴之乐的场面,又不便身历其境,于是派顾闳中去偷窥,画出《韩熙载夜宴图》,图中家伎劝酒,并肩携手,眉花眼笑,屏风后隐约可见宾客解衣登榻的放浪形骸。李煜也叹息说'不像话'。这一对'不像话'的君臣,自然只能弄出不像话的政事。后来韩熙载终于获罪,被罚流放去南方,韩熙载上表陈情说:'无横草之功可裨于上国,有滔天之过自累其身。老妻伏枕以呻吟,稚子环床而坐泣。三千里外,送孤客以何之?一叶舟中,泛病身而前去。'后主'览而悲之,遂免南行'。一篇悲悲切切的文章,就足以打动国主,使刑罚不施。韩熙载病死,后主不但'赐赙以殓',而且'赠平章事'。掌管礼仪的官员提出异议,说自古以来没有赠死者宰相的先例,后主坦然说:'那就从我开始吧!'徐铉祭文中有'黔娄之衾,赐从御府;季子之印,佩入泉扃'之句,就是指的这件事。还有一件小事,可见后主心性。南唐一诗僧赋中秋月,云'此夜一轮满',做了这一句就做不下去了,直到

---

① 薛冰:《家住六朝烟水间》,第181页,南京:南京师范大学出版社,2005年。

第二年秋天才想出下句'清光何处无'。这和尚'喜极,半夜起,撞寺钟,城人尽惊'。事情闹到后主那里,听说是这么一回事,后主'笑而释之'。"

　　政治家不抓政治,终于亡了国;淡化政治的江南士人亲近自然,却在政治外寻找到了另外的人生"向度":"以南唐来说,它几十年的统治犹如一场繁华的梦境,让人驻足留连,唏嘘感叹。这个建都金陵的王朝,并不像以前的盛唐那样有一番从容豪迈的气度,相反,它看上去倒带着六朝时的烟雨蒙蒙,或者说略带些脂粉气息、令人伤感的金陵古城,此时尽是鼓乐笙歌,醉眼朦胧。江南文化已经渐渐褪去了原始的粗犷之气,变得精巧、细致,但有一点并没有改变,就是它那得以完整保留的诗性智慧,并且诗意的江南正在享用这一财富,将其渗透在每一个文化的毛孔中。"①

　　两宋时期,江南地区的道、禅思想进一步下行,道教的茅山宗影响很大,衍生出来的南宗也开始自成一派,禅宗思想也得以在民间广泛流传。

　　张伯瑞(987—1082),字平叔,号紫阳。台州临海人。以《阴符经》《道德经》为祖经,主张先命后性,即从传统内丹命术入手修炼,循序渐进,以人身中的上药三品即精、气、神三宝为药物,经筑基,炼精化气,炼气化神,炼神还虚而结"金丹",总结和完成了炼养内丹的理论与方法,被尊为道教清修派丹法南宗的开山之祖。主要代表作《悟真篇》专言内丹,与《周易参同契》齐名而号称丹经之王。张伯瑞传法于石泰,后依次传于薛道光、陈楠、白玉蟾,这五人后被誉为"南宗五祖"。南宗广泛流传于南方广大地区,其代表人物多出自南方,故名南宗,又称紫阳派、天台宗、"南五祖派"。人们常说南宗北派,其中的南宗就是张伯瑞创立的,与王重阳创立的北派亦即"北七真派",二者并列为全真教重丹法清修的两大派。

　　济公(1148—1209),原名李修缘,别称道济、济癫,世人尊称其为活佛济公,又称月引流光。台州天台人。初在国清寺出家,后到灵隐寺居住,随后住净慈寺。既受到佛教禅宗的熏染,又受到道家隐逸之风的影响,佛

---

① 朱逸宁:《晚唐五代江南的诗性文化》,载《江苏大学学报》(社会科学版),2004(1)。

道双修的色彩，使他在众多的佛门弟子中独树一帜。济公不受戒律拘束，嗜好酒肉，举止似痴若狂，实为一位学问渊博、行善积德的得道高僧，被列为禅宗第五十祖。著有《镌峰语录》10卷，还有很多诗作，主要收录在《净慈寺志》《台山梵响》中。他懂医术，为百姓治愈了不少疑难杂症，具有扶危济困、除暴安良、彰善罚恶等美德，既"癫"且"济"的形象，在民间影响广泛。

杜道坚（1237—1318），字处逸，号南谷子，赐号辅教大师。太平州人。隐居茅山，深研玄理，折中儒道，以儒道之理与"天地同功"将帝王历史熏蒸于玄经，求经世之用。元兵大举南侵时，曾冒矢石叩见元军统帅伯颜，以不杀无辜相请。作览古楼，聚书达万卷；主持杭州宗阳宫，筑老君台，绘老君像，旁列尹喜、列子、庄子等十贤。著有《道德玄经原旨》《玄经原旨发挥》《关尹阐玄》《文子缵义》。

第二节　居士文化形成

儒家知识分子以"修齐治平"为己任，无法遁入山林修道或归佛，在复杂万分的仕途中，尤其是不得志之时，如何调整好自己的内心世界，也是一个很大的问题。"居士"一词，本指有道艺而不求仕宦的处士。最早出现在《礼记·玉藻》中："居士锦带。"郑玄注曰："居士，道艺处士也。"《韩非子》一书中，就有任矞、华仕等居士。道教也有"居士"的称谓，如南朝齐梁的陶弘景自号"华阳居士"。佛教传入后，"居士"一词被用于佛经翻译，形容在家修佛的人，如南朝梁的傅大士，号称"乌伤居士"。盛唐大诗人李白深受道教思想影响，自称"青莲居士"，从此，居士也成了文人雅士的自称。中唐大诗人白居易号"香山居士"，晚唐诗人兼评论家司空图号"耐辱居士"，后唐的帝王词人李煜号"莲峰居士""钟峰白莲居士"，等等。

"居士"一词被赋予居家信道、信佛的内涵后，很容易被追求新思想的儒家知识分子所接受。一方面无须遁入山林、"修齐治平"志向得以继续，另一方面可以儒道兼修、儒佛兼修乃至儒道佛兼修，精神上有了更大的自由空间,行动上也更加进退自如,人的内心也会显得更加平静、从容乃至旷达。于是到了宋朝,儒家知识分子纷纷加入,居士文化彬彬大盛。其中,江南地区著名的居士有:"范仲淹居士"范仲淹、"六一居士"欧阳修、"半山居士"王安石、"东坡居士"苏轼、"石湖居士"范成大,等等。

范仲淹(989—1052),字希文,别称朱说、范履霜,谥号文正,世称范文正公。世居邠州,定居吴县。以"修围、浚河、置闸"为主要方式治水,采取"屯田久守"方针巩固西北边防,大力推行庆历新政,成为王安石熙宁变法的前奏,无论在朝主政,还是出帅戍边,均系国之安危、时之重望于一身。作为宋学开山、士林领袖,他开风气之先,文章论议,必本儒宗仁义,并以其人格魅力言传身教,一生孜孜于传道授业,悉心培养和荐拔人才。传世名篇《岳阳楼记》提出"先天下之忧而忧,后天下之乐而乐"的儒家思想和"不以物喜,不以己悲"的道禅精神,对后世影响深远。著有《范文正公文集》。

欧阳修(1007—1072),字永叔,号醉翁、六一居士,谥号文忠,世称欧阳文忠公。吉州永丰人,因吉州原属庐陵郡,以"庐陵欧阳修"自居。曾在扬州任职。领导诗文革新运动,继承并发展韩愈"文以载道"古文传统,开创了一代文风,散文为"唐宋八大家"之一。参与编修《崇文总目》《新唐书》,自修《新五代史》,著有《欧阳文忠集》。晚年在自传体的《六一居士传》中,道出了"六一居士"的由来——"客有问曰:'六一,何谓也?'居士曰:'吾家藏书一万卷,集录三代以来金石遗文一千卷,有琴一张,有棋一局,而常置酒一壶。'客曰:'是为五一尔,奈何?'居士曰:'以吾一翁,老于此五物之间,是岂不为六一乎?'"

王安石(1021—1086),字介甫,号半山,谥号文,世称王文公。临川人,曾在扬州、常州、江宁任职,后退居江宁,因居住地位于钟山道半,名曰"半山园"。主持变法,富国强兵。潜心研究经学,创"荆公新学"。用"五行说"阐述宇宙生成,丰富和发展了中国古代朴素唯物主义思想,哲学命题"新故相除"把中国古代辩证法推到一个新的高度。散文主张文道合一,位列"唐宋八大家"之一;诗丰神远韵,世称"王荆公体"。有《王临川集》《临川集拾遗》等存世。

苏轼(1037—1101),字子瞻,又字和仲,号东坡居士,又号铁冠道人、海上道人,世称苏东坡、苏仙,谥号文忠。眉州眉山人。祖籍河北栾城,曾在杭州、湖州、扬州等地任职,终老常州。元丰二年(1079),因诗得罪被贬黄州,于其城东山坡上开垦一块荒地,自号东坡居士。宋代文学最高成就的代表,诗清新豪健,与黄庭坚并称"苏黄";词开豪放一派,与辛弃疾并称"苏辛";散文豪放自如,与欧阳修并称"欧苏",位列"唐宋八大家"之内;善书,为"宋四家"之一;工于画,尤擅墨竹、怪石、枯木等。思想出入儒、道、佛,其进退自如、宠辱不惊的人生态度,更是成为后学景仰的范式。有《东坡七集》《东坡乐府》等传世。

范成大(1126—1193),字至能,一字幼元,早年在昆山东禅寺读书,十年不出,曾取唐人"只在此山中"句,自号此山居士,晚年居石湖,孝宗书"石湖"二字以赐,因自号石湖居士,谥号文穆,世称范文穆。平江府吴县人。出使金国,不辱使命。素有文名,尤工于诗,以反映江南农村生活的作品成就最高,与杨万里、陆游、尤袤合称南宋"中兴四大诗人",清初有"家剑南而户石湖"的说法。著有《石湖集》《揽辔录》《吴船录》《吴郡志》《桂海虞衡志》。

由于江南地区承平已久、民生富庶,所以该地区一以贯之的自然思想,一方面向诗性方向发展,形成了儒、道、佛精神贯通的居士文化,一方面向切用方向发展,科学精神和工匠精神得到了进一步的发展,涌现出毕昇、喻皓、沈括、钱乙、陈旉等科学家和能工巧匠。

毕昇(约970—1051),歙州人。发明活字印刷术,沈括的《梦溪笔谈》中有具体记载。该发明是印刷史上的一次伟大革命,是中国古代四大发明之一,为经济和文化发展开辟了广阔的道路,也为世界文明发展进步作出了重大的贡献。

喻皓(生卒年不详),杭州人。1041年主持建造汴梁的开宝寺11级木塔。1055年主持建造定州的开元寺塔,又称敌塔,高84米,是中国现存最高的古代砖塔。欧阳修的《归田录》称赞其为"国朝以来木工一人而已"。著有《木经》,沈括的《梦溪笔谈》中摘抄了部分内容。

图21 沈 括

沈括(1031—1095),字存中,号梦溪丈人。杭州钱塘人。参与熙宁变法,守境抵御西夏,晚年移居润州。一生致志于科学研究,在数学、物理、化学、天文、地理、水利、医药、经济、军事、艺术等众多学科领域都有很深的造诣和卓越的成就,被誉为"中国整部科学史中最卓越的人物",其名作《梦溪笔谈》集前代自然科学成就之大成,在世界文化史上有着重要的地位。

钱乙(1032—1113),字仲阳。祖籍浙江钱塘,后迁东平郓州。撰写的《小儿药证直诀》是中国现存的第一部儿科专著,它第一次系统地总结了对小儿的辨证施治法,使儿科自此发展成为一门独立的学科。六味地黄丸为补阴代表方,原名地黄圆(丸),最早见于北宋钱乙之《小儿药证直诀》。后人视《小儿药证直诀》为儿科的经典著作,把钱乙尊称为"儿科之圣""幼科之鼻祖"。另有《伤寒论发微》五卷,《婴孺论》百篇,《钱氏小儿方》八卷,均已遗佚。

陈旉(1076—1156),自号西山隐居全真子,又号如是庵全真子。当时一般士人都向往做官,不屑于务农,陈旉则不然,在真州西山隐居,致力于农桑,写成《农书》,详细总结了南方农民种植水稻以及养蚕、栽桑、养牛等生产技术的丰富经验,并且指出通过合理施肥改良土壤,可使地力"常新壮"。《农书》从内容到体裁都突破了先前农书的樊篱,开创了一种新的农学体系。

由于北方的入侵和宋代的消亡,江南地区也出现了许多爱国思想家,比如陆游、文天祥,等等,他们的爱国思想也是江南学术文化的宝贵资源。

陆游(1125—1210),字务观,号放翁。越州山阴人。因坚持抗金,屡遭主和派排斥。诗词文都有很高成就,收录在《剑南诗稿》《渭南文集》中,尤以饱含爱国热情对后世影响深远,辞世时留绝笔《示儿》:"死去元知万事空,但悲不见九州同。王师北定中原日,家祭无忘告乃翁。"主持编修《两朝实录》和《三朝史》,著有《南唐书》。

文天祥(1236—1283),初名云孙,字宋瑞,一字履善,自号文山、浮休道人。江西吉州庐陵人,曾在平江府、临安任职。抗元名臣,兵败被俘,宁死不降,与陆秀夫、张世杰并称为"宋末三杰"。其名言"人生自古谁无死?留取丹心照汗青"(《过零丁洋》),激励了无数志士仁人。著有《文山诗集》《指南录》《指南后录》。

第三节 新儒学的开端

两宋期间,儒、道、佛思想日益融合。在此过程中,儒学批判吸收道、佛的思想成果,特别是新道家(玄学)和新佛教(禅学)的思想成果,从而促进了新儒学(理学)的产生和发展。这种理学,是内圣之学,主张通过个人的道德自觉,达到理想的人格。理学的宗旨,在于成德,最高目标是成圣、成仁、成"大人",将个人有限的生命扩充至无限圆满。在具体观点及实现途径上,主要有两大分野并形成两大派别,一是主张"性即理",强调通过知识的学习来明理见性("道问学"),即以二程、朱熹为代表的程朱理学;一是主张"本心即性",强调通过发明本心来明德见性("尊德性"),即以陆九渊、王守仁为代表的陆王心学。儒、道、佛思想交流密切的江南地区,是孵化理学的重要温床。

(一) 程朱理学的形成

江南地区的理学,始于胡瑗创立的安定学派。在程朱理学方面,开创者周敦颐、发展者程颢和程颐、完成者朱熹,都与江南地区有着一定的渊源。徽州也称新安,地近江南,程颢、程颐和朱熹的祖籍都在此,其歙县篁墩,被称为"程朱阙里",朱熹亦自称"新安朱熹"。

胡瑗(993—1059),字翼之,世称安定先生,谥号文昭。祖籍陕西子长县安定堡,生于泰州海陵。倡导天人合一思想,主张明体达用之学,创立理学"安定学派",开创了宋代理学先河,与孙复、石介并称宋初三先生。胡瑗"白衣而为天下师",毕生从事教育,首创分斋教学制度、寄宿制度,讲学分经义、治事二斋,治事包括讲武、水利、算术、历法等,表现了重视经世致用的特点,在苏州、湖州一带任教实行的教学方法史称"苏湖教法",在历史上起过重要作用。崇尚安民之道,具有民本思想。著有《松滋县学记》《周易口义》《洪范口义》《论语说》和《春秋口义》。

周敦颐(1017—1073),原名周敦实,又名周元皓,字茂叔,号濂溪先生,谥号元公。道州人,年轻时曾迁居润州丹徒县。在儒、道、佛合流的形势下,对《老子》的"无极"、《易传》的"太极"、《中庸》的"诚"以及阴阳五行学说等进行熔铸改造,提出了"无极而太极"的本体论问题、"物则不通,神妙万物"的动静观问题、"主静立人极"的伦理观问题,为理学提供"无极""太极"等宇宙本体论的范畴和模式,成为理学的开创者。著有《周元公集》《太极图说》《通书》。

程颢(1032—1085),字伯淳,世称明道先生。祖籍徽州歙县,后迁洛阳,曾任职上元县。与其弟程颐学于周敦颐,世称"二程","洛学"代表人物,理学的奠基者,其学说后为朱熹继承和发展,世称"程朱学派"。提出"万物皆只有一个天理","上下之分,尊卑之义,理之当也,礼之本也","天下物皆可以照理,有物必有则,一物须有一理"。倡导"传心"说,为心学发展史上承前启后的重要人物。著有《定性书》《识仁篇》,著述收入《二程全书》。

程颐(1033—1107),程颢之弟,字正叔,世称伊川先生。学说以"穷理"为主,认为"一物之理即万物之理",主张"涵养须用敬,进学在致知"的修养方法,目的在于"去人欲,存天理",认为"饿死事极小,失节事极大",宣扬"气禀"说。著有《周易程氏传》《遗书》《易传》《经说》,被辑录为《程颐文集》,与程颢著作合编为《二程全书》。

朱熹(1130—1200),字元晦,又字仲晦,号晦庵,晚称晦翁,谥文,世称朱文公。祖籍徽州府婺源县，出生于南剑州尤溪，曾任浙东巡抚。闽学派的代表人物，"二程"的再传弟子李侗的学生，理学的集大成者，与二程合称"程朱学派"。主张理气论、动静观、格物致知论和人性二元论，建立严密的理学思想体系。其学说为元、明、清三朝的官方哲学，是中国教育史上继孔子后的又一人，世称朱子。著有《四书章句集注》《太极图说解》《通书解说》《周易读本》《楚辞集注》，后人辑有《朱子大全》《朱子语类》。

（二）心学的开创

心学作为儒学的一大学派，最早可推溯自孟子，程颢开其端，陆九渊则大启其门径，而与朱熹的理学分庭抗礼，最后由王守仁集其大成。

孟子主张心本体论："仁义礼智根于心。"（《孟子·尽心》上）从其内涵来说："恻隐之心，仁之端也；羞恶之心，义之端也；辞让之心，礼之端也；是非之心，智之端也。"（《孟子·公孙丑》上）人性本善，因为"不能尽其才"，以致"陷溺其心"；为避免"陷溺"，则须存心养心；存养的方式很多，重在内心的体悟而不是多读书，"尽信书，则不如无书"（《孟子·尽心》下）；存心养心的目的，是为了"知天"："尽其心者，知其性也；知其性，则知天矣。"（《孟子·尽心》上）为此，从另一个角度来说，就是"万物皆备于我"（《孟子·尽心》上）。

程颢认为万物本属一体："天者理也。"同时指出"理"具有"天人合一"的特点："天地万物之理，无独必有对。"既然"仁者浑然与物同体，义礼知信皆仁也"，那么人生的最高境界，就是发明本心，自觉达到与万物一体："只心便是天，尽之便知性。"为此，特别强调内心静养，不大重视外知："以诚敬存之。"其有诗曰："闲来无事不从容，睡觉东窗日已红。万物静观皆自得，四时佳兴与人同。道通天地有形外，思入风云变态中。富贵不淫贫贱乐，男儿到此是豪雄。"（《秋日偶成》）诗中所阐述的核心思想，非常接近于玄、禅。就这一点来说，这种更新的儒学是玄、禅促进的结果；同时也应该看到，诗中仍使用"富贵""贫贱""豪雄"等词语，说明其心学的根子还是儒家的。

图22 陆九渊

陆九渊(1139—1193),字子静,抚州金溪人。他借助了程颢"天人合一"的心学新模式,但比程颢走得更远。提出"心即是理",万事万物皆由心而生发:"四方上下曰宇,古往今来曰宙,宇宙便是吾心,吾心便是宇宙。"同是把传统儒学升华到"理学"的新儒学,陆九渊的观点也和朱熹有着显著不同:一是朱熹把"理"置于理论的终极,而陆九渊把"理"放在"心"之中;二是获取"理"的路径上,朱熹主张由道问学,强调格物致知,即穷物理,指出学习知识的重要性,认为人的道德水准必将随着知识的增长而增进,而陆九渊主张"明心",要尊德性,强调为学的目的并不仅仅在于增进知识,而是为了实现道德的至高境界:"学苟知本,六经皆我注脚。"

陆九渊在学术上无师承的情况下,自觉融合前人的学术成果,开创了心学。这个"心"字,可以用"我"字来借代,突显了此时江南地区学人强烈的主体精神。此外,他在程朱理学集大成之际,以高度的学术责任感和深邃的理论洞察力,最早发现了理学内化道路潜在的支离倾向和教条隐患,开拓出一条自"吾心"上达宇宙的外化道路。"陆九渊对于后世的意义之一,就在于他在理学世界中,特别凸显'心灵'的意义,'宇宙便是吾心,吾心便是宇宙',这种把'心'提升到如此之高的地位,其实其本意当然是把人的道德理性的自觉性和自主性上升到终极依据,但是正如朱熹看到的,它也隐含了另一种类似于从北宗禅转向南宗禅的那种路向,即当人们特别凸显了这种'心'的意义,肯定了'心'的自主性,而生存于实际生活世界的人的'心',又不可能始终指向纯粹道德理性一端,常常会被'情'和'欲'

支配的时候,它是否会在后人不断延伸和诠释下,默认'人欲'的合理性? 而他对具体和外在的知识的轻蔑,也使得那种冲破一切束缚的精神有了理论上的合理性,正如他自己所说的,'此理在宇宙间,何尝有所碍? 是你自沉埋,自蒙蔽,阴阴地在个陷阱中,更不知所谓高远底。要决裂破陷阱,窥测破个罗网',于是这种'激厉奋迅,冲决罗网,焚烧荆棘,荡夷污泽'的反抗,有可能连那种道德理性的最后防线一道决破。虽然在陆九渊的时代,这种思想并没有出现,但是在后世强调冲决罗网、张扬个性的时候,它却真的被作为一种思想资源。陆九渊对于后世的意义之二,就在于当他强调着超越一切个别的具体的知识的真理体验时,他无意中也肯定了一种普遍真理的存在,所谓'东海有圣人出焉,此心同也,此理同也,西海有圣人出焉,此心同也,此理同也,南海北海有圣人出焉,此心同也,此理同也。千百世之上至千百世之下,有圣人出焉,此心此理,莫不同也',由于那些关于宇宙、社会与人本身的传统思想系统,其绝对真理性的依据,除了来自社会秩序之外,常常来自历史传统与政治权力,因此,这种肯定超越时间与空间的真理的普遍主义思路,无意中瓦解了历史与权力、经典和精英对真理的解释权力,使得国家、民族、传统与信仰就处在了一个开放的多元世界中,任何拒绝真理的理由都统统被消解。虽然在陆九渊的时代,这种思路并没有导致传统中国真理绝对意义的瓦解,但是,在当'中国'真正遭遇'世界'的进入、'传统'真正遭遇'现代'的挑战的时候,它却真的可能成为一种接受新知的思想资源,使传统中国的思想世界发生了震撼性的危机。当然,这已是后话了。"①

陆九渊的弟子中,杨简进一步发挥了其心学思想。杨简(1141—1226),字敬仲,号慈湖,慈溪人,世称慈湖先生,谥号文元。他认为"天者,吾性中之象;地者,吾性中之形"(《慈湖遗书·家记一》),主张"人心自明,人心自灵",自觉躬行礼教,不赞成陆九渊用"收拾精神""剥落"等强制功夫来"发明本心"的修养方法。传世之作有《慈湖遗书》《慈湖诗传》《杨氏

---

① 葛兆光:《中国思想史》第 2 卷,第 250—251 页,上海:复旦大学出版社,2001 年。

易传》《五诰解》。

(三) 浙东学派的发端

浙东学派是中国传统学术的一个派别,源起于宋代,发达于明清时期,代表人物多为活动于浙江一带及籍贯为浙江的学者。浙东学派不守门户之见,博纳兼容,贵专家之学,倡导经世致用。在其发端时期,主要有以吕祖谦为代表的金华学派,以陈亮为代表的永康学派,以叶适为代表的永嘉学派,以黄震为代表的东发学派。

吕祖谦(1137—1181),字伯恭,世称东莱先生,为与伯祖吕本中相区别,亦有小东莱先生之称,谥号成,后改谥忠亮。婺州人。参与重修《徽宗实录》,编纂刊行《皇朝文鉴》。主张博学多识,明理躬行,学以致用,反对空谈心性,创立婺学,开浙东学派之先声。曾促成朱熹和陆九渊的"鹅湖之会",即1175年以朱熹为首的理学和以陆九渊为首的心学,在江西信州鹅湖寺举行为时三天的辩论会,这是中国学术史上一次重要的聚会。著有《东莱集》《历代制度详说》《东莱博议》。

陈亮(1143—1194),原名汝能,后改名亮,字同甫,号龙川,世称龙川先生,谥号文毅。婺州永康人。力主抗金,曾多次上书孝宗,反对"偏安定命",倡言恢复。提出"任贤使能""简法重令"等革新图强言论,皆以功利为依归。强调道在事物之中,学以实用为主,反对理学家空谈"尽心知性"。他还与朱熹多次进行论辩。创立永康学派,著有《龙川文集》《龙川词》。

叶适(1150—1223),字正则,号水心居士,世称水心先生,谥号文定,又作忠定,故又称叶文定、叶忠定。温州永嘉人。力主抗金,反对"和议"。讲究功利之学,认为"既无功利,则道义者乃无用之虚语",反对当时性理空谈,对于理学家们所最崇拜的人物如曾子、子思、孟子等,进行了大胆的批判,指出理学家糅合儒、佛、道三家思想提出"无极""太极"等学说的谬论。主张"通商惠工,以国家之力扶持商贾,流通货币",反对传统的"重本抑末"即只重农业、轻视工商的政策(《学习纪言》)。为永嘉学派集大成者,永嘉学派与当时朱熹的理学、陆九渊的心学并列为"南宋三大学派"。著有《水心先生文集》《水心别集》《习学记言》。

黄震(1213—1280),字东发,号文洁,世称于越先生,门人私谥文洁先生。庆元慈溪人。参与修纂宁宗、理宗两朝《国史》《实录》,宋亡后隐居,讲学著述。学宗朱熹,兼综叶适,主张经世致用,知先行后,反对空谈义理,批判理学家"人心道心""即心即道",认为心只是灵明,不能传,也不须传,提出"道不离器""物各有理"观点。自称"非圣人之书不观,无益之诗文不作"。主张知先行后,创立了东发学派。著有《春秋集解》《礼记集解》《黄氏日钞》。

第四节　书院讲学之风

书院之名始于唐代,分官私两类。公元635年设在遂州的张九宗书院,为较早的私人书院,侧重于讲学。725年唐玄宗将丽正修书院改名为集贤殿书院,负责刊辑经籍、搜求遗书、辨明典章,以备顾问应对。唐末至五代期间,战乱频繁,官学衰败,许多读书人避居山林,遂模仿佛教禅林讲经制度创立书院。这些书院集藏书、聚徒讲学与研究于一身,是中国特有的民间教育组织形式。

北宋初年,私人讲学的书院大量产生,陆续出现白鹿洞、岳麓、睢阳(应天)、嵩阳、石鼓、茅山等书院。1027年范仲淹执掌应天书院教席,书院学风为之一新,庆历新政后书院更是盛极一时,其中白鹿洞、岳麓、睢阳(应天)、嵩阳书院并称为四大书院。1071年朝廷直接向州学派出教授,以削弱书院和县学,1074年将有教授的州中书院并入州学。南渡初期,控制松弛,张栻、朱熹、吕祖谦、陆九渊等学者开始修复书院,传授新兴的理学,书院成为各个学派活动基地及讲学场所。朱熹制定的《白鹿洞书院揭示》(又称《白鹿洞书院教规》),是中国书院发展史上一个纲领性学规。

南渡后的江南地区,书院讲学之风尤为风行。据统计,在宋朝的203所书院中,南宋占75％以上,除了吴地的茅山、明道、学道、和靖、鹤山、龟山、丹阳、濂溪等书院外，越地又占了其中的34所，成为当时的一大人文景观。许多德高望重的学术大师在山林书院读书讲学，收授弟子，并形成了各种思想流派。其中，著名的书院有茅山书院、东林书院、丽泽书院。

茅山书院，亦名金山书院，位于句容，侯遗于1024年创建，院址在三茅山后侧，故称茅山书院。侯遗，字仲遗，或作仲逸，句容人，隐居茅山，在书院教授生徒十余年。茅山书院曾位列北宋"六大书院"之一。1271年茅山书院迁至金坛顾龙山，故亦名金山书院。该书院早已无存。

东林书院，亦名龟山书院，位于无锡，创建于公元1111年，为杨时长期讲学的地方。杨时（1053—1135），字中立，号龟山，世称龟山先生。祖籍弘农华阴，南剑将乐人。曾在余杭、萧山等地任职，不畏权贵，勇论朝政。先后学于程颢、程颐，留下"程门立雪"的佳话。著有《二程粹言》《龟山集》。其弟子李侗，是朱熹的老师，为理学南传的重要人物。1604年，顾宪成等人重新修复书院并聚众讲学，倡导"风声雨声读书声声声入耳，家事国事天下事事事在心"，东林书院的读书爱国精神从此家喻户晓。

丽泽书院，原名丽泽堂，亦称丽泽书堂，位于金华，创建于约1165年至1166年间，为吕祖谦的讲学会友之所。因屋前临二湖，故取名为"丽泽"。书院以"讲求经旨，明理躬行"为本。吕祖谦作为金华学派的奠基人，除自己在丽泽书堂教授生徒、著书立说外，还邀请朱熹、张栻、陆九渊、陆九龄、薛季宣、叶适、陈亮等前来讲学，探讨学术，交流思想，促进了各个学派的产生和发展。

"粗缯大布裹生涯，腹有诗书气自华。"（苏轼《和董传留别》）在五代和两宋时期，随着江南地区经济文化的持续发展，特别是书院讲学之风的盛行，知识的学习甚至已经不是士人的专利，而是在社会上形成了一种普遍的风习："（陆九渊）每诣城邑，环座率二三百人，至不能容，徙寺观。县官为设讲席于学宫，听者贵贱老少，溢塞途巷。"（李绂《陆象山年谱》）

第六章
激越的主体精神

公元1313年,元代复科举,以朱熹《四书章句集注》为标准取士,理学成为主流意识形态。明代科举继续以朱熹等"传注为宗",王阳明的心学思想,就是对理学的批判和发展。江南地区作为当时学术发展的首善之地,理学与心学之间的相互争鸣,一方面促使理学落地,促进了社会稳定和格物致知精神的发展,另一方面实现了人的心灵从理学束缚下的解放,"独抒性灵"体现了激越的主体精神。元明时期江南地区学术思想的进一步下行,促进了日常生活的审美化,也为西学东渐提供了良好的土壤。

第一节　理学一统

汉代以后,儒家不再独尊,受到了道、佛等学说的严重挑战。朱熹的新儒学改革,把孔子置于正宗位置,同时又把其后的儒家观点,以及本土道家思想资源和外来佛教思想资源,细心加以整理,构造出内容精深的新儒学体系。这样的新儒学体系,一方面使得"天理"取代了粗糙的"天命",形成了理高于势、道统高于治统的政治理念,具有极强的自主意识,为抑制君权、政治平民化提供了理论支持,另一方面也为儒家神权和王权提供了新的合法性依据。为此,理学在元代获得学术界的一统地位,就成为一种必然的选择。朱熹在语言表达和教学方法上的平易近人,也有助于理学思想的下行。

（一）理学的接受

元明时期江南地区的理学界，更多的是对占一统地位的理学思想体系的接受。这种接受，从早期的系统学习，到元末明初的思想杂糅，再到其后的对理学思想的激越践行，出现了宋濂、方孝孺、顾宪成、高攀龙、钱谦益等名儒或理学家。

宋濂（1310—1381），初名寿，字景濂，号潜溪，别号龙门子、玄真遁叟、仙华生、元贞子、元贞道士、仙华道士、幅子男子、无念居士、白牛生、南山樵者、南宫散史、禁林散史，世称太史公、宋龙门，谥号文宪。祖籍金华潜溪，至宋濂时迁居金华浦江。明初时受朱元璋礼聘，为太子朱标讲经，并为朝廷制定礼仪，主修《元史》。治学兼有朱学、陆学的特点，并受佛、道影响。与高启、刘基并称为"明初诗文三大家"，又与章溢、刘基、叶琛并称为"浙东四先生"。著有《宋学士全集》。

方孝孺（1357—1402），字希直，一字希古，号逊志，世称缑城先生、正学先生，谥号文正。宁海人。宋濂的门生，被誉为"读书种子"。因拒绝为发动"靖难之役"的燕王朱棣草拟即位诏书，被诛杀十族，亲友八百七十余人全部遇害，成了为理学殉道第一人。著有《逊志斋集》《方正学先生集》。

顾宪成（1550—1612），字叔时，号泾阳，世称东林先生，谥号端文。江苏无锡人。不惧威权，敢于抗言直辨。倡议修复东林书院，会同顾允成、高攀龙、安希范、刘元珍、钱一本、薛敷教、叶茂才（时称东林八君子）等人，发起东林大会，制定《东林会约》。通过讲学对王守仁"心学"及王学末流在道德修养和认识论方面宣扬的种种虚、空、玄的主张和说教进行猛烈的抨击，从而推动了实学思潮的高涨，并经常讽议朝政，逐渐聚合成一个政治集团"东林党"。著有《小心斋札记》《泾皋藏稿》《顾端文遗书》。

第六章 激越的主体精神

图 23　东林书院

高攀龙(1562—1626)，字存之，又字云从，世称景逸先生，谥号忠宪。江苏无锡人。从学顾宪成，潜心程朱理学，提倡"治国平天下"的"有用之学"，反对王守仁学派末流的"空虚玄妙"之学。东林书院领袖，聚众讲学议政，以自己的政治理想和人格标准来评议朝政，裁量人物。为反对魏忠贤，不堪屈辱自尽，在邪恶面前捍卫了自己的政治理想，保持了崇高的气节。著有《高子遗书》。

钱谦益(1582—1664)，字受之，号牧斋，晚号蒙叟、东涧老人，世称虞山先生。苏州府常熟县人。东林魁首。任职明，后降清。学问渊博，泛览群书，一反公安派、竟陵派的文风，倡言"情真""情至"，主张具"独至之性，旁出之情，偏诣之学"。其诗作于明者收入《初学集》，入清以后的收入《有学集》，另有《投笔集》系晚年之作，多抒发反对清朝、恢复故国的心愿。

(二) 格物致知

理学主张"格物致知"："天地中间，上是天，下是地，中间有许多日月星辰,山川草木,人物禽兽,此皆形而下之器也。然而这形而下之器之中,便各自有个道理,此便是形而上之道。所谓格物,便是要就这形而下之器,穷得那形而上之道理而已。"① 这种"格物致知"思想,突破了传统儒家知识分子耻于"形而下"的认识误区,同时也正是由于这些有功名的儒家知识分子的参与,才使得元明时期江南地区科技疆域不断拓展,并达到了新的高度。

黄道婆(1245—1330),又名黄婆或黄母。松江府乌泥泾镇人。从海南岛黎族人那儿学会了运用制棉工具和织崖州被的方法,回松江府后创造了新式纺车,并总结出一套先进的"错纱、配色、综线、絜花"等织造技术,热心向人们传授,被尊为布业的始祖。

吴敬(生卒年不详),字信民,号主一翁。浙江仁和人。约生活于十五世纪。筹算开始于春秋时期,直至明代才被算盘所代替。有关算盘的古书记载,最早见于吴敬的《九章详注比类算法大全》。在中国古算的普及和广泛应用于生产、生活实践方面做了重要工作。

潘季驯(1521—1595),字时良,号印川。湖州府乌程县人。四次出任总理河道都御史,主持治理黄河和大运河,发明了"束水冲沙法"治理黄河,深刻地影响了后代的"治黄"思想和实践,为中国古代治河事业作出了重大贡献。著有《宸断大工录》《两河管见》《河防一览》《留余堂集》。

杨继洲(约 1522—1620),字济时。三衢人。主要作品《针灸大成》,总结了明代以前我国针灸的主要学术经验,特别是收载了众多的针灸歌赋;重新考定了穴位的名称和位置,并附以全身图和局部图;阐述了历代针灸的操作手法,加以整理归纳;记载了各种病证的配穴处方和治疗验案。该书既有系统完整的针灸学理论,还有相当丰富的临床经验,标志着中国古代针灸学已经发展到了相当成熟的地步,不只受到国内学术界的重视,在国外影响也很大。

---

① 朱熹:《朱子语类》,卷 62。

第六章 激越的主体精神

赵士祯(1554—约1611),字常吉,号后湖。浙江乐清人。发明了一种发射火箭用的火箭溜,形状像一支短铳,上面有溜槽,可按规定的方向发射火箭,避免了火箭在运行时偏离方向,增加了火箭射击的准确性。参照西洋鸟枪和佛郎机制成掣电铳,这种火枪采取后装子铳式,共有5个子铳,各6寸长,子铳事先装好,作战时轮流装入枪管中发射,射击速度明显加快。借鉴日本人使用的大鸟铳发明了"鹰扬炮",这种新式火器具有威力大、命中率高的优越性能,胜过了日本的大鸟铳。著有《神器谱》《备边屯田车铳仪》,其中有火器图式24种。

陈实功(1555—1636),字毓仁,号若虚。江苏东海人。克服时人重内科轻外科、外科缺少基础理论的倾向,编著《外科正宗》,综述了自唐代以来历代外科中有效治疗经验,对痈疽、疔疮、流注、瘰疬、瘿瘤、肠痈、痔疮、白癜风、烫伤、疥疮等外、伤、皮肤、五官科疾病,从病痛的根源、诊断到外科上常见的大部分疾病,从各家病因理学说到临床症状和特点,以及各种病症的治疗方法、手术的适应症、禁忌等,从各种病情的形状到药剂的组成,都做了详细的论述。其中对皮肤病、肿瘤都有较多的论述。主张"开户逐贼,使毒外出为第一",外部手术与内服相结合。

张景岳(1563—1640),名介宾,字惠卿,号景岳,别号通一子,俗称张熟地。会稽人。中国古代中医温补学派的创始者。深受理学思想影响,完善了气一元论,补充并发展了阳不足论,形成了独具特色的水火命门说,对后世养生思想发展产生了积极的影响。著有《类经》《类经图翼》《类经附翼》《景岳全书》。其中,《景岳全书》囊括理论、本草、成方、临床各科疾病,是一部全面而系统的临床参考书,仅成方就录有新方186方、古方1533方,以及妇科186方、儿科199方、痘疹173方、外科374方及砭法、灸法12种。

马一龙(生卒年不详),字负图,号孟河。溧阳人。主要作品《农说》根据自己的农事经验而写,是中国古代第一部系统阐述传统农学理论的著作。针对当时社会弃农经商的实际情况,阐述了君、民、食、农、力的关系,得出了"农为治本,食乃民天"的结论,强调了农业的重要性。在强调人力的同时,非常重视知识的作用(知时、知土、知其所宜),把知识的重要性放在首位,较前代农学家又有了进步。虽然书中充满了理学家的气息,但将前代的农学理论作了进一步的阐述,使之具有系统性和完整性。

屠本畯(生卒年不详),字田叔,又字豳叟,号汉陂,晚年自称憨先生、乖龙丈人。浙江鄞县人。著有《闽中海错疏》《海味索引》《闽中荔枝谱》《野菜笺》《离骚草木疏补》。代表作《闽中海错疏》成书于1596年,全书分为3卷,上、中两卷为鳞部,下卷为介部,又有自序和附录各一篇,记载了福建沿海海产动物200多种(包括少数淡水种类),以海产经济鱼类为主,有中国著名的大黄鱼、小黄鱼、带鱼、乌贼四大海产珍品,以及驰名的对虾、鲥、鳓、鳡(中华青鳞鱼)等海产动物。

陈司成(生卒年不详),字九韶。海宁人。受家庭熏陶,自幼爱好医道。博览医学经典,临床悉心体察,并遍游江浙,向名医请教。历时二十年,探索出一套治疗梅毒的方法,于1623年写成中国第一部性病专著《霉疮秘录》,书中对梅毒症状、传染及遗传等做了详细记述,提出"解毒、清热、杀虫"的治疗方案,并采用砷、汞为主的"生生乳"治疗,是用砷剂治梅毒的首创者。

吴有性(1582—1652),字又可。吴县东山人。撰成《温疫论》,所列瘟疫病种有发颐、大头瘟、虾膜瘟、瓜瓤瘟、疙瘩瘟,以及疟疾、痢疾等急性传染病,明确指出这些病都不是六淫之邪所致,而是四时不正之气所为,并大胆提出"疠气"致病之学说,在世界传染病学史上也是一个伟大的创举。指出其症状与伤寒相似而实际迥异,古书从未分别,并一一加以分辨论述阐明,论著制方,其中著名的剂方有达原饮、三消饮等,示人以疏利分消之法。在治疗上,提出了一整套祛邪达原理论,临床治疗收到很好的效果。

徐霞客(1587—1641),名弘祖,字振之,号霞客。南直隶江阴人。志在四方,探幽寻秘,并记录观察到的各种现象,探寻大自然的规律,撰成《徐霞客游记》。《徐霞客游记》是一部以日记体为主的地理著作,徐霞客经过三十四年旅行,写有天台山、雁荡山、黄山、庐山等名山游记17篇和

《浙游日记》《江右游日记》《楚游日记》《粤西游日记》《黔游日记》《滇游日记》等日记多篇,在地理学和文学上作出了卓有价值的贡献。

茅元仪(1594—1640),字止生,号石民,又署东海波臣、梦阁主人、半石址山公。归安人。喜读兵农之道,熟悉用兵方略,著有《武备志》《九学十部目》《督师纪略》《复辽砭语》《石民四十集》《石民未出集》《暇老斋杂记》《野航史话》《石民赏心集》《谕水集》《江村集》《横塘集》等六十多种,数百万言。其中,《武备志》由兵诀评、战略考、阵练制、军资乘、占度载等五部分组成,被后人称之为"军事学的百科全书";《九学十部目》分为经学、史学、说学、小学、兵学、类学、数学、外学,以学术为分类标准,开目录学研究之新。

第二节 阳明心学

理学强调客观的"天理",反对主观的"人欲",自成为社会主流意识形态后,逐渐桎梏着人的心灵。江南地区经济社会的发展,特别是资本主义经济的萌芽,为阳明心学的创立和发展打下了良好的民间基础。泰州学派的形成和文艺上的独抒性灵,也体现了江南地区激越的主体精神。

(一)阳明心学的创立

王守仁(1472—1529),幼名云,字伯安,别号阳明,自号阳明子,世称阳明先生,亦称王阳明,谥号文成,后人又称王文成公。绍兴府余姚县人。精通儒、道、佛,为心学集大成者。弟子极众,世称姚江学派。著有《王阳明全集》《传习录》《大学问》。王守仁与孔子、孟

图24 王守仁

子、朱熹并称为孔、孟、朱、王,其学术思想传至日本、朝鲜半岛以及东南亚。

王守仁早年曾追随程朱理学,走"格物致知"之路,结果并无所悟。后因朝廷政争,被贬贵州龙场驿丞。他看世间别无可怕,只有死是可怕的,所以造石棺以尝死的况味。有一晚他在石棺中得到顿悟,对《大学》的主旨有了新的认识,由此而对《大学》有了全新的诠释,完整地建构了他的心学思想体系。

《大学》曰:"大学之道,在明明德,在亲民,在止于至善。"王守仁认为,"大学"的主旨,就是学作"大人之学",就在于能够"明明德":"大人者,以天地万物为一体者也。其视天下犹一家,中国犹一人焉。若夫间形骸而分尔我者,小人矣。大人之能以天下为一体也,非意之也,其心之仁,本若是其与天下万物为一也。岂惟大人,虽小人之心,亦莫不然。彼顾自小之耳。是故见孺子之入井,而必有怵惕恻隐之心焉。是其仁与孺子而为一体也。孺子犹同类者也,见鸟兽之哀鸣觳觫而必有不忍之心也。……是其一体之仁也,虽小人之心,亦必有之。是乃根于天命之性,而自然灵昭不昧者也。是故谓之明德。……是故苟无私之蔽,则虽小人之心,而其一体之仁,犹大人也。一有私欲之蔽,则虽大人之心,而其分割隘陋,犹小人矣。故夫为大人之学者,亦惟取其私欲之蔽,以自明其明德,复其天地万物一体之本然而已耳;非能于本体之外,而有所增益之也。"①

"明明德",这是心的本性。冯友兰解释道:"一切人,无论善恶,从基本上,都同有此心。人的自私也不能把本性完全泯灭,往往在人对外界事物的本能反应中表现出来。人突然发现一个幼儿即将落入井中的本能反应便足以说明这一点。人对事物的第一个反应表明,人内心里,知道什么是对的,什么是错的。这种非意识是人的本性的表现。王阳明称之为'良知'(按字面的意思就是'对良善的知识')。人所当做的便是服从良知的

---

① 王守仁:《王阳明全集》,第967页,上海:上海古籍出版社,1992年。

命令,毫不迟疑地做去。如果人不立即遵照良知的命令去做,而寻找不做的理由,便是在良知上加以增益或减损,这便失去了至善。其实,人寻找借口不去遵行良知的命令,乃是出于私欲。"①

王守仁认为,每个人都有良知,这良知便是人的本心;人人按本性来说,都是圣人。因此,必须要遵从"良知"的召唤,做到"知行合一"。那么,"良知"何在? 答案是:"心即理也。天下又有心外之事、心外之理乎?"②

《传习录》记载,"先生游南镇,一友指岩中花树问曰:'天下无心外之物,如此花树,在深山中自开自落,于我心亦何相干?'先生曰:'你未看此花时,此花与汝心同归于寂。你来看此花时,则此花颜色一时明白起来。便知此花不在你的心外。'"③

王守仁继承陆九渊强调"心即是理"之思想,反对程颐、朱熹通过事事物物追求"至理"的"格物致知"方法,因为事理无穷无尽,"格"之则未免烦累,故提倡"致良知",从自己内心中去寻找"理","理"全在人"心","理"化生宇宙天地万物,人秉其秀气,故人心自秉其精要。为此,他从人的自我直觉本心出发,强调"致良知",要求道德自觉,突显主体精神:"尔那一点良知,是尔自家底准则。尔意念着处,他是便知是,非便知非,更瞒他一些不得。"④

王守仁的心说,在教法上主张"无善无恶心之体,有善有恶意之动。知善知恶是良知,为善去恶是格物",简洁了当地诉诸每一个人的直觉,具有强烈的批判色彩和自然主义理想色彩。这种思想,对于程朱理学通过科举考试过分约束知识分子心灵的知识界,以及在传统意识形态控制下新兴的资本者和市民阶层来说,是一种活泼的新道德,是一种除旧布新的新思想。

---

① 冯友兰:《中国哲学简史》,第270页,北京:新世界出版社,2004年。
② 王阳明:《传习录》,第6页,张怀承注译,长沙:岳麓书社,2003年。
③ 王阳明:《传习录》,第297页,张怀承注译,长沙:岳麓书社,2003年。
④ 王阳明:《传习录》,第253页,张怀承注译,长沙:岳麓书社,2003年。

（二）阳明心学的发扬

王守仁弟子甚多，其后形成了"王学七派"：江右王门学派、南中王门学派、闽粤王门学派、北方王门学派、楚中王门学派、浙中王门学派、泰州学派。其中，影响最大的是王艮创立的泰州学派、王畿创立的浙中王门学派。

王艮（1483—1541），初名银，王守仁替他改名为艮，字汝止，号心斋，人称王泰州。先世原居苏州，后落户为泰州安丰场人，以烧盐为生。十九岁拜谒孔庙时，得到很大启发，认为"夫子亦人也，我亦人也，圣人者可学而至也"。学习贵自得，后创立泰州学派，一反经典的传统和说教，以"百姓日用即道"为标揭，认为"圣人之道，无异于百姓日用，凡有异者，皆谓之异端"，把"百姓"和"圣人"放在等同的地位，阐述"满街都是圣人"，"圣人不曾高，众人不曾低"，故被斥为"异端"。他的学生大多为下层群众，计有农夫、樵夫、陶匠、盐丁等487人。王艮一生文词著述很少，着重口传心授，使"愚夫愚妇"明白易懂，这成了泰州学派的特色之一。王艮的著作，后人辑为《王心斋先生遗集》。

王畿（1498—1583），字汝中，号龙溪，学者称龙溪先生。浙江山阴人。早年协助王守仁指导后学，后历时四十余年潜心传播王学。浙中王门学派的创始人，受佛教思想影响较深，认为良知是当下现成、先天自足的本体，不须学习思虑，亦无须修正损益，便自然可以得到。"致良知"是未悟者的事，对于已悟者来说，根本不须致良知，由此在治学与修养方法上，主张一任自然，反对戒慎恐惧，反对任何约束，认为"君子之学，贵于自然"。认为儒学与佛学之间只有程度的不同，即儒超过了佛，而没有本质的区别："吾儒之学与禅学、俗学，只在过与不及之间。"由于坚持这种"贵于自然"的自然主义与"随其所为"的放任主义，与当时的官方思想程朱理学相冲突，因而王畿思想为当时所不容，遭到了世人及官方的非议。著有《龙溪全集》。

"王学七派"均以阐发阳明心学为己任，但对"良知"本体的特点及"致良知"的途径,却做了不同的思考。为此,阳明心学在传承和发展过程中,不断受到误解和误用,如,"本来,王守仁所主张的是:人凭直觉会立刻知道自己的意志或思想是对,或是错。它能告诉人的是:应当做的事,却不能告诉人怎样去做,它缺少的是现在美国人所称的'知道怎样干'(known how)。王守仁认为,在具体情况下,要想知道怎么做,需要结合具体情况,研究行动的具体办法。但是,后来王守仁的追随者们似乎相信,直觉可以把样样事情都告诉人,包括'知道怎么干'。这便走到了荒谬的地步。"①

从另一个角度来说,这种对阳明心学的误解和误用,既是一种发扬,又是一种衍生。黄宗羲认为:"阳明先生之学,有泰州、龙溪而风行天下,亦因泰州、龙溪而渐失其传。"②这些学派在发扬阳明心学的时候,同时衍生出另一种思路和取向:"当王学在短短的几十年中在士人中风靡开来的时候,另一种思路和取向,却更迅速地发酵膨胀起来,其内在的自然主义和追求自由的精神,渐渐越出了王阳明设定的极限,也超越了主流意识和政治秩序允许的边界。王畿和王艮(1483—1541)的传人,尤其是所谓的'泰州学派',渐渐成了最引人瞩目也是最有吸引力的王学代表,以后的很多王学极端主义学人,无论是否出自这二王的门下,但都以对当时遵奉的历史传统与社会秩序的抨击和瓦解为目标,他们把俗人与圣人、日常生活与理想境界、世俗情欲与心灵本体彼此打通,肯定日常生活与世俗情欲的合理性,把心灵的自然状态当成了终极的理想状态,也把世俗民众本身当成圣贤,肯定人的存在价值和生活意义,如何心隐(1517—1579)、罗汝芳(1515—1588)、李贽(1527—1602)等人的思路和行为,就是对传统秩序的一种挑战,他们提出所谓'圣人之道无异于百姓日用',而百姓日用即日常生活不仅被赋予正当性,甚至还被提升为'天性之体',因此所有的戒惧、用功、提升、超越的意义都统统被消解,他们讽刺用功的人是多此一举,戒

---

① 冯友兰:《中国哲学简史》,第279页,北京:新世界出版社,2004年。
② 黄宗羲:《明儒学案》,卷32。

惧的人仿佛在佛头着粪,鼓吹'率性所行,纯任自然,便谓之道',认为'不屑凑泊''不依畔岸',只需'解缆放船,顺风张棹,无之非是',因为他们已经把'心即理'的依据,放大到'心'的一切都是合'理'的,这叫'赤子良心',这种天然就是合理的良心当然'不需把持,不需接轨',可以'不学不虑为之'。"①

依照泰州学派的观点,良知发自本心,无须学习;只要发自本心,大街上人人都是圣人。在这种"思想下行"的路径上,李贽是一个标杆式的人物。李贽(1527—1602),初姓林,名载贽,后改姓李,名贽,字宏甫,号卓吾,别号温陵居士、百泉居士。福建泉州人。长期在江南任职和讲学。植根江南地区资本主义萌芽的发展要求,充满着对传统和历史的重新考虑,反对儒家的泛道德主义,建立了以"童心说"为核心的新思想体系,在社会上引起了激烈争论。著有《藏书》《续藏书》《楚书》《续焚书》。

李贽最有名的思想就是"童心说":"童心者,真心也";"童心者,绝假纯真,最初一念之本心也";"童子者,人之初也;童心者,心之初也"。基于这种本体论,他认为要想保持童心,就要杜绝道理闻见等童心之"反障":"然童心胡然而遽失也? 盖方其始也,有闻见从耳目而入,而以为主于其内而童心失。其长也,有道理从闻见而入,而以为主于其内而童心失。及久也,道理日以益多,则所知所觉,日以益广,于是焉又知美名之可好也,而务欲以扬之,而童心失。知不美之名之可丑也,而务欲以掩之,而童心失。夫道理闻见,皆自多读书识义理而来也。古之圣人,曷尝不读书哉! 然纵不读书,童心固自在也。纵多读书,亦以护此童心而使之勿失焉耳。非若学者反以多读书识义理而反障之也。"②

由此,李贽认为:"六经、《语》《孟》乃道学之口实,假人之渊薮也;断断乎其不可以语于童心之言明矣。"在反对"假道学""假人"的同时,主张"不

---

① 葛兆光:《中国思想史》第 2 卷,第 428—430 页,上海:复旦大学出版社,2001 年。
② 李贽:《焚书·续焚书》,第 98 页,北京:中华书局,1975 年。

可得而时势先后论也":"诗何必古选,文何必先秦,降而为六朝,变而为近体,又变而为传奇,变而为院本,为杂剧,为《西厢曲》,为《水浒传》,为今之举子业,大贤言,圣人之道,皆古今至文,不可得而时势先后论也。"①这些观点,不仅是反对程朱理学,而且对君主专制政体和封建礼教也有微词,是振聋发聩的,也是极其"异端"的,却道出市民的心声,代表着思想的新潮。

阳明心学大盛之时,学术界也对其存在的弊端有着冷静的思考。黄绾反对阳明心学的"空虚",刘宗周主张用"慎独"来进一步完善。

黄绾(1477—1551),字宗贤、叔贤,号久庵、石龙。祖籍福建莆田,浙江黄岩人。曾为王守仁的好友和最早入室弟子之一,一生笃信和践行王学,还收留阳明先生遗孤正亿并抚养成人,且嫁女于正亿。晚年时对王学产生怀疑:"予始未之信,既而信之,久而验之,方知空虚之弊误人非细。"②为中国思想史上较早全面对王学进行批判的人物。著有《明道编》《石龙集》《久庵文选》《庙制考义》,以及《中庸古今注》《思古堂笔记》《石龙奏议》《云中疏稿》,还有易经、诗经等著作。《明道编》为中国哲学名著。

刘宗周(1578—1645),字起东,别号念台,学者称蕺山先生,门人私谥正义,清时追谥忠介。绍兴府山阴人。开创蕺山学派,创立"慎独"之说,取代"致良知"("独"相当于"良知","慎独"相当于"致良知")。杭州失守,绝食二十三日卒,被誉为明代最后一位儒学大师。著有《刘蕺山集》《刘子全书》《周易古文钞》《论语学案》《圣学宗要》等。

第三节 西学东渐

明代末期,耶稣会传教士来到江南地区。他们在传播教义的同时,也传入了西方的科学技术。随着西学的大量进入,江南学人也开始认识到

---

① 李贽:《焚书·续焚书》,第98页,北京:中华书局,1975年。
② 黄绾:《明道编》卷一,第11页,北京:中华书局,1959年。

西方科学技术的特别之处:"(西方有)一种格物穷理之学,凡世间世外,万事万物之理,叩之无不河悬响答,丝分理解。"① 与此同时,中国的学术也由传教士们带到西方。在此期间,也有一些江南学人到海外传播学术。

(一) 西学的传入

西学传入中国,最受关注的就是其中的科学技术以及所谓的"西洋奇器",而合作翻译西方书籍或著书介绍西学更是走在前列。在江南地区传播西学的外国学者主要有利玛窦、郭居静、毕方济,他们主要的传教策略是"合儒超儒"。

利玛窦(Matteo Ricci,1552—1610),号西泰,又号清泰、西江。意大利马切拉塔人。曾在南京传教,是天主教在中国传教的最早开拓者之一,也是第一位阅读中国文学并对中国典籍进行钻研的西方学者。通过"汉语著述"的方式传播天主教教义和西方天文、数学、地理等科学技术知识。著有《天主实义》《辩学遗牍》《畸人十篇》《天主教要》,绘制的《万国坤舆图》是中国历史上第一个世界地图并被介绍到了日本。曾教授徐光启数学,与其合作翻译《几何原本》,从而带动了晚明士大夫学习西学的风气,明万历至清顺治年间,一共有一百五十余种的西方书籍被翻译成中文。

郭居静(Lfizaro Catfino,1560—1640),号仰风。意大利托斯卡纳人。1593年来华,先在澳门学习汉语,后协助利玛窦传教,为上海、嘉定、杭州的开教者。1606年发生了惊动朝野的郭居静事件。帮助利玛窦编著拉丁字母注音的华语声韵字典,为以后外来传教士学习中文提供了方便。

毕方济(Francesco Sambiasi,1582—1649),字今梁。意大利人。松江的开教者,在南京兴建护守山圣堂。南明隆武帝谕令拨款扩建"三山堂",赐御书"上帝临汝"匾额,准许公开传教,永历帝封他为太师。著有

---

① 徐光启:《泰西水法序》,见《徐光启集》卷二,第 66 页,王重民辑校,上海:上海古籍出版社,1984 年。

《毕方济奏折》、《灵言蠡勺》(毕方济口授,徐光启笔录)、《天学略义》。

(二) 对西学的接受

江南学人对西学的接受,主要目的是为了"救儒补佛",挽救当时空虚的理学和心学颓风。因为,尤其关注西学中的科学技术,尤其是经济水利、天文历法等。徐光启、李之藻、薄珏、孙云球、王锡阐是其中的著名人物。

徐光启(1562—1633),字子先,号玄扈,天主教圣名保禄,谥号文定。上海县法华汇人。致力于数学、天文、历法、水利、农学等方面研究,提出火炮在战争中应用理论第一个人,也是一位沟通中西文化的先行者。著有《农政全书》《甘薯疏》《农遗杂疏》《农书草稿》《考工记解》,修订《大统历》、编纂《崇祯历书》(汤若望等协助),译有《几何原本》和《测量法义》(与利玛窦合作)、《泰西水法》(与熊三拔合作)。其中,《几何原本》又称《原本》,是古希腊数学家欧几里得的一部数学著作,该书是欧洲数学的基础,书中使用了公理化的方法,这一方法后来成了建立任何知识体系的典范。1582年,利玛窦

图 25　徐光启

带来了 15 卷本的《原本》。1607 年,徐光启与利玛窦把该书的前 6 卷平面几何部分译成中文,并改名为《几何原本》。后 9 卷是 1857 年由李善兰和英国人伟烈亚力译完的。徐光启主张"熔彼方之材质,入大统之型模",率先开启西学东渐之风。

李之藻(1565—1630),字振之,一字我存,号凉庵居士,又号凉庵逸民。浙江仁和人。娴于天文历算、数学,精于泰西之学。协助徐光启修订

《大统历》、编撰《崇祯历书》。与利玛窦合译《浑盖通宪图说》《同文算指》，与葡萄牙人傅汛际合译《寰有铨》《名理探》，其中，《同文算指》是中国介绍欧洲笔算的第一部著作，与徐光启译《几何原本》同为中国编译西方数学最早的重要著作，《名理探》为逻辑学在中国最初之译本，对介绍西方科学作出重要贡献。著有《天学初函》。

薄珏（生卒年不详），字子珏。长洲人。钻研天文、数学和机械制造，注重实践，自设实验室，配置各种工具设备，反复研制。尝造浑天仪，发明望远镜并用于铜炮，所制铜炮精密度高，构造先进，炮上装有千里镜，提高了命中率，还制造水车、火铳、地雷、地弩。其高超的机械制造技术，对后世苏淞一带制造业的发展影响较大。著有《素问天倾西北之妄辨》《浑天仪图说》《行海测天法》《天体无色辨》《天形北高南下辨》《荧惑守心论》《格物测地论》。

孙云球（1628—1662），字文玉，或字泗滨。江苏吴江县人。眼镜在元代已从西域传入中国，但价格昂贵。孙云球到杭州学习制镜技术，接受利玛窦等西方传教士传入的几何、物理等科学知识，利用苏州的琢玉工艺，经过实践积累和探索，最后终于掌握了"磨片对光"技术，创造性地用水晶材料磨制成镜片，还创造了磨制镜片的牵陀车。在磨制凸透镜和凹透镜的基础上，他又利用水晶石磨制成存目镜、万花镜、鸳鸯镜、放大镜、幻容镜、夜明镜、千里镜（望远镜）等各类光学制品，把中国光学制造业推向了一个新的起点。在制作实践和科学研究的基础上，孙云球还写了一本眼镜制作方面的专著——《镜史》，"令市坊依法制造，（眼镜）遂盛行于世。"（《虎阜志》）。

王锡阐（1628—1682），字寅旭，又字昭冥，号晓庵，又号余不、天同一生。吴江人。曾与吕留良、张履祥等在江苏讲授廉洛之学。擅长天文历算，认为西学中源。由于无子，学无传人，加之他的著作都用篆字，人多不能识，直至潘耒返回故里，幸存的五十余种遗稿才得以搜集刊行。著有《五星行度解》《大统历法启蒙》《历表》《历说》《晓庵新法》《历策》《日月左右旋问答》《推步交朔序》《测日小记序》《圆解》。其中，《五星行度解》是一

第六章 激越的主体精神

部讨论行星运动理论的著作，书中采用了第谷的模型，但稍有变化，并且与第谷体系行星绕日均自西向东不同，在王锡阐的著作中金、水两星在自己的轨道上自西向东转，土、木、火三星则自东向西绕转。鉴于第谷体系没有统一的计算方法，王锡阐还在上述模型的基础上，导出了一组计算五星视行度的公式。

（三）其他中外学术交流

江南学人与伊斯兰文化、日本文化之间也有一定的学术交流，王岱舆、朱之瑜等学者作出了很大的贡献。

王岱舆（约 1584—1670），名涯，别号真回老人。先世为西域人，后以金陵为籍。自幼学习阿拉伯文、伊斯兰教经籍，后攻读中国经史及宋明理学兼及道佛著作，被誉为"学通四教"（指儒、道、佛与伊斯兰教）的回儒。王岱舆是中国伊斯兰教学术研究的先驱者，是中国伊斯兰教史上第一个"以中土之汉文，展天方之奥义"的学者，他将伊斯兰教教义与中国传统文化主要是宋明理学相结合，阐明了伊斯兰教的本体论、宇宙论、认识论，建立了中国伊斯兰教哲学与教义学的框架。主要译著有《正教真诠》《清真大学》《希真正答》。

朱之瑜（1600—1682），字楚屿，又作鲁屿，号舜水，人称征君。浙江余姚人。清兵入关后，流亡在外参加抗清复明活动。后东渡定居日本，在长崎、江户授徒讲学，传播儒家思想，并指导日本初造学宫，产生了很大的影响。学术博采众家所长，最喜《资治通鉴》，长于《春秋》，提倡"实理实学、学以致用"，认为"学问之道，贵在实行，圣贤之学，俱在践履"。他的学生遍布日本，最著名的有《大日本史》的作者安东守约，日本儒学古学派的奠基人伊藤仁斋，儒学水户学派的始祖德川光国，经学家山鹿素行、木下顺斋。他在日本虽受人崇拜，但他敢批评日本人心胸狭隘、"量窄意偏"，日后必为中华之祸。著有《朱舜水集》。朱之瑜和黄宗羲、王夫之、顾炎武、颜元被称为明末清初中国五大学者，并与王守仁、黄宗羲、严光被称为余姚四先贤。

第四节　日常生活审美化

江南地区是以自然诗性文化为根底的,元明时期,随着经济的发展和文化的繁盛,特别是在理学和心学思想下行的烛照下,审美进入了日常生活,日常生活也变得审美化。知识分子逐渐从官员群体中相对分离出来,初步形成了一个相对独立的阶层。

(一) 经济上的相对独立

江南地区日常生活的审美化,是以殷实的物质基础为先决条件的。弘治《吴江县志》记载:"民生富庶,城内外接栋而居者烟火万井,楼台亭榭与释老之宫掩映如画。其运河支河贯注入城,屈曲旁通,舟楫甚便。其城内及四门之外皆市廛阓阛,商贾辐辏,货物腾涌,垄断之人居多。"

江南地区经济的快速发展,为知识阶层逐渐走向独立给予了良好的支撑:"凭借文人自身的力量过上幸福生活,至少需要这样两个前提,一是不再勉为其难地从事诗人们并不熟悉的残酷政治斗争,才能避免伴君如伴虎和'为砧上肉'的历史悲剧命运;二是也不能总是接受贫下中农的再教育,让手无缚鸡之力的他们去做力所不胜的稼穑劳动。寻寻觅觅,他们终于在美丽富庶的江南中找到了感觉,和市井人物打成一片而不再'使我不得开心颜',仅仅凭借出色的诗书画才能就能够顺利参与生活资料的再分配,这比起陶渊明在大自然中到处跋涉,比起唐宋士大夫在心灵深处行行重行行,真可谓是'别有天地非人间'。只有这时他们才由'君'而'郎',成为江南儿女日夜渴盼归来的良人。以佳人为生命对象就不再会是怀才不遇,'虚负凌云万丈才,一生襟抱未曾开';而是在'红袖添香夜读书'和'小红低唱我吹箫'中,找到了最好的心平气和的生活方式。亢龙有悔的归来者,还彻底结束了江南女儿'荡子行不归,空床独难守'的痛苦期待。金风玉露一相逢,她产生的更是无数美丽的诗篇和歌舞。'萧娘脸上难胜泪,桃叶眉头易得愁。天下三分明月夜,二分无赖是扬州。'(徐凝《忆扬州》)在这里占据城市中心的不再是权力与金钱,而是诗歌与艺术,所以在有井水处传唱的,不是皇帝御旨与官方告示,而是像杜牧、柳永、唐伯虎、徐渭这些白衣卿相人的诗篇,以及'扬州八怪'这些人的绘画。"①

在新经济的影响下,江南地区知识阶层的世俗化倾向也越来越明显:"士人在与权宦巨室加强联系的同时,也冲破了许多传统的禁忌,与平民、缁衲、高人、艺人、竹工、陶工、锡匠、妓女、商贾、僧人各个阶层的人的交往都较前代增多,社会交往范围大大地拓宽。而且士人在交游中或以落拓自放相诩,或以风流不群标榜。张岱的社会交往活动则最为典型,其与上述人等都有过交游的经历。《金陵琐事》记:'石林祝公给谏,喜结山人,目不识丁者,亦为上客,……谓无状不准,无书不发,无人不见,无酒不饮,此是事实。操江耿公叔台闻之曰:'尚有无扇不写。'"②

在这样的背景下,包括许多普通民众在内的江南人对精神生活不断萌发新的追求,市民文学、古玩收藏、图书出版、园林艺术、饮食娱乐等与日常生活相关的文化应运而生,同时也为更多江南地区知识阶层获得了不依赖于政治的存在,而山明水秀的江南又为他们提供了一个大舞台,因此,包括文学、艺术、学术在内的高雅文化如同"旧时王谢堂前燕,飞入寻常百姓家"(刘禹锡《乌衣巷》)。哲学与艺术融入日常人生,衍生出许多更加精美的戏曲诗文、小说弹唱,以及工艺器物与园林文化。

且看江南地区这股人文荟萃、充满创造力的"文化热潮":"江南士人文化创造已经不仅仅局限于传统儒学所认同的诗文书画,对于传统士人所不齿的戏剧、小说在此时开始受到士人的青睐,很多才子名士都在这个方面一展才情。徐渭(文长)的诗文书画都有较高的水准,倍受后人的推崇,而他的戏剧创作也小有成就,以《四声猿》《歌代啸》为代表作,而且还著有《南词叙录》等戏曲论著;吴伟业(骏公)诗取法唐代,时有文名,著有传奇《秣陵春》;屠隆(长卿)诗文名噪一时,所著传奇以《彩毫记》最为著

---

① 刘士林:《中国诗词之美》,第84—85页,海口:海南出版社,2006年。
② 徐林:《明代中晚期江南士人社会交往研究》,第17—18页,上海:上海古籍出版社,2006年。

名;如上这些士人所创作戏剧多为其'末业',其自身及其名气还是以诗文为主,如徐渭对其所作的戏剧就很不以为然。而像汤显祖、沈璟等人虽也不废士人的诗文功名,但其创作则主要以戏剧为主了:汤显祖(义仍)所作戏剧为《还魂记》《紫钗记》《南柯记》《邯郸记》,合成"临川四梦";沈璟(伯英),精研声律,著有传奇《义侠记》以及曲作《南九宫十三调曲谱》。除却这些士人大多以戏曲创作为闲情雅致而为之外,还有些如冯梦龙、李渔等文学剧作家基本上已经完全抛弃了士人所安身立命的诗文功名,以戏曲、小说等文学创作为业,成为了迎合大众口味的职业文人;冯梦龙(犹龙)除著有《喻世明言》《警世通言》《醒世恒言》等拟话本小说外,还辑有《挂枝儿》《山歌》等民歌集和改写的小说《列国志》《平妖传》等;李渔(笠鸿),以带领戏班演出为业,著有《风筝误》等传奇和戏曲理论集《闲情偶寄》。"①

在这股"文化热潮"中,江南地区知识阶层的志向已经由高雅转为世俗、由政治考场转为经济市场,从而偏离了传统文人的定位。

(二) 精神上的独抒性灵

以"独抒性灵"为主张的"公安三袁"的出现,是王守仁、李贽等思想解放的直接产物,也是江南自然诗性文化在意识形态长期压抑下的又一次爆发。李贽认为:"且夫世之真能文者,比其初皆非有意于为文也。其胸中有如许无状可怪之事,其喉间有如许欲吐而不敢吐之物,其口头又时时有许多欲语而莫可所以告语之处。蓄极积久,势不能遏。一旦见景生情,触目兴叹,夺他人之酒杯,浇自己之磊块,诉心中之不平,感数奇于千载。既已喷玉唾珠,昭回云汉,为章于天矣,遂亦自负,发狂大叫,流涕恸哭,不能自止。宁使见者闻者切齿咬牙,欲杀欲割,而终不忍藏于名山,投之水火。"②

公安派把上述"蓄积为文"的过程,称为"一段精光",必须有这么一段精光者,才能为"天下至文"。为此,公安派论文,特别主张发自"真心":"足迹所至,几半天下,而诗文亦因之以日进。大都独抒性灵,不拘格套。

---

① 徐林:《明代中晚期江南士人社会交往研究》,第 9—10 页,上海:上海古籍出版社,2006 年。
② 李贽:《焚书·续焚书》,第 97 页,北京:中华书局,1975 年。

非从自己胸臆流出，不肯下笔。有时情与境会，顷刻千言，如水东注，令人夺魄。其间有佳处，亦有疵处。佳处自不必言，即疵处亦多本色独造语。然予则极喜其疵处。而所佳者，尚不能不以粉饰蹈袭为恨，以为未能尽脱近代文人气习故也。盖诗文至近代而卑极矣。文则必欲准于秦、汉，诗则必欲准于盛唐。剿袭模拟，影响步趋。见人有一语不相肖者，则共指以为野狐外道。曾不知文准秦、汉矣，秦、汉人曷尝字字学六经欤！诗准盛唐矣，盛唐人曷尝字字学汉、魏欤！秦、汉而学六经，岂复有秦、汉之文？盛唐而学汉、魏，岂复有盛唐之诗？唯夫代有升降，而法不相沿，各极其变，各穷其趣，所以可贵。原不可以优劣论也。"①

袁宏道(1568—1610)，字中郎，又字无学，号石公，又号六休。湖广公安人。长期在江南地区任职，在文学上反对"文必秦汉，诗必盛唐"的风气，提出"独抒性灵，不拘格套"。与其兄袁宗道、弟袁中道并有才名，合称"公安三袁"。袁宏道认为：不是自己所得所感，就不要写；只要我手写我心，即使是不好的地方也是自己的、也是"独造"的。只有这样写，文章才"可贵"，也才能"各穷其趣"。

袁宏道在主张"真"时，还强调"趣"："世人所难得者唯趣。趣如山上之色，水中之味，花中之光，女中之态，虽善说者不能下一语，唯会心者知之，今之人慕趣之名，求趣之似，于是有辨说书画，涉猎古董以为清，寄意玄虚，脱迹尘纷以为远，又其下则有如苏州之烧香煮茶者。此等皆趣之皮毛，何关神情。夫趣，得之自然者深，得之学问者浅。当其为童子也，不知有趣，然无往而非趣也。面无端容，目无定睛，口喃喃而欲语，足跳跃而不定，人生之至乐，真无逾于此时者。孟子所谓不失赤子，老子所谓能婴儿，盖指此也。趣之正等正觉，最上乘也。山林之人，无拘无缚，得自在度日，故虽不求趣而趣近之。愚不肖之近趣也，以无品也，品愈卑，故所求愈下，或为酒肉，或为声伎，率心而行，无所忌惮，自以为绝望于世，故举世非笑之不顾也，此又一趣也。迨夫年渐长，官渐高，品渐大，有身如梏，有心如

---

① 钱伯城：《袁宏道集笺校》，第 187—188 页，上海：上海古籍出版社，2008 年。

棘,毛孔骨节,俱为闻见知识所缚,入理愈深,然其去趣愈远矣。"①

在袁宏道的眼中,最得趣的人是童子,不知有趣,然而一举一动都是趣;其次是山林中人,自在度日,不求趣而趣近之;再次是率心而行之人,吃肉喝酒玩玩声乐,不顾别人耻笑,自得其乐。至于那些玩书画、古董的,那些烧香、煮茶的,别人看着得趣,实际只得趣之"皮毛"。更可叹的是那些官大、年龄大、阅历深的人,虽然有知识、懂道理,却得不到真正的乐趣。原因何在?因为"趣"啊,"得之自然者深,得之学问者浅"。

据此,袁宏道总结出人生"五大真乐"。"真乐有五,不可不知:目极世间之色,耳极世间之声,身极世间之安,口极世间之谭,一快活也。堂前列鼎,堂后度曲,宾客满席,男女交舃,烛气熏天,珠翠委地,皓魄入帷,花影流衣,二快活也。匣中藏万卷书,书皆珍异。宅畔置一馆,馆中约真正同心人十余人,人中立一识见极高,如司马迁、罗贯中、关汉卿者为主,分曹部署,各成一书,远文唐宋酸儒之陋,近完一代未竟之篇,三快活也。千金买一舟,舟中置鼓吹一部,妓妾数人,游闲数人,泛家浮宅,不知老之将至,四快活也。然人生受用至此,不及十年,家资田地荡尽矣。然后一身狼狈,朝不谋夕,托钵歌妓之院,分餐孤老之盘,往来乡亲,恬不知耻,五快活也。士有此一者,生可无愧,死可不朽矣。"②

这"五大真乐",其中的任何一个(也许除第五个"真乐"),在任何朝代包括当今时代,都是许多读书人心中所想却羞于说出口的。袁宏道直抒胸臆,能以津津乐道的口气说出,真是太不可思议了。

(三) 日常生活上的审美化

在日常生活审美化上,最典型的人物莫过于李渔了。李渔(1611—1680),初名仙侣,后改名渔,字谪凡,号笠翁、觉世稗官、笠道人、湖上笠翁,世称李十郎。浙江金华兰溪人。自幼聪颖,素有才子之誉,曾家设戏班,到处演出,从而积累了丰富的戏曲创作和演出经验,提出了较为完善

---

① 钱伯城:《袁宏道集笺校》,第 463—464 页,上海:上海古籍出版社,1981 年。
② 钱伯城:《袁宏道集笺校》,第 205—206 页,上海:上海古籍出版社,1981 年。

第六章 激越的主体精神

的戏剧理论体系。被后世誉为中国戏剧理论始祖、世界喜剧大师,是休闲文化的倡导者、文化产业的先行者。著有《闲情偶寄》《笠翁十种曲》《无声戏》《十二楼》《肉蒲团》,批阅《三国志》,改定《金瓶梅》,倡编《芥子园画谱》。

图 26　李　渔

李渔是一个热爱生活并且生活得很艺术的人。他家里的东西,大到房屋,小到马桶,全都由他自己亲手设计制作。比如说,他家的椅子就很不简单,夏有凉凳,冬有暖椅,简直就相当于空调。凉凳是一个中空的方盒,里面灌上凉水,再盖上片薄瓦作凳面,夏天坐,凉快得很。暖椅结构相似,下面装上抽屉,抽屉里点几块炭,就可以御寒了。而且,要是你认为这椅子只是椅子,那就太低估了李渔。这玩意既可假寐,又可就餐,这就变成了桌子;炭的边上点上香,就变成了香炉;如果衣服受潮,它又是熏笼;最有趣的是,加两条杠子和靠背,它就成了出门用的轿子。类似的生活创意在他家里到处可见。

李渔一生写了很多书,最得意的是《闲情偶寄》,该书分为词曲、演习、声容、居室、器玩、饮馔、种植、颐养八部,共有234个小题,堪称生活艺术大全、休闲百科全书。这部书的厉害之处在于:光只讲戏曲的前半部,就为他赢得了"中国戏曲集大成者"的桂冠;还有看似琐碎的谈生活经验的后半部,更是为他赢得了"中国第一风流才子"的美名。有人问:"每天对着这些东西,有什么好快乐的?"李渔却说:"正因为我们每天只对着这些东西,所以不敢不快乐。"①

刘士林从日常生活审美化的角度,对李渔的《闲情偶寄》有着深入的解读:"这是一种从十分聪明的文人头脑中创造出来的精致审美精神,是把生活和艺术、实用与诗意融合到一种极致的境界。而它的前提是必须超越北方文化圈中最普遍的政治伦理异化。只有这样,才不会鄙视平凡的生活与普通人的幸福,而且由于罢黜了政治伦理程序中的价值等级,所以,他们才能对生活中的任何事物,无论巨细地给予同样的关注和爱。而江南文化中超功利的审美精神,恰恰是在这样一种主体基础上生长出来的。如果说中国诗性文化在北方意识形态中主要表现为一种政治伦理愉快,那么也只有在这种日常那个生活的诗性精神中才真正纯粹起来。而了解到这一点,在学理上还有一重意味就是可以为中国美学以及纯粹的中国美学精神找到它真正的家园。"②

在日常生活审美化上,最典型的构造莫过于江南园林了。江南园林甲天下,苏州园林甲江南,这些园林提供了一种富有诗意的日常栖居:"许多园林建筑在城市的坊间巷旁并呈现出一种士大夫化、书卷气浓的文化特色,出现了建筑与园林结合,融可居、可观、可游、可赏为一体的多层次的'人文写意山水派'园林格局,使吴越园林的建筑风格既有轻盈、素雅、灵巧的地方特征,又融入了北方各地园林的一些长处,形成了以水为胜,以叠石为特色,融实用与观赏为一体,追求诗意、画意,讲究清静、雅洁的

---

① 参见李渔:《李渔全集·闲情偶寄》,第308—309页,杭州:浙江古籍出版社,1991年。
② 刘士林:《江南文化的诗性阐释》,第153—158页,上海:上海音乐学院出版社,2003年。

第六章 激越的主体精神

园林风格。……可以说,宋代吴越园林所形成的玲珑之中显广大、刚柔之中见自然、动静之中隐变化、淡雅之中托精华的文化特色,是文人哲思的写照,也是园主向往自然,拥抱自然,超脱尘事的精神寄托。"①

元明时期的江南知识界,有许多奇人、痴人、怪人、真人、才子,他们有所钟爱,懂得创造,享受生活,通常将清虚的玄理寓于日常生活之中,并以此为基础孕育出一种活泼而又空灵的特殊的诗性特质。

赵孟頫(1254—1322),字子昂,号松雪道人,又号水晶宫道人、鸥波,谥号文敏,故称赵文敏。吴兴人。博学多才,能诗善文,懂经济,工书法,精绘艺,擅金石,通律吕,解鉴赏。特别是书法和绘画成就最高。书风遒媚、秀逸,结体严整,笔法圆熟,与欧阳询、颜真卿、柳公权并称"楷书四大家"。绘画主张"贵有古意",以"云山为师",扭转了北宋以来古风渐湮的画坛颓势,开创了元代新画风,使元代文人画久盛不衰,在中国绘画史上写下了绮丽奇特的篇章。著有《松雪斋文集》。

杨维桢(1296—1370),字廉夫,号铁崖、铁笛道人,又号铁心道人、铁冠道人、铁龙道人、梅花道人,晚年自号老铁、抱遗老人、东维子。会稽人。肯定人性的自然,认为尧舜为圣人,许由作隐士,都出于自己的生活意欲,他们的选择并无高下善恶之分,具有反传统的"异端"倾向。其古乐府诗,既婉丽动人,又雄迈自然,史称"铁崖体"。有《东维子文集》《铁崖先生古乐府》行世。元至正八年(1348)始,由昆山顾德辉发起主持的"玉山雅集",精神领袖是杨维桢,一直到元末,大小雅集五十余次,上百名士参与,集诗文三千三百余篇;元至正十年(1350),由桐乡濮允中发起,杨维桢担任主评裁,举办"聚桂文会",五百多个东南名士会聚而来,成为元末中国具有广泛影响力的文学盛会。杨维桢与陆居仁、钱惟善合称为"元末三高士"。

陶宗仪(1329—约1412),字九成,号南村。黄岩人。自幼刻苦攻读,广览群书,因而学识渊博,工诗文,善书画。弃科举,谢绝荐举,开馆授课,课余躬耕。与弟子谈今论古,随有所得,即录树叶,贮于瓮,埋树下,十年

---

① 方心清:《两宋时期吴越文化的繁荣及原因探析》,载《东南文化》,1996(3)。

积数十瓮,成语"积叶成书"讲述的便是他的故事。著有《辍耕录》《书史会要》《说郛》。其中,《辍耕录》记载了元代典章制度、艺文逸事、戏曲诗词、风俗民情、农民起义等史料;《书史会要》搜集了金石碑刻、研究书法理论与历史;《说郛》汇集了汉魏至宋元时期名家作品617篇。

唐寅(1470—1524),字伯虎,后改字子畏,号六如居士、桃花庵主、鲁国唐生、逃禅仙吏。吴县人。三十岁时进京会试,涉会试泄题案而被革黜,继娶妻子改嫁,一生坎坷。后游历名山大川,卖文鬻画,纵情自娱,被誉为"风流才子"。诗文上与祝允明、文徵明、徐祯卿并称"吴中四才子"。绘画上与沈周、文徵明、仇英并称"吴门四家",又称"明四家"。主要作品有《骑驴思归图》《山路松声图》《事茗图》《王蜀宫妓图》《李端端落籍图》《秋风纨扇图》《枯槎鹳鹆图》。

范钦(1506—1585),字尧卿,号东明。鄞县人。酷爱典籍,为官多年,每至一地,广搜图书。主持建造藏书楼天一阁,楼名取"天一生水,地六成之"之义,阁为一排六开间两层木结构,坐北朝南,前后开窗,阁前有池塘,为古代藏书楼建筑典范。占地面积2.6万平方米,藏书7万余卷,以明刻本为主,尤其是明代地方志、明代政书、明代实录、明代诗文集特别多。为了保护藏书,范钦订立了"代不分书,书不出阁"的族规。天一阁为中国现存最古老的藏书楼,也是亚洲现存最古老的图书馆,世界最早的三大家族图书馆之一。

陆楫(1515—1552),字思豫,号小山。松江府人。与传统的"黜奢崇俭"论不同,陆楫反对禁奢,认为节俭仅对个人和家庭有利,从社会考虑则有害,认为富人奢侈可以增加穷人的谋生手段,因"彼有所损,则此有所益",能"均天下而富之",一定程度上是江南地区商品经济发展的思想反映。主持纂辑《古今说海》,辑录历代野史、杂记、传奇凡135种。著有《蒹葭堂稿》。

徐渭(1521—1593),初字文清,后改字文长,号青藤老人、青藤道士、天池生、天池山人、天池渔隐、金垒、金回山人、山阴布衣、白鹇山人、鹅鼻山侬、田丹水、田水月(一作水田月),自称"南腔北调人"。绍兴府山阴人。

能谋善断,曾辅佐胡宗宪破除倭寇之患,也因胡宗宪被构陷而死以致发狂。徐渭生性狂放,不媚权势,多才多艺,在诗文、戏剧、书画等各方面都独树一帜,与解缙、杨慎并称"明代三才子",也是中国泼墨大写意画派的创始人、青藤画派的鼻祖,所著《南词叙录》为中国第一部关于南戏的理论专著,另有杂剧《四声猿》《歌代啸》及文集传世。郑板桥对徐渭非常敬服,曾刻一印,自称"青藤门下走狗"。

张岱(1597—1679),又名维城,字宗子,又字石公,号陶庵、天孙,别号蝶庵居士,晚号六休居士。山阴人。早岁生活优裕,后避居山中,一生落拓不羁,淡泊功名,具有广泛的爱好和很高的审美情趣,最擅小品文,多描写江南山水风光、民风和对过去生活的回忆,文笔丰神绰约,富有诗意,有"小品圣手"之誉,著有《陶庵梦忆》《西湖梦寻》《夜航船》《琅嬛文集》《快园道古》。另有史学著作《石匮书》,为张岱利用家藏数据所著纪传体明史,起自洪武,迄于天启,有本纪、志、世家、列传,志和列传有总论和附论,有"石匮书曰"为评论。

金圣叹(1608—1661),本姓张,名采,字若采,明亡后改姓金,名人瑞,字圣叹,别号鲲鹏散士,自称泐庵法师。吴县人。"金圣叹便是公安派、竟陵派在清初那一段时期的后起者,他要他的儿子及生徒,读六种必读的书:第一种是《庄子》(流俗把《三国演义》当作第一奇书,那是传闻之误),第二种是《左传》,第三种是《史记》,第四种是杜诗,第五种是《水浒传》,第六种是《西厢记》。他还替《水浒》《西厢》做过评注。我们可以说,他是第一个把小说、戏曲和诗史并列的人。在当时,当然是离经叛道的怪人了。他的文学批评很有新的见解,这在他所批点的《西厢》《水浒》上可以看到。他把武松打虎和荆轲刺秦王相比拟,也是一种新的文章义法。……他要他的儿女,不读四书五经,而读《水浒》《西厢》,在我们看来,乃是谈文谈学的大道。可是,在二百五十年前的清初,真会让博学之士如全祖望者,也闻而惊怪了。"[①]

[①] 曹聚仁:《中国学术思想史随笔》,第 476—477 页,北京:生活·读书·新知三联书店,2003 年。

第七章
实证并怀疑着

明代末期,理学和心学的空谈心性遭到了诟病,学术文化出现了向经世致用方面的转移,江南地区产生了实学。进入清代,理学成了僵化的官方哲学,理学和心学中内在的主体精神受到了残酷挤压,逐渐演化成了一种因"疑今"进而"疑古"的精神,并且这种怀疑精神因为有了考据的辅助而日趋深入,发展成为朴学。"性灵说"的提出,表明江南地区的自然诗性精神仍在一脉相承。有清一代,"学术几为江浙皖三省所独占"①,江南地区尤胜。

第一节 实学的发源地

江南地区是实学的发源地。而实学的产生与明末清初学者对明代学术思想的自我反思密切相关。这些自我反思其中包括以下三点:"其一,批判心学乃至理学的空疏学风,认为它造成社会风气的败坏,最终导致误国误民的严重后果。这一点可以说是明末清初学人士子的共识。其二,指斥心学及其理学实乃道家、佛家之学,而非真正的孔门儒学。主张剔除杂质,恢复儒家经学的本来面貌。这一点,可以说抓住了理学的要害所在。其三,批评理学家借经典以立言的治经方法。这一点,可以说点中了

---

① 梁启超:《近代学风之地理的分布》,《饮冰室专集》第9册,第3页,台北:台湾中华书局,1972年。

理学的死穴。理学的理论体系许多重要命题和概念都是理学家的主观发挥甚至是附会，并不符合原始的古典儒学。"①

正如上述文字所言，无论是理论体系还是文本依据，抑或学术风气、研究方法，陆王心学和程朱理学无不遭到普遍的质疑和批评。这些质疑和批评此呼彼应，互为影响，交相推动，汇合成一股汹涌澎湃的反理学的思想潮流，为学术的转折和变化提供了空间和契机。

顾炎武可谓是这股学术新风的开启者："'经学即理学'一语，则炎武所创学派之新旗帜也。……昔有非笑六朝经师者，谓'宁说周孔误，不言郑服非'。宋元明以来之谈理学者亦然，宁得罪孔孟，不敢议周程张邵朱陆王；有议之者，几如在专制君主治下犯大不敬律也；而所谓理学家者，盖俨然成一最尊贵之学阀而奴视群学。自炎武此说出，而此学阀之神圣，忽为革命军所粉碎。此实四五百年来思想界之一大解放也。"②

图 27　顾炎武

顾炎武(1613—1682)，本名绛，乳名藩汉，别名继坤、圭年，字忠清、宁人，亦自署蒋山佣，后改名炎武，学者称亭林先生。苏州府昆山人。经世致用的为学旨趣、朴实归纳的考据方法、创辟路径的探索精神，以及在经学、史学、音韵、小学、金石考古、方志舆地、诗文等众多学术领域的成就，终结了明代空疏的学风，开启了一代朴实学风的先路，被誉为清学"开山始祖"。他大胆怀疑君权，主张"众治"；提出"天下兴亡，匹夫有责"，意义和影响深远。主要作品有《日知录》《天下郡国利病书》《肇域志》《音学五书》《韵补正》《古音表》《诗本音》《唐韵正》《音论》《金石文字记》《亭林

---

① 黄爱平：《乾嘉学案：高扬汉学的旗帜》，《光明日报》，2007年9月20日《国学》版。
② 梁启超：《清代学术概论》，第140页，北京：中国人民大学出版社，2004年。

诗文集》。

顾炎武鉴于宋明以来学风空疏,学者几乎不通文字音韵,以致臆改经书,误解经义的现象,明确提出了"读九经自考文始,考文自知音始"的治学方法。他还努力从事群经诸史、典制舆地、金石碑刻、政事风俗、河漕兵农等方面研究,搜集归纳大量例证,反复排比钩稽,力求融会贯通,甚至多次进行实地考察,终成"通儒之学":"综贯百家,上下千载,详考其得失之故,而断之于心,笔之于书,朝章国典、民风土俗,元元本本,无不洞悉。其术足以匡时,其言足以救世,是谓通儒之学。"①

图28 黄宗羲

实学的另一开创者为黄宗羲。黄宗羲(1610—1695),字太冲,一字德冰,号南雷,别号梨洲老人、梨洲山人、蓝水渔人、鱼澄洞主、双瀑院长、古藏室史臣,学者称梨洲先生。绍兴府余姚县人。创立浙东学派,于经史百家及天文、算术、乐律以及佛、道无不研究,尤其在史学上成就很大,开创了中国史学上的新体裁,即"学案体";在税费改革方面,提出著名的"黄宗羲定律";主张"天下为主,君为客"的民主思想。著有《明儒学案》《宋元学案》《明夷待访录》《孟子师说》《葬制或问》《破邪论》《思旧录》《易学象数论》《明文海》《行朝录》《今水经》《大统历推法》《四明山志》。

黄宗羲继承发扬了王充的哲学思想,认为宇宙万物都是由物质的"气"所构成,"理"只是"气"运动变化的条理和秩序。"黄宗羲的思想,从

---

① 黄汝成:《日知录集释·潘耒原序》,第1页,上海:上海古籍出版社,2006年。

第七章　实证并怀疑着

王学嫡传刘蕺山这一派,但他们精神所注,乃在'史学';'六经皆史'的观点,也可说是浙东学派的共同观点。全祖望论余姚黄宗羲(梨洲)之学,云:'自明中叶以后,讲学之风,已为极弊,高谈性命,束书不观,其稍中者则为学究,皆无根之徒耳。先生始谓学必源本于经术,而后不为蹈虚;必证明于史籍,而后足以应务。元元本本,可据可依,前此讲堂痼疾,为之一变。'余姚乃是王阳明的家乡,黄宗羲系王学的再传弟子,受了国家兴亡之痛,乃有此大彻大悟。全祖望谓梨洲之学,'以濂洛之统,综会诸家:横渠(张载)之礼教,康节(邵雍)之数学,东莱(吕祖谦)之文献,艮斋(薛季宜)、止斋(陈傅良)之经制,水心(叶适)之文章,莫不旁推交通,连珠合璧,自来儒林所未有'。梨洲之学,实欲冶文苑、儒林、道学于一炉,重复古者儒之大全的。梨洲治史,一则注意于当前的史料,自明十三朝实录上溯二十一史,莫不究心。二则注意于文献人物之史。他那部《宋元学案》和《明儒学案》,便是一部最完整的学术史。浙东史学,黄梨洲开山始创,一传而为万季野(斯同),再传而为全(谢山)祖望,又再传而为邵二云、章实斋。……所以,梨洲之学,看起来是继承王学之绪,实则他的思想观点,已经开出清代学术思想的先河了。"①

黄宗羲的弟子章学诚,则建立了"六经皆史"思想体系,并将"经"由"道"降为"器":"后世服夫子之教者自六经,以谓六经载道之书也,而不知六经皆器也。……三代以前,《诗》《书》六艺,未尝不以教人,非如后世遵奉六经,别为儒学一门,而专称为载道之书者。盖以学者所习,不出官司典守,国家政教;而其为用,亦不出于人伦日用之常,是以但见其为不得不然之事耳,未尝别见所载之道也。夫子述六经以训后世,亦谓先圣先王之道不可见,六经即其器之可见者也。后人不见先王,当据可守之器而思不可见之道。故表彰先王政教,与夫官司典守以示人,而不自著为说,以致离器言道也。……官司守一时之掌故,经师传授之章句,亦事之出于不得

---

① 曹聚仁:《中国学术思想史随笔》,第 269—270 页,北京:生活·读书·新知三联书店,2003年。

不然者也。然而历代相传，不废儒业，为其所守先王之道也。而儒家者流，守其六籍，以为是特载道之书耳；夫天下岂有离器言道，离形存影者哉！彼舍天下事物、人伦日用，而守六籍以言道，则固不可与言夫道矣。"①

明末清初时期江南地区的学术人物，还有陆世仪、应㧑谦、毛奇龄、吕留良、朱彝尊、陆陇其、刘智，其中多为理学的倡导者。

陆世仪(1611—1672)，字道威，号刚斋，晚号桴亭，别署眉史氏。太仓人。为学不立门户，志存经世，精研程朱理学，博及天文、地理、河渠、兵法、封建、井田，对西方科学技术持开放态度，创立桴亭学派。著有《思辨录》《论学酬答》《性善图说》《淮云问答》。其中，《思辨录》分大学、小学、立志、居敬、格致、诚正、修齐、治平、天道、人道、诸儒异学、经、史、子等14门类，数百万字。顾炎武读《思辨录》后大为折服，致书陆世仪云："知当吾世而有真儒也。"陆世仪与陆陇其并称"二陆"。

应㧑谦(1615—1683)，字嗣寅，号潜斋。仁和人。潜心理学，并躬行实践，与他人组织狷社，授徒讲学。著述甚丰，多达28种。其中有《周易集解》《诗传》《冀书传拾遗》《春秋传考》《礼学汇编》《论孟拾遗》《学庸本义》《孝经辨定》《古乐书》《潜斋文集》《教养全书》《性理大中》。其中，《教养全书》分选举、学校、治官、田赋、水利、国计、漕运、治河、役师、盐法十大考略，于明代事实特详。

毛奇龄(1623—1716)，原名甡，又名初晴，字大可，又字于一、齐于，号秋晴，又号初晴、晚晴，学者称西河先生。萧山人。治经史及音韵学，遇有异说，必搜讨源头，挟博纵辩，务欲胜人。以辨定诸经为己任，力主治经以原文为主，不掺杂别家述说，比如他认为周敦颐的《太极图》是来自道佛的文献。著有《西河合集》《诗话》《词话》《大学知本图说》。毛奇龄与兄长毛万龄并称为"江东二毛"。所著《西河合集》分经集、史集、文集、杂著。

---

① 章学诚：《文史通义·原道》，叶瑛校注，第132页，北京：中华书局，1985年。

第七章 实证并怀疑着

吕留良(1629—1683),又名光轮,一作光纶,字庄生,一字用晦,号晚村,别号耻翁、南阳布衣、吕医山人,暮年为僧,名耐可,字不昧,号何求老人。浙江崇德县人。为学尊朱辟王,推明儒学本旨,精治《四书》,详辨夷夏之别。其弟子曾静策动川陕总督反叛被告发下狱,吕留良亦被剖棺戮尸,著作则被焚毁,子孙及门人等罹难之酷烈,为清代文字狱之首。著有《吕晚村先生文集》《东庄诗存》。

朱彝尊(1629—1709),字锡鬯,号竹垞,又号醧舫,晚号小长芦钓鱼师,又号金风亭长。秀水人。博通经史,诗与王士禛称南北两大宗,词与陈维崧并称"朱陈",为浙西词派的创始人。著有《曝书亭集》《日下旧闻》《经义考》《明诗综》《词综》。其中,《词综》选录唐、宋、元词六百余家,是中国词学方面的重要选本。

陆陇其(1630—1692),原名龙其,因避讳改名陇其,谱名世穮,字稼书,学者称其为当湖先生,谥号清献。平湖人。学术专宗朱熹,排斥陆王,主张学术必须致于实用,实行则须始于实学。著有《困勉录》《读书志疑》《三鱼堂文集》。自明代万历以后,攻击朱熹《四书集注》的人很多,认为其表面为儒实际是禅,陆陇其笃信朱熹,特地著《困勉录》,荟萃群言,一一别择。

刘智(1669—1764),字介廉,号一斋。上元人。研阅经史百家之籍和西洋书,创立具有中国特色之伊斯兰教思想体系,完成了伊斯兰哲学由阿拉伯源文化到中国儒家本土文化的转型,还把中国的传统哲学与阿拉伯的医学以及西方的自然科学结合在一起。著有《天方典礼》《天方性理》《天方至圣实录》,其中,《天方典礼》以伊斯兰教"认主独一论"为本,结合苏菲派的"法备三乘、理原一本"说与中国宋明理学的"性、理"论,对六大信仰做了系统阐述,对念、礼、斋、课、朝五大宗教功修都依经训和教法规定做了明确的界定。

第二节　朴学的兴盛

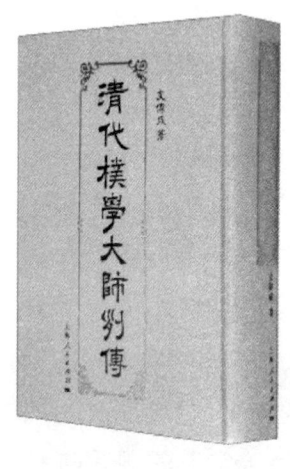

图29　《清代朴学大师列传》

清初的实学以"复古"求解放,以汉学相号召,以经世致用相标榜,以求实切理为帜志,批判宋明理学和心学的空谈心性,并崇尚朴实无华的治学风格。随着民族高压政策的实施和禁、毁、篡改古书以及文字狱的兴起,学术界出于对古书的保护和对汉文化的传承,逐渐转变治学方式,从语言文字训诂入手,主要从事审订文献、辨别真伪、校勘谬误、注疏和诠释文字、典章制度以及考证地理沿革等,少有理论的阐述及发挥,也不注重文采,因而被称作朴学。朴学又称考据学,针对理学和心学的空疏而言。朴学成熟与鼎盛期在乾隆、嘉庆年间,故又称乾嘉学派。其中,主要有以惠栋为代表的吴派、以戴震为代表的皖派、以汪中为代表的扬州学派,以及黄宗羲开创的浙东学派。这些学派的主要人物,大多活跃在江南地区。

(一) 吴派

惠栋(1697—1758),字定宇,号松崖,学者称小红豆先生。元和人。三世传经,终身不仕,课徒著述。其学沿顾炎武,治经以汉儒为宗,以昌明汉学为己任,尤精于汉代《易》学。著有《九经古义》《易汉学》《周易本义辨证》《易例》《周易述》《明堂大道录》《禘说》《古文尚书考》《后汉书补注》《渔洋山人精华录训纂》《九曜斋笔记》《松崖笔记》《松崖文抄》《诸史荟最》《竹南漫录》等。

惠栋精通经史,纵贯百家,学养极为深厚:"惠栋继承家学,十分尊信和推崇汉儒经说。为构筑汉学的森严壁垒,惠栋有力地揭橥并确立了汉学的治学宗旨。他十分强调:'五经出于屋壁,多古字古言,非经师不能辨。经之义存乎训,识字审音,乃知其义。是故古训不可改也,经师不可废也。'正是经由惠栋的倡导,由古书的文字、音韵、训诂以寻求义理的主张,才得以正式确立,并成为汉学家共同尊奉的学术宗旨。"①

汉儒说经,不仅有今文、古文的分别,还不同程度受到当时谶纬之学的影响。对此,惠栋大多不加别择,全盘继承。由于惠栋的学术成就和学术声望,在他的周围,聚集了一批学友和弟子,如沈彤、江声、王鸣盛、钱大昕、余萧客。他们大多恪守惠栋尊崇汉学,强调文字、音韵、训诂的学术宗旨,治学风格和研究内容也与惠栋相近,由此形成了清代汉学的第一个学术阵营。因为惠栋是吴县人,而他周围的这批学者基本上都是江南人,所以以其地望命名,称之为"吴派"。

沈彤(1688—1752),字冠云,号果堂。吴江人。自少力学,笃志群经,尤精"三礼"。著有《果堂集》《仪礼小疏》《春秋左氏传小疏》《尚书小疏》《气穴考略》《内经本论》。以欧阳修有《周礼》官多田少、禄且不给之疑,撰《周官禄田考》,分官爵数、公田数、禄田数三篇,积算至为精密。

江声(1721—1799),本字涛,改字叔沄,号艮庭、鳄涛。原籍休宁,侨寓元和。少时即不喜科举,独好经义古学,拜惠栋为师,于经学、文字学,均有建树。治学宗汉儒成法,长于旁搜博引。好古成癖,不写楷书,即使往来书信都用古篆,如同天书符。受惠栋、阎若璩影响,认为梅赜所献古文《尚书》为伪,故集汉儒之说,参与己见,成《尚书集注音疏》。另有《论语质》《恒星说》《艮庭小慧》《六书说》。

王鸣盛(1722—1797),字凤喈,一字礼堂,别字西庄,晚号西沚,别署耕养斋主人。嘉定人。以汉学考证方法治史。著有《十七史商榷》《尚书后案》《周礼军赋说》《西沚居士集》《蛾术编》。其中,《十七史商榷》将上自《史记》,下迄五代各史中的纪、志、表、传相互考证,分清异同,互作补充,又参阅其他历史名著纠正谬误。对其中的地理、职官、典章制度均详为阐

---

① 黄爱平:《乾嘉学案:高扬汉学的旗帜》,《光明日报》,2007年9月20日《国学》版。

述,为史学名著之一;《蛾术篇》对我国古代制度、器物、文字、人物、地理、碑刻等均有考证,具有很高的学术价值。

钱大昕(1728—1804),字晓徵,号辛楣,晚号潜研老人,又号竹汀。嘉定人。治史于正史、杂史之外,兼及舆地、金石、典制、天文、历算以及音韵。著有《廿二史考异》《潜研堂文集》《十驾斋养新录》《唐书史臣表》《元史艺文志》,合编《音韵述微》《续文献通考》《续通志》《一统志》《天球图》,辑《潜研堂丛书》。钱大昕主张把史学与经学置于同等重要地位,以治经方法治史,自《史记》《汉书》,迄《金史》《元史》,一一校勘,详为考证,萃其平生之学,历时近五十年,撰成《廿二史考异》,纠举疏漏,校订讹误,驳正舛错。

余萧客(1732—1778),字仲林,别字古农。吴县人。因博览群书而患眼疾,建一室,无窗户,顶上开一孔,以通天光,书册鳞次,潜心研究。以经术教授乡里,闭目口授,生徒极盛。所撰《古经解钩沉》,收录唐以前诸家经解、史传、类书,片语单词,悉加著录。另著有《文选音义》《文选杂题》《文选纪闻》《选音楼拾遗》。

(二) 皖派

皖派因代表人物戴震为安徽休宁人而得名,其汉学研究更多的是接受吴派的学术宗旨,重视经籍的注释工作,但却更多地阐发个人的思想。作为地域性学派,主要成员都隶属安徽徽州府籍的学者,如程瑶田、金榜、洪榜、汪绂,然其空间涵盖面也涉及江南地区的金坛、扬州等地,如段玉裁、王念孙、王引之。因此,皖派实际上是以安徽徽州地区为核心、由戴震弟子为骨干的汉学研究群体。

戴震(1724—1777),一字东原,二字慎修,号杲溪。休宁隆阜人。治学广博,音韵、文字、历算、地理无不精通,又进而阐明义理,对理学"去人欲,存天理"之说有所抨击,对晚清以来的学术思潮产生了深远影响。曾主讲浙江金华书院,1757年在扬州认识惠栋。著有《筹算》《勾股割圆记》《六书论》《尔雅文字考》《考工记图注》《原善》《尚书今文古文考》《春秋改元即位考》《诗经补注》《声类表》《方言疏证》《声韵考》《孟子字义疏证》。任《四库全书》纂修,经手校订《水经注》《仪礼集释》《周髀算经》《孙子算经》《张丘建算经》《夏侯阳算经》《海岛算经》《五曹算经》。

段玉裁(1735—1815),字若膺,号懋堂,晚年又号砚北居士、长塘湖居士、侨吴老人。金坛人,居苏州枫桥,闭门读书。曾师事戴震,爱好经学,长于文字、音韵、训诂之学,同时也精于校勘,于诸家小学的是非都能鉴别选择。著有《说文解字注》《六书音均表》《古文尚书撰异》《毛诗故训传定本》《经韵楼集》。东汉许慎《说文解字》重在经汉字字形揭示汉字的本义,段玉裁《说文解字注》则重在用传世文献揭示汉语词的引申义,把古今的字形、字音、字义都贯通起来,因而更显得体大思精;附于书后的《六书音均表》,分古韵为十七部,把九千多个汉字安置于新的古音韵系统,并一一标明各字的韵部。

王念孙(1744—1832),字怀祖,自号石臞。高邮人。提出就古音以求古意的原则,建立义通说;归纳《诗经》《楚辞》的声韵系统,定古韵为二十二部;注意以形音义互相推求。针对中国古代文字学重形不重音的这一局限,王念孙采用为《广雅》作注的形式,援引经传,旁采众说,详加考证,改正原书错字、漏字、衍字等讹误,遂成《广雅疏证》,对中国古代训诂学的发展,作出了很大的贡献。另有《读书杂志》《古韵谱》《导河议》《河源纪略》等著述。笃守经训,个性正直,好古精审,剖析入微,与钱大昕、卢文弨、邵晋涵、刘台拱有"五君子"之称誉。

王引之(1766—1834),字伯申,号曼卿,谥号文简。祖王安国、父王念孙皆以治名物训诂著称。精通声韵、文字、训诂。曾奉旨勘订《康熙字典》讹误,撰成《字典考证》。著有《经义述闻》《经传释词》。《经义述闻》是一部从经学、小学和校勘学角度研究《周易》《尚书》《诗经》等中国古代经典的著作,解释了大量经史传记中讹字、衍文、脱简、句读,为读经的重要参考书,在校勘、训诂、音韵学上有重要参考价值。

(三) 浙东学派

黄宗羲创立的浙东学派,主要研究经学兼史学,以史学影响最大,实际上是以浙东地区为核心、由其弟子为骨干的汉学研究群体,主要人物有万斯大、万斯同、全祖望、章学诚、邵晋涵、仇兆鳌、邵廷采。

万斯大(1633—1683),字充宗,别字褐夫,因患足疾而自号跛翁。鄞县人。治经学,以礼学为根柢,会通诸经,折衷群言,尤邃于《春秋》及"三礼"。曾在宁波创建讲经会,一时胜友如云,质疑问难,号称极盛。著有《经学五书》,包括《学礼质疑》《礼记偶笺》《仪礼商》《周官辨非》《学春秋随笔》。全书或解驳前贤成说,或考辨古礼根源,或条列礼经节目,或诘难诸经抵牾,推求原始,自陈己见,为礼学研究史上重要作品。

万斯同(1638—1702),万斯大之弟,字季野,号石园,私谥为贞文。精于史学,以布衣身份修《明史》,手定《明史稿》,前后十九年,不署衔,不受俸,晚年时双目失明,只能凭借口授的方式编史。著有《历代史表》《纪元汇考》《儒林宗派》《群书疑辨》《石园诗文集》。

仇兆鳌(1638—1717),字沧柱,号知几子。鄞县人。著有《四书说约》《杜诗详注》《周易参同契集注》《悟真篇集注》,其中《杜诗详注》为杜甫诗学研究集大成之作,最为著名。

邵廷采(1648—1711),字念鲁,又字允斯。余姚县人。为学重在经世,谈理终归致用,力倡读史以救当世之失。著有《思复堂文集》《姚江书院志略》《东南纪事》《西南纪事》。

全祖望(1705—1755),字绍衣,号谢山,小名补,自署鲒埼亭长,学者称谢山先生。鄞县人。其时程朱理学占据学术主流,那些自命为朱学的人,议论迂阔陈腐,而社会上流行的陆王心学,往往高谈性命,束书不观。全祖望试图扭转这种学术风气,确立了学贵自得、融会百家的治学宗旨。精研宋末及南明史事,留心乡邦文献。续修黄宗羲《宋元学案》并加以补辑,七校《水经注》,三笺《困学纪闻》。著有《鲒埼亭集》,收明清之际碑传极多。

章学诚(1738—1801),原名文酕、文镳,字实斋,号少岩。会稽人。一生颠沛流离,穷困潦倒,晚年双目失明。主张"六经皆史",冲破了以往儒家"道寓于六经""六经载道"的思想藩篱。主修《和州志》等十多部志书,创立了一套完整的修志义例。撰写《文史通义》《校雠通义》《史籍考》等论著,总结发展了中国古代史学理论,其中《文史通义》与唐代刘知几的《史通》齐名,并为中国古代史学理论的"双璧"。

邵晋涵(1743—1796),字与桐,号二云,又号南江。余姚人。主持《四库全书·史部》的编撰,史部之书多由其最后校定,提要亦多出其手。从《永乐大典》中辑录《旧五代史》,又从《册府元龟》《太平御览》《通鉴长编》等书中博采史料,按照原目,编排成书,使淹没数百年的重要史籍,得以重行于世。长于经学,精"三传"及《尔雅》,以郭璞《尔雅》为宗,兼采汉人旧注,撰《尔雅正义》,开清儒重新注疏儒家经典之先河。

(四) 扬州学派

为清代汉学作总结的是以阮元为代表的扬州学派。阮元(1764—1849),字伯元,号云台、雷塘庵主,晚号怡性老人,谥号文达。仪征人。治学师承戴震,守以古训发明义理之旨,主张实事求是,著有《揅经室集》《畴人传》《广陵诗事》《定香亭笔谈》《十三经校勘记》《小沧浪笔谈》。以整理、刊刻、收藏图书,振兴学术为己任,主编《石渠宝籍》,作《石渠随笔》;在杭州创立诂经精舍,纂辑《经籍籑诂》;搜集图书,设灵隐书藏、焦山书藏;在广州创立学海堂,汇刻《学海堂经解》;工金石考证,编著《山左金石志》《两浙金石志》《两浙輶轩录》《皇清碑版录》《淮海英灵集》《积古斋钟鼎彝器款识》;主修《浙江通志》《广东通志》;家藏书极富,编有《文选楼丛书》。其中,《畴人传》为中国数学家、天文学家立传,是一项开创性工作。

"阮元的学术主张主要有:第一,努力推阐汉学治学宗旨。强调要寻求圣贤之道和经书义理,就必须通过文字、音韵、训诂,舍此无他途径。第二,大力倡导实事求是的学风。在这方面,可以说阮元继承了皖派学术的特色而又有进一步的发展。因为戴震尚未直接揭明'实事求是'一语,阮元则不仅明确揭出,而且反复予以强调说明。第三,主张折衷汉、宋,兼采二者之长。阮元认为,汉学宋学两家各有所长,不可偏废。在他看来,古代周公制礼之时,已有'师''儒'之分,后世之学,大体不出此范围,即如相互对立、纷争不已的汉学宋学,实际上也是各得一端,皆有所长。因此,阮元主张将宋学重视义理的特点和汉学崇尚考据的长处结合起来,用他的话说,就是'崇宋学之道性,而以汉儒经义实之'。这一点,可以说是扬派学者独具的特色。即汉学发展到高峰以后才出现的一种总结、融合的学术取向。一般认为,汉宋之间的调和是在嘉道以后,实际上,在乾嘉后期就已经开始了。"①

阮元在从事学术研究的同时,还凭借学者、官吏一身二任的有利条件,大力提倡学术,奖掖人才,整理典籍,刊刻图书,为学者提供读书治学的津梁。在阮元周围,有一批学者,他们或与阮元互相师友,唱为同调,或是阮元的弟子和学生,如任大椿、汪中、焦循、罗士琳,由此而形成了清代汉学的最后一个阵营,即扬州学派。

任大椿(1738—1789),字幼植,一字子田。兴化人。就学汉学皖派,长于治《礼》经,为《四库全书》纂修官。著有《弁服释例》《深衣释例》《小学钩沉》《子田诗集》《字林考逸》《吴越备史注》。《弁服释例》一书,解释"三礼"弁服所用之例,分爵弁服、韦弁服、皮弁服、朝弁服、玄端等门,共一百四十余事,每门先例条目,次引经文注疏,后加按语解说。深衣,是古代是衣下裳相连缀的一种服装,为古代诸侯、大夫、士家居常穿的衣服,也是庶人的常礼服,《深衣释例》一书即对古代深衣之制做了详尽的考释。《弁服释例》《深衣释例》二书,皆就《礼》经中最小的问题进行研究,剖析入微,即此一端,亦是体现出皖派朴学家主张做"窄而深"研究的典型例子。

---

① 黄爱平:《乾嘉学案:高扬汉学的旗帜》,《光明日报》,2007年9月20日《国学》版。

汪中(1744—1794)，字容甫。祖籍安徽歙县，江都人。精于史学，能诗，工骈文。曾点校文宗阁、文澜阁所藏《四库全书》。著有《述学》《广陵通典》《秦蚕食六国表》《容甫先生遗诗》《知新记》《金陵地图考》《春秋述义》。《广陵通典》一书，记事始于春秋时代吴王夫差城邗沟，迄于唐昭宗乾宁元年杨行密事，按照汪中的写作计划，本书记事的下限为明清之际史可法守扬州，但是他只写到唐朝末年，就因病去世了。

焦循(1763—1820)，字理堂(一字里堂)。扬州人。博闻强记，于经史、历算、声韵、训诂之学都有研究。著有《里堂学算记》《易章句》《易通释》《孟子正义》《剧说》。焦循深恶《孟子》伪孙奭疏"体例踳驳，征引陋略乖舛，文义冗蔓俚鄙"，故想为《孟子》另著新疏，以补前人之阙。与其子廷琥编撰《孟子正义》，博采历代有关《孟子》及赵注之论述，编次为《孟子长编》，其后删繁补缺，成《孟子正义》。

罗士琳(1789—1853)，字次璆，号茗香。歙县人，因长期寄居扬州，自称甘泉人。精于算学，著有《四元玉鉴细草》《此例汇通》《勾股容三事拾遗》《演元九式》《台锥演积》《三角和较算例》《弧矢算术补》，续写《畴人传》。《四元玉鉴》是元代大数学家朱世杰的著作，其所论"四元术"代表了宋元数学的最高水平，然而元末以后该书失传了。阮元从民间访得，时已无人读懂，遂将此项任务交罗完成。罗士琳参照当时所能找到的两种抄本和新刻元大德本，呕心竭力十二年，在研读和校勘的基础上补出了全书各题算式演草，使原来的 3 卷增至 24 卷，书名《四元玉鉴细草》。该书的出版和传播，使"四元术"重新被人们认识和理解，中国传统数学在中落数百年之后得以恢复到它的最高水平。

第三节　今文经学的复兴

朴学研经究典，斐然成章，但总体上重名物而轻义理，为学术而忽实用，虽整理文献有余，而经世之志已衰，实质上是东汉古文经学的翻版。乾隆、嘉庆年间，庄存与、刘逢禄创立了常州学派，肆言《春秋公羊传》,阐明微言大义,积极主张入世,企图重致太平,复兴了千年不传之学——西汉今文经学。鸦片战争前后,龚自珍、魏源以《春秋公羊传》经义,发挥政见,主张变革。光绪年间,廖平详论西汉今文经学与东汉古文经学的歧异,认为东汉古文经学系伪造,西汉今文经学乃孔子自创新制。后来康有为利用西汉今文经学"托古改制",作为戊戌变法的理论依据。

图30　庄存与

　　庄存与(1719—1788),字方耕,号养恬。武进人。倡今文经学,研治《春秋公羊》学,与刘逢禄同为常州学派之始宗师。喜牵合比附汉儒异义可怪之论,善于发现先圣微言大义于语言文字之外。《春秋公羊传》说孔子写《春秋》,"所见异辞,所闻异辞,所传闻异辞";董仲舒发挥了这一学说,认为"《春秋》分十二世以为三等,有见有闻有传闻"(《春秋繁露·楚庄王第一》);东汉何休明确提出"三世"的概念,将社会治乱兴衰分为三世:据乱、升平、太平;魏晋以后,《公羊》学成为绝学;刘逢禄复兴公羊学,著有《春秋正辞》,着重阐发"张三世"等微言大义,说"春秋起衰乱,以近升平,由升平以极太平"。另著有《尚书概见》《尚书说》《毛诗说》《周官说》。

刘逢禄(1776—1829),字申受,号申甫,又号思误居士。武进人。与外祖庄存与、舅庄述祖并以经述名世,主张"三世说"。为学务通大义,不专章句。著有《尚书今古文集解》《书序述闻》《左氏春秋考证》《公羊春秋何氏解诂笺》《春秋公羊经何氏释例》《谷梁废疾申何》《论语述何》《四书是训》《箴膏肓评》《发墨守评》《诗声衍》《刘礼部集》。曾授龚自珍《公羊春秋》之学,自珍《己亥杂诗》有"东南绝学在毗陵"之句。

龚自珍(1792—1841),别名易简、巩祚,字璱人,号定庵,又号羽琌山民。仁和人。"定庵,段茂堂外孙也,其小学多得自段氏,而经义则挹自庄、刘;又好治史,章实斋之学,言六经皆史;又学佛,欲排禅宗,衍教下三家。其思想盖甚复杂。然其于《春秋》盖有心得,能以恢诡渊眇之理想,证衍古谊。其于专制政体,疾之滋甚,集中屡叹恨焉。又颇明社会主义,能知治本。当嘉、道间,举国醉梦于承平,而定庵忧之,儳然若不可终日,其察微之识,举世莫能及也。生网密之世,风议隐约,不能尽言,其文又瑰玮连犿,浅学或往往不得其指之所在。虽然,语近世思想自由之先导,必数定庵。"[①]龚自珍认为五经皆有三世之法,并不是唯独《春秋》,启发了康有为以《公羊》通群经之说,并对《公羊》"三世说"哲学体系实行革命性改造,论证封建统治的演变规律为"治世、衰世、乱世"的"新三世说",断言封建统治已到了"衰世"。著有《定庵文集》。

魏源(1794—1857),名远达,字默深,又字墨生、汉士,号良图,法名承贯。邵阳人,1820年全家迁居扬州,1832年魏源来到南京,在清凉山下乌龙潭边购地建三进草堂,初名"湖子草堂",后改名"小卷阿",并在潭边浅水处建有"宛在亭"。魏源后半生,长年居住此处,其名著《海国图志》即在

---

① 梁启超:《论中国学术思想变迁之大势》,载《清代学术概论》,第115—116页,北京:中国人民大学出版社,2004年。

此处撰写。该书提出"师夷长技以制夷",把学习西方的"长技"提高到关系国家民族安危的大事来认识,使之在当时社会上产生了振聋发聩的重大影响。为此,他提出一套具体方案,不但包括了官办军事工业,改进军队武器装备的内容,而且提出了兴办民用工业,允许商民自由兴办工业的主张。指出只要经过努力,若干年后,必然"风气日开,智慧日出,方见东海之民,犹西海之民",中国一定能富强起来,赶上并超过西方资本主义国家。这是中国思想从传统转向近代的重要标志。

第四节 怀疑与实证精神

从明末清初江南学术界对空疏的宋明理学的反动开始,沿着东汉古文经学、西汉今文经学的逆时针发展方向不断向前探究,直至孔子的原始儒学:"本朝二百年之学术,实取前此二千年之学术,倒影而缫演之,如剥春笋,愈剥而愈近里,如啖甘蔗,愈啖而愈有味,不可谓非一奇异之现象也。"[①]在这不断的怀疑与否定、证实与证伪之中,一种奇异的现象产生了:学者们逐渐抛弃了曾经苦苦追求的致用的义理,转而眷顾于过去的知识本身,学术方法也由诗性的玄思转为实事求是的考证:"综举有清一代之学术,大抵述而无作,学而不思,故可谓之为思想最衰时代。"[②]

为什么清代的江南学者舍弃了道德义理和道德实践,去眷顾知识本身?除了明朝覆亡的刺激和满清新朝的打压,葛兆光认为还由于这种"真理"已经掌握在统治者的手中(如遵奉程朱理学),并且意识形态化了:"真正造成清代学术思想失语状态的,除了政治对异端的钳制,还在于皇权对于真理的垄断,'治统'对于'道统'的彻底兼并,以及这种道德制高点和合理性基础被权力占据之后,所造成的士人对于真理诠释权力和对于社会

[①] 梁启超:《论中国学术思想变迁之大势》,载《清代学术概论》,第122页,北京:中国人民大学出版社,2004年。

[②] 梁启超:《论中国学术思想变迁之大势》,载《清代学术概论》,第119页,北京:中国人民大学出版社,2004年。

指导权力的丧失。本来，士大夫赖以支撑自己立场，使自身得以与政治权力分庭抗礼的，就是一种对真理和道德的诠释能力，不过，他们对政治中心的永恒向往和拯济天下的一贯志向，却使他们始终把自己定位在通往道德和真理辅佐帝王治国平天下。然而，由于这种话语权力由士人向官方、由民间向朝廷的转移，当皇权以普遍适用而且不容置疑的意识形态，建构了一种普遍的、绝对的、象征性的真理话语之后，它以'公'的名义迫使所有人接受，并且以同一性淹没了所有的士大夫，于是，丧失了真理诠释权力和社会指导能力的士人，便在公共领域里失去了自己的立场，只能在'私'的方面表达自己个人的思考。"①

由于皇权占据了"真理"，导致了"人死于法，犹有怜之者；死于理，其谁怜之"②状况的出现。江南学者被迫从"公理"领域逃避出来，进入较为纯粹的知识考据领域。但是，他们"借用知识表达思想的有意识尝试却从来就没有中断过"："尽管考据学确实如后来的批评者说的那样，在一部分人的手中渐渐趋向琐细破碎，但是，在十八世纪末十九世纪初之间的另一部分考据学家中，借用知识表达思想的有意识尝试却从来就没有中断过。仔细考察这一阶段学术和思想史可以发现，通常被整体的描述的'乾嘉之学'，其实乾隆与嘉庆时代是相当不同的，那些处在政治意识形态语境中感到压抑的考据家，总是不甘心停留在具体历史问题的考证中，也总是在尝试用自己的考据知识对思想的合法性进行重新审查。一方面，他们的途径仍然是通过对某些经典的证伪来瓦解某些思想的依据，用文字溯源的方法来清理一些概念的历史，一方面，他们又在试图寻找一些'通例'，重新审查考据的根本预设和依据，以确立一种思考的正确途径。一旦考据被置于这样的问题意识和追求目标之中，这时，辑佚、辨伪、注释以及文字、音韵、训诂之学，便不再是所谓的'饾饤琐细、支离破碎'的文献考据，而是一种通过关键词语（keywords）的重新诠释，通过一般法则（universal

---

① 葛兆光：《中国思想史》第2卷，第522页，上海：复旦大学出版社，2001年。
② 戴震：《孟子字义疏证》，第10页，北京：中华书局，1961年。

principle)的重新建立,以清理思想的秩序与体系的大学问。特别是,在十九世纪初,当这种经由考据的知识揭发了支持政治秩序和支配社会生活的'理'被建构的历史,试图重新确立常识与规则的理性,当这种通过考证寻找知识判断的一般法则,试图重新确立一种精确的原则和尺度,这个时候,知识、思想与信仰世界已经隐隐约约地表现出了后来被称之为'现代性'(modernity)的意味。"①

艾尔曼认为,其实在更早些时候,考据学家已经感觉到考据学对政治意识形态的解构功能:"十七、十八世纪,一些从事文献整理的士大夫通过自我反省,感到他们献身的学术研究和复古愿望已经误入新的危险的歧途。有些学者对是否追随汉学犹疑不定,似乎汉学考证会引人误入歧途。例如,无论是金石学专家翁方纲(1733—1818),还是理学家方东树都反感汉学家的著述。他们敏锐地觉察到,复古思潮背后潜藏的经典本位意识不仅不会满足维护道德秩序稳定的需要,还将引发废黜理学正统的危险。而攻击理学正统地位,即是抛弃儒家全部遗产的第一步。随着时间的推移,那些古典本身也将遭受攻击。"②

就在这种对矛盾的怀疑与实证中,考据学在江南逐渐形成了一股风气。清代江南学术的旨趣不是着眼于现在与未来,而是在书斋中孜孜不倦地整理过去,其中蕴涵着一种不屈不挠的怀疑精神,甚至充满着一种立于政治伦理对面的"异端"色彩。

随着学人的大量出现,学术世家和学术群体也随之形成,清代江南学术逐渐走上了职业化发展道路:"清代不可能实现向更为规范的各种职业化学者和角色的转变。可以断言,清朝士大夫不会成为专业工程师、科学家、冶金专家以及诸如此类的角色,尽管如此,他们作为学者,仍扮演专业化角色,江南经学家可能介乎霍尔默和米尔斯所说的理想型职业和行业

---

① 葛兆光:《中国思想史》第2卷,第413—414页,上海:复旦大学出版社,2001年。
② [美]艾尔曼:《从理学到朴学——中华帝国晚期思想与社会变化面面观》,赵刚译,第23页,南京:江苏人民出版社,1995年。

性二者之间。他们掌握了外行无用的特殊知识,成为属于自己研究领域的专家。他们作为研究者和教师,其专业活动具有社会影响,他们的职业也是社会组织和结构的具体组成部分。"①

"江南学术共同体"的形成,有利于学术争鸣活动的开展;江南学术的职业化,也使学术获得了相对独立的地位,因而在江南思想发展史上具有革命性的意义。在此过程中,江南学术中所形成的科学精神和分科方式,对中国近现代学术的产生影响尤大:"本朝学者以实事求是为学鹄,颇饶有科学的精神,而更辅以分业的组织;惜乎其用不广,而仅寄诸琐琐之考据。所谓科学的精神何也? 善怀疑,善询问,不可妄徇古人之成说与一己之臆见,而必力求真是真非之所存,一也。既治一科,则原始要终,纵说横说,务尽其条理,而备其左证,二也。其学之发达,如一有机体,善能增高继长,前人之发明者,启其端绪,虽或有未尽,而能使后人因其所启者而竟其业,三也。善用比较法,胪举多数之异说,而下正确之折衷,四也。凡此诸端,皆近世各种科学所以成立之由,而本朝之汉学家皆备之,故曰其精神近于科学。所谓分业的组织何也? 生计家言,谓社会愈进于文明,则分业愈趋于细密。此不徒生计界为然也,学界亦然。挽近实学益昌,而学者亦益以专门为贵,分科之中,又分科焉。硕儒大师,往往终身专执一科以名其家。盖昔之学者,其所研究博而浅;今之学者,其所研究狭而深。"②

中国科学技术自进入清代以来,呈现衰落趋势,但在江南地区,仍有着坚实的基础。张履祥、顾祖禹、王宏翰、刘献廷、戴梓、黄履庄、叶桂、齐召南、赵学敏、李锐、徐朝俊、戴煦是其中的代表人物。

张履祥(1611—1674),字考夫,号念芝,号杨园,学者称杨园先生。桐乡人。治学以仁为本,修己为务,而以中庸为归,穷理居敬,知行并

---

① [美]艾尔曼:《从理学到朴学——中华帝国晚期思想与社会变化面面观》,赵刚译,第69—70页,南京:江苏人民出版社,1995年。
② 梁启超:《清代学术概论》,第140页,北京:中国人民大学出版社,2004年。

进、亲切平近，不尚辞辩，为闽洛学派的正传。著有《补农书》《读易笔记》《愿学记》《近古录》《训子语》《训门人语》。《补农书》为其归隐后所作，主要论述有关种植业、养殖业的生产和集约经营等知识，记载了桐乡一带较重要的经济作物的栽培技术，其中总结了小麦移种技术，比国外早三百年。

顾祖禹（1631—1692），字瑞五，号景范，学者称宛溪先生。无锡人。他的高祖顾大栋撰有《九边图说》，曾祖顾文耀、父亲顾柔谦都通晓舆地之学。在家庭的影响下，顾祖禹毕生专攻史地，以沿革地理和军事地理的研究为精深，以图匡复亡明的道路。著有《读史方舆纪要》，该书着重考订古今郡、县的变迁，推论山川关隘战守的利害，是中国沿革地理最具代表性的著作，也是研究中国历史地理和军事地理的重要参考文献。

王宏翰（1648—1700），字惠原，号浩然子。松江华亭人，后迁至姑苏。初习儒，博通经史，天文地理，无所不精。适值西方医学传教士来华，王宏翰信仰天主教，且因母病，又攻读医学。常以儒家性理之说，结合西医之学，互相发明，于医史、药物、临床等方面，均有著述，有"中国第一接受西说之医家"之誉。著有《医学原始》《古今医史》《古今医籍志》《性原广嗣》《四诊脉鉴大全》《急救良方》《方药统例》《本草性能纲目》《女科机要》《儿科机要》。

刘献廷（1648—1695），字君贤，一字继庄，别号广阳子。吴县人。主张做学问要经世致用、利济天下后世，并注重实地考察，对历法、数学、音韵等都有贡献，在地理方面尤大。对古今气候变迁、各地物候的异同、河流侵蚀作用、地理位置对城市发展的影响等，都有独到见解；认为地理书籍按照固定项目只讲"人事"是不够的，还必须阐述"天地之故"，即要探讨自然规律，为如何研究地理学指出了方向，著有《广阳杂记》。研究佛经，参入梵语、拉丁语、蒙古语而体会到四声之变，作《新韵谱》。

戴梓（1649—1726），字文开，号耕烟。仁和人。博学多能，擅长机械和兵器制造，发明连珠火铳和子母炮。子母炮亦称"冲天炮"，研制成功后,康熙将其命名为"威远大将军",并将戴梓的名刻在炮身上。著有《耕烟草堂诗钞》。

黄履庄(1656—?),广陵人。学习传教士的科技著作,爱好工程机械制造。世界上最早的自行车发明家,还制有验燥湿器、验冷热器、瑞光镜、显微镜、千里镜、望远镜、取火镜、临画镜、多物镜、驱暑扇、龙尾车、报时水、瀑布水等等,运用的知识涉及到数学、力学、光学、声学、热力学、材料学等多种学科。为了发明这些机械,黄履庄特地制造了性能很好的弹簧,并造了一台专门生产弹簧的设备。可惜他的发明没有流传下来,写的《奇器目略》一书也失传了,仅仅节存在其表兄张潮编辑的《虞初新志》里,共有27种物品。清代吴陈琬的《旷园杂志》也有黄履庄发明机械狗的记载。

叶桂(1667—1746),字天士,号秀岩,别号南阳先生,晚年又号上津老人。吴县人。清代以前,中医论治热病大都用《伤寒论》的方法;明末清初吴有性著《温疫论》,才把伤寒与温疫分别对待,但没有分清"温疫"和"温病"的界线;叶桂首次阐明温病的病因、感受途径和传变规律,明确提出"温邪"是导致温病的主因,突破了"伏寒化温"的传统认识,从根本上划清了温病与伤寒的界限。最擅长治疗时疫和痧痘等症,是中国最早发现猩红热的人。著有《温热论》,为我国温病学说的发展,提供了理论和辨证的基础。吴鞠通、章虚谷、王孟英等著名江南医家,都是叶天士的私淑弟子。

齐召南(1703—1768),字次风,号琼台,晚号息园。天台人。精于舆地之学,尤精水经。著有《水道提纲》《宝纶堂集古录》《宝纶堂文钞诗钞》《齐太史移居集》《琼台集》《历代帝王年表》《后汉公卿表》。《水道提纲》一书,系统记述了十八世纪中叶中国范围内水道的源流分合,从东北的鄂霍次克海往南,渤海、东海直到南海,沿岸的城镇、关隘、河流入海口、岛屿等都有叙述,第一次把中国十八世纪的海岸线清晰地勾画了出来。

赵学敏(约1719—1805),字依吉,号恕轩。钱塘人。博览群书,对天文、历法、术数、方技、医药、卜算等书籍多有涉猎。著作宏富，包括药书、本草、养生、祝由、眼科、炼丹及民间走方医疗法等多方面的内容。著有《医林集腋》《养素园传信方》《祝由录验》《囊露集》《本草话》《串雅》《花药小名录》《升降秘要》《摄生闲览》《药性元解》《奇药备考》《本草纲目拾遗》，今存《串雅》和《本草纲目拾遗》。《本草纲目拾遗》按水、火、土、金、石、草、木、藤、花、果、谷、蔬、器用、禽、兽、鳞、介、虫分类，辑录《本草纲目》中未收载的药物共716种，丰富了中药学的内容；《串雅》是中国医学史上第一部有关民间走方医的专著。

李锐（1769—1817），字尚之，号四香。元和人。曾受业于钱大昕门下，得中、西异同之奥，于古历尤深。后入阮元幕府，整理数学典籍，实际主持《畴人传》的编写工作。著有《弧矢算术细草》《勾股算术细草》《方程新术草》，阐发中国古代数学的精粹。还曾对多部历法进行注释和数理上的考证，著成《日法朔余强弱考》。

徐朝俊（生卒年不详），字冠千，号恕堂。松江府华亭人。出身于书香门弟，世代喜好研究科学，特别是钟表。1809年写成的《自鸣钟表图法》，是中国第一部钟表著作，它详细地总结了明末至清代中晚期有关钟表的品种、结构、特点和修造方法，并附有丰富翔实的插图，反映了当时钟表制造的科学技术水平和成就，是一部较完整的重要文献。另有《高厚蒙术》，分天文、地理、仪器等4集。

戴煦（1806—1860），初名邦棣，字鄂士。钱塘人。发明了对数图表法，并在此基础上补充了定理级对数和自然对数级数术两项定理，比当时世界上的先进算法要简单实用得多。著有《重差图说》《对数简法》《外切密率》《假数测圆》《求表捷术》。当时在上海的英国汉学家艾约瑟曾专程来钱塘求见，回国后还将其数学著作译成英文，并在伦敦广为刊行。

第五节　性灵说

随着明代江南地区商品经济发展和城市文化的繁荣,特别是受到阳明心学思想影响,具有主体精神的民主思想悄然萌生。① 然而这种新兴的民主思想和处于意识形态中心地位的理学思想之间的大规模交锋还没有正式开始,就被清朝入关意外而又很简单化地扼杀了。结果是,意识形态化的理学思想凭借自己怎么也想不到、内心也不希望的外力,不战而胜,压倒了来自江南地区的民主思想,传统文化秩序仍然继续得以维持。

在这样的环境里,具有主体精神的新兴的民主思想失去了自由表达的权利,甚至在更大的苦难面前失去了表达的意义。② 其中,《桃花扇》中李香君和侯方域的爱情最富有象征意味。他们二人为了自由和爱情,与旧势力展开了殊死的抗争,"溅血点作桃花扇,此君枝头分外鲜"③,但是这种充满血泪和牺牲精神的抗争,最后得到的却不是自主恋爱的甜蜜,也不是传统道德意义上的赞赏,甚至不是普泛的人性意义上的同情,而是一种变了味的东西。当他们在乱世欣喜重逢时,旁观者的感受是这样的:"堪叹您儿女娇,不管那桑海变,艳话淫词太絮叨。将锦片前程,牵衣握手神前告。怎知道姻缘簿久已勾销,翅楞楞鸳鸯梦醒好开交;碎纷纷团圆宝镜不坚牢;羞答答当场弄丑惹的旁人笑;明汤汤大路劝你早奔逃。"④这种

---

① 陈寅恪晚年所表彰的柳如是,虽为"婉娈倚门之少女,绸缪鼓瑟之小妇",犹具有"独立之精神,自由之思想","而为当时迂腐者所深诋",可为例证。参见《柳如是别传》,第 4 页,北京:生活·读书·新知三联书店,2001 年。当然这种思想深受"陆、王心学的自由境界和独立不倚的精神"的影响,刘梦溪:《〈中国现代学术经典〉总序》,载《中国现代学术经典》,第 10 页,石家庄:河北教育出版社,1996 年。
② 刘梦溪指出:"明清之际学术思想的变化,更隐蔽,更婉曲,更悲壮。如果说先秦诸子和晚清各家是用舌和刀、纸、笔来表达自己的思想,那么明末清初的知识阶层则是用血和泪来书写历史的册页。"《〈中国现代学术经典〉总序》,载《中国现代学术经典》,第 62—63 页,石家庄:河北教育出版社,1996 年。
③ 孔尚任:《桃花扇》,第 158 页,长春:吉林文史出版社,1997 年。
④ 孔尚任:《桃花扇》,第 228—229 页,长春:吉林文史出版社,1997 年。

沉痛，怎不让当时新兴的知识阶层产生"回头皆幻景，对面是何人"①式的怀疑。

清代理学的"以理杀人"以及残酷的文字狱，在士人中所造成的金圣叹的"哭庙案"、金坛的"通海案"、江南的"奏销案"、吕留良的"灭门案"，等等，直接抑制了发端于明代的"独抒性灵"的文艺精神。以郑板桥为主要代表的"扬州八怪"的出现，就是江南自然诗性精神在这种异化环境下的产物。郑板桥（1693—1765），原名郑燮，字克柔，号理庵，又号板桥，人称板桥先生。祖籍苏州，兴化人，后客居扬州，以卖画为生。一生只画兰、竹、石，自称"四时不谢之兰，百节长青之竹，万古不败之石，千秋不变之人"。著有《郑板桥集》。"难得糊涂"是他的传世名言，其中就包含着无比复杂的思想和心态。

"中国的家产制用以防止封建身份之兴起，亦即防止官吏自中央权威当局中解放出去的，是一套世界闻名、成效卓著的办法。这些办法包括：实施科举，以教育资格而不是出身或世袭的等级来授予官职。"②在科举制度中，理论上获取官职的机会对任何士人都开放，只要他们能通过官方指定的考试来证明自己有足够的学养。清朝日益僵化的科举制度，更是汩没了文人的性灵。吴敬梓在《儒林外史》中，对江南儒林有着深刻的描画。吴敬梓（1701—1754），字敏轩，一字文木，号粒民，自称文木老人，又称秦淮寓客。全椒人，后移居南京秦淮河畔。著有《文木山房集》《文木山房诗说》《儒林外史》。

曹雪芹在《红楼梦》中通过对"通灵宝玉"形象的塑造，标志着江南地区性灵文学的抬头。曹雪芹（约1715—约1763），名霑，字梦阮，号雪芹，又号芹溪、芹圃。生于江宁。《红楼梦》为其呕心沥血之作，书中通过对贾宝玉及大观园里一群至情至性女孩的自然诗性生活的刻画，批判了现实

---

① 孔尚任：《桃花扇》，第229页，长春：吉林文史出版社，1997年。
② ［德］马克思·韦伯：《中国的宗教》，康乐、简惠美译，第96页，桂林：广西师范大学出版社，2004年。

社会包括宫廷及官场的黑暗、封建贵族阶级及其家庭的腐朽、封建的科举制度、婚姻制度、奴婢制度、等级制度,以及与此相适应的社会统治思想即孔孟之道和程朱理学、社会道德观念等,并提出了朦胧的带有初步民主主义性质的理想和主张,在精神上终于和明代文学接上了轨。

图31 袁 枚

袁枚提出"性灵说",标志着理论的自觉。袁枚(1716—1797),字子才,号简斋,又号仓山居士、随园主人、随园老人,世称随园先生。钱塘人,后隐居江宁小仓山随园,吟咏其中,广收弟子,且有女弟子。著有《小仓山房集》《随园诗话》《随园食单》《子不语》。"'三代后无真理学,六经中有伪文章',这是杨用修的话,而随园却最称赞这两句(见《诗话》卷二)。本于这种见解以论诗,所以他重在'着我'。'竟似古人,何处着我',这虽是他《续诗品》中的话,实在也可以算是随园的中心思想。盖他处处重在自我表现,所以要着我以存其真。'举生平得失于天下',所以他不自讳其跅弛之处:'惟其无所愧于心,是以无所择于口。'(《答朱石君尚书》)所以,一方面不是假道学,而一方面也不是奖励轻薄。人家看他是礼教的叛徒,他却有他自我的人生观。易言之,也即可说是真理学。由这一点看来,所以他的性灵说,还不是专为艳体诗辩护。照他这一套思想理论推衍下去,当然不废艳体,但是须注意,却不是奖励艳体。随园是一个极通达的人,我们研究随园的思想,假使拘泥着看,假使偏执着看,也不会得随园之真。所以冯钝吟的诗论我们可以说他为艳体诗找到了根据,袁随园的诗论虽也近似而其实不然。他是在这种思想上面建立了他的性灵说。"①

袁枚的性灵说,在江南不仅有着深厚的传统,也有着广泛的受众,在一定程度上体现着一种冲破社会压制的新思想。赵翼与袁枚、张问陶并称"乾嘉性灵派三大家"。赵翼(1727—1814),字云崧,一字耘崧,号瓯北,又号裘萼,晚号三半老人。阳湖人。长于史学,论诗主独创。著有《廿二史札记》《陔余丛考》《檐曝杂记》《皇朝武功纪盛》《瓯北诗话》。

清代江南人的日常生活更加审美化。最受社会上下推崇的,莫过于源自江南吴地的昆曲了:"四方歌者,必宗吴门。"②明末清初,吴江、昆山二派合流,出现了以李玉为首的苏州派创作群体。这个创作群体中的剧作家都是没有功名、专为昆曲戏班编剧的市民作家。他们的创作内容贴近生活,切中时弊,具有现实主义创作精神,表现出与明传奇不同的思想取向。

---

① 郭绍虞:《郭绍虞说文论》,第206页,上海:上海古籍出版社,2000年。
② 徐树丕:《识小录》卷四,涵芬楼秘笈(第1集),第126页,上海:上海商务印书馆,1916年。

其后,昆曲继续走"下行"路线,市民化倾向越来越明显。嘉庆、道光间人袁学澜描述道:"苏州戏班名天下,乾隆辛丑,浒关榷使者进呈古今杂剧传奇,计一千八十一种。郡人叶广平精音律,为《纳书楹曲谱》,宫商无谬误。承平日久,乡民假报赛名,相习征歌舞。值春和景明,里豪市侠搭台旷野,醵钱演剧,男妇聚观。众人熙熙,如登春台,俗谓之春台戏。抬神款待,以祈农祥。台用芦苇蔽风日,谓之草台。其班之上者,为城中班。来安庆者,为徽班。来江、震别处者,为江湖班。最有名者,为昆腔。"①

此时苏州农村的草台班也盛唱昆腔。与昆曲世俗化相呼应的是,平民化的弹词也发展迅速:"清代弹词在地域分布上以江浙一带为主,这些地区都是吴音区,因此在语言上的差别不大。按照各地称呼的不同,有苏州弹词、扬州弦词、四明弹词、绍兴平湖调等。其中绍兴的平湖调,是在俞调、马调之前的弹词主要唱腔。四明弹词又称四明南词,也是以平湖调为主要唱腔。此二者主要以'官话'演唱,在清代初年曾盛行江浙。清初乾隆之后,苏州弹词就逐渐占了主流地位,成为弹词的正宗。"②

弹词不仅在书场进行专业的演出,还在宴会、茶馆等处"助兴"。清代弹词作家多出江南,且以女性为主,往往出自书香门第。《再生缘》的作者陈端生出生杭州世家,她的创作受母亲影响很大:"慈母解颐频指教,痴儿说梦更缠绵。"为此,江南弹词里充满了空灵蕴藉、闲散舒缓的阴柔气质:"江南作家的写作往往以家庭琐屑为重点,以才子佳人为中心,写尽了人情之巧、世情之俗、亲情之美。作品情节回环曲折、细腻斑斓,有若绮霞织锦;其情调是儒雅灵性、细腻闲散的,风格是婉转优雅、诙谐轻松的。他们的写作多是在一种平静、淡泊的心境下进行的,如《玉钏缘》《再生缘》曾一再在作品的开头提及写作时的心情及周围的景色。诸如'锦衣放车红袖暖,春城弹管碧云寒,小凤淡荡摇帘幕,暗月朦胧映海川……今朝好趁初晴景,淡抹松烟著绮言'。这样的写作心情和态度使弹词创作多少带有些

---

① 袁景澜:《吴郡岁华纪丽》,第 74 页,南京:江苏古籍出版社,1998 年。
② 盛志梅:《试论清代弹词的江南文化特色》,载《江淮论坛》,2003(1)。

游戏的味道。他们并不把弹词写作看作多么严肃的事情,所以在这些作品中,很少能看到慷慨激昂的情绪寄托、牢骚发泄,即便有之,也不似北方作家在作品里表现的激烈、斩截,而是带有许多江南特有的儒雅、妩媚的格调。"①

清代江南弹词特有的儒雅、妩媚格调的形成,是受江南的人文环境培养、熏陶形成的,是与它的生存环境相适应的。"环境就是风俗习惯与时代精神,决定艺术品的种类。"②江南弹词的蔚为大观,标志着江南民间文化在诗性化的基础上进一步人文化。如今的江南民间社会,还有这种"喜艺而厌凡鄙"的大众需求吗?还能处处听到这种"润媚而韶秀"的浅斟低唱吗?

---

① 盛志梅:《试论清代弹词的江南文化特色》,载《江淮论坛》,2003(1)。
② [英]丹纳:《艺术哲学》,傅雷译,第84页,合肥:安徽文艺出版社,1991年。

第八章
"打通"中西

1840年鸦片战争爆发,标志着中国近代史的开端。1843年上海正式开埠,成为中西经济文化的交汇口。江南地区受冲击最大,也得风气之先。诸多江南学人或自觉接受海外思想,或主动走出国门,以"博通古今"的国学功底,力求"学贯中西",涌现出一批大师级的人物,为中国现代学术的确立作出了很大贡献。

第一节 得风气之先

鸦片战争的失败,体现出西方科技文化的先进性。江南地区由于自身科技文化积淀较多,明代末年就打下了西学东渐的基础,加之处在西方科技文化进入中国的最前沿地区,因而在科技文化上得风气之先,涌现出一批先驱人物。

(一) 科学救国思想

为了更好地与西方沟通,特别是加强科技方面的学习,1862年清政府设立京师同文馆,李善兰、徐寿等江南地区科学家担任中方教习。李善兰、徐寿、华蘅芳等人秉承科学救国思想,在翻译和研究、制造等方面取得了很大的成绩。

李善兰(1811—1882),原名李心兰,字竟芳,号秋纫,别号壬叔。海宁人。帝国主义列强入侵中国的现实,激发其科学救国思想:"今欧罗巴各

图 32　京师同文馆大门

国日益强盛,为中国边患。推原其故,制器精也,推原制器之精,算学明也。"[1]主要成就在尖锥术、垛积术、素数论三个方面,创立了二次平方根的幂级数展开式,研究各种三角函数、反三角函数和对数函数的幂级数展开式,是中国近代数学先驱,也是中国近代数学教育的鼻祖。与英国伟烈亚力合译《代数学》《代微积拾级》,著有《则古昔斋算学》《测圆海镜解》《测圆海镜图表》《九容图表》《粟布演草》《同文馆算学课艺》《同文馆珠算金蹄针》。

徐寿(1818—1884),字生元,号雪村。无锡人。认为"格致之理纤且微,非藉制器不克显其用",主持制成了中国第一台蒸汽机和最早的轮船。与英国伟烈亚力、傅兰雅等人合译科技著作十三部,其中西方近代化学著作六部,有《化学鉴原》《化学鉴原续编》《化学鉴原补编》《化学考质》《化学求数》《物体通热改易论》,编制《化学材料中西名目表》《西药大成中西名目表》,是中国近代化学先驱,也是中国近代化学教育的鼻祖。其子徐建

---

[1] 李善兰:《〈重学〉自序》,见阮元:《畴人传》三编卷六,第841页,上海:商务印书馆,1955年。

寅(1845—1901)，字仲虎，制成了中国第一代无烟火药。

华蘅芳(1833—1902)，字若汀。常州金匮人。绘制机械图并造出中国最早的蒸汽机、轮船和热气球。与美国玛高温合译《金石识别》，将近代矿物学和晶体物理学知识系统介绍到中国，合译《地学浅释》，首次向中国介绍了赖尔的地质进化均变说和达尔文的生物进化论；与英国傅兰雅合译《代数术》《微积溯源》《三角数理》《代数难题解法》《决疑数学》《合数术》《算式解法》，其中《决疑数学》是中国编译的第一部概率论著作。主要成就在离散数学方面，著有《行素轩算稿》。

(二) 改良维新主义

雅片战争以来，中国多次对外战争都失败了，有识之士反思原因，首先归结为武器的不精良和科技的落后，其次会归结到社会自身存在的问题。改良与维新，一度成为时代的主题。冯桂芬、王韬、翁同龢、薛福成、沈家本、张謇、罗振玉是江南地区改良维新的先驱。

冯桂芬(1809—1874)，字林一，又字景亭(又作景庭)，自号邓尉山人。苏州府吴县人。论学不为门户之争，主张采西学、制洋器，提出自强攘夷的主张，即"以中国之名教伦常为原本，辅之以诸国富强之术"。在上海设广方言馆，培养西学人才。冯桂芬为改良主义的先驱人物，他的思想，上接林则徐、魏源，下启康有为、梁启超，其意义不单单只是"求西学、思变法"的一脉相承，而在于其率先提出了消解现代化过程中的中西、古今矛盾的方法，即"惟善是从"。著有《校邠庐抗议》《说文解字段注考证》《显志堂诗文集》。

王韬(1828—1897)，初名王利宾，字兰瀛，改名王瀚，字懒今、紫诠、兰卿，号仲弢、天南遁叟、甫里逸民、淞北逸民、欧西富公、弢园老民、蘅华馆主、玉鲍生、尊闻阁王，外号长毛状元。苏州府长洲县人。流亡香港协助理雅各将十三经译为英文，后漫游法英等国，旅居苏格兰，前往日本考察，在香港创办《循环日报》提倡维新变法。在中国历史上首次提出"变法"口号，最早提倡废除封建专制、建立君主立宪制度。主张以欧洲强国为榜样,对中国前途充满信心,"吾知中国不及百年,必且尽用泰西之法而驾乎其上"。著有《扶桑游记》。

翁同龢(1830—1904),字叔平,号松禅,别署均斋、瓶笙、瓶庐居士、并眉居士,别号天放闲人,晚号瓶庵居士,谥号文恭。常熟人。先后担任同治、光绪的师傅,两次担任军机大臣,兼总理各国事务衙门大臣,既管外事,又管内政,一部分坚决主张抵抗日本侵略并反对当时弊政的言官和名士,纷纷投靠户部尚书翁同龢门下,形成后清流派,翁同龢也被称为中国维新变法第一导师。著有《翁文恭公日记》《瓶庐诗文稿》。

薛福成(1838—1894),字叔耘,号庸庵。无锡人。广览博学,致力经世实学,为洋务运动的主要领导者之一、资本主义工商业的发起者、早期改良思想家。著有《庸庵文编》《筹洋刍议》《出使四国日记》《庸庵笔记》。《出使四国日记》一书详细研究了欧洲的政治、军事、教育、法律、财经等制度,认为西方富强已百倍于中国,中国应不懈地师法西方,建立"纠众智以为智、众能以为能、众财以为财"的私人公司等,并具体提出了"求新法以致富强""选贤能以任庶事""造机器以便制造"等二十一条"养民最要之新法"。

沈家本(1840—1913),字子淳,别号寄簃。吴兴县人。重视研究法理学,尤其重刑法。作为修律大臣,本着参考古今、博稽中外的方针,主持修订《大清民律》《大清商律草案》《刑事诉讼律草案》《民事诉讼律草案》等一系列法典,重视研究法理学,建议废止凌迟、枭首、戮尸、刺字等酷刑,被称为中国法律现代化之父、中国近代刑法之父。著有《历代刑法考》《大清新刑律》《大清现行刑律》《诸史琐言》。

张謇(1853—1926),字季直,号啬庵。祖籍常熟,生于海门。主张实业救国、教育救国,晚清立宪派的领袖。创办中国第一所纺织专业学校,开中国纺织高等教育之先河;首次建立棉纺织原料供应基地,进行棉花改良和推广种植工作;以家乡为基地,努力进行发展近代纺织工业的实践,为中国棉纺织领域早期的开拓者。一生创办20多个企业、370多所学校,为近代民族工业的兴起、教育事业的发展作出了贡献。著有《张季子九录》《张謇日记》《啬翁自订年谱》。

罗振玉(1866—1940)，字式如、叔蕴、叔言，号雪堂，晚号贞松老人、松翁。祖籍上虞县，生于淮安。参与开拓中国的现代农学、保存内阁大库明清档案、从事甲骨文字的研究与传播、整理敦煌文卷、开展汉晋木简的考究、倡导古明器研究，为中国现代农学的开拓者、近代考古学的奠基人。著有《贞松堂历代名人法书》《高昌壁画精华》《殷墟书契》《殷墟书契菁华》《三代吉金文存》。

（三）弘扬传统学术

在晚清时期，江南地区传统的学术研究也得以继续发展，并出现了新的气象。朴学从经学、史学拓展到诸子学乃至甲骨文，史学与数学相结合，医学也出现了新理论。

王孟英(1808—1867)，名士雄，字孟英，号梦隐(一作梦影)，又号潜斋、半痴山人、随息居士、睡乡散人、华胥小隐。祖籍盐官，迁居钱塘、徙居上海。深研其温病各家学说，著有《温热经纬》《霍乱论》《随息居饮食谱》《重庆堂随笔》《归砚录》。《温热经纬》采自《内经》和张仲景的理论为经，取叶桂等诸家之说为纬，结合自身实际诊病体会而成，其中明确提出"新感""伏邪"两大辨证纲领，重视审同察异，灵活施治，充实并发挥了温病的发病机理和辨证施治理论。

汪曰桢(1813—1881)，字仲雍，一字刚木，号谢城，又号薪甫。乌程人。精史学，又精算学，编纂《二十四史日月考》，并附《古今推步诸术考》《甲子纪元表》，上起西周共和元年，下接清钦天监《万年书》。工于填词，精通音韵学，著有《四声切韵表补正》《随山宇方钞》《荔墙词》《历代长术辑要》《古今朔闰考》《授时术诸应定率表》《古今诸术考》《玉鉴堂诗集》。

俞樾(1821—1907)，字荫甫，自号曲园居士。德清人。移居苏州，潜心学术，以经学为主，旁及诸子学、史学、训诂学，乃至戏曲、诗词、小说、书法等。著有《春在堂全书》，含《群经平议》《诸子平议》《茶香室经说》《古书疑义举例》《第一楼丛书》《曲园俞楼杂纂》。章太炎、吴昌硕、日本井上陈政皆出其门下。俞樾被认为是近代中国主张废除中医的第一人,出于家庭的不幸等原因,他提出"医可废,药不可尽废"的观点。

黄以周(1828—1899),字元同,号儆季,又号哉生。定海人。在南菁书院任讲席十五年,江南不少学者出其门下。专力治经,尤精于"三礼",搜集汉至清代典章制度,撰《礼书通故》,考释中国古代礼制、学制、国封、职官、田赋、乐律、刑法、名物、占卜等。还著有《子思子辑解》《军礼司马法》《经训比义》《儆季杂著》。

孙诒让(1848—1908),幼名效洙,又名德涵,字仲容,别号籀庼。瑞安人。受维新思想影响,治学讲求经世致用。所著《周礼正义》为清代群经新疏中杰出之作,被认为是以乾嘉治经之法与永嘉通经致用之说的精神相结合的成果;《墨子间诂》为注墨的权威之作,以至墨学又成为近代显学;《契文举例》既释文字又考制度,开了古字考释与古史考证相结合和先例,为中国考释甲骨文开山之作;《温州经籍志》被誉为"近世汇志一郡艺文之祖";《四部别录》是目录版本学的专著。孙诒让与俞樾、黄以周合称"清末三先生"。

第二节 现代学术建立

继科技、经济、政治之后,受到西方冲击和影响很大的,就是学术文化。章太炎以传统经学为根底,以新知附益旧学,积极迎拒西学的挑战,同时也标志着传统经学的完结;王国维自觉引入西方哲学思想和方法来诠释中国古典,从而成为中国现代学术的一个开山人物;蔡元培主张"思想自由,兼容并包",让现代学术扎根于大学。在清末民初现代学术建立方面,江南地区发挥着引领作用。

(一) 传统经学的完结

章太炎与康有为一道,被经学史家周予同称为今、古文经学的最后大师,并断言"以后便没有大师了,作为经学,至此完结"。章太炎(1869—

第八章 "打通"中西

1936),原名学乘,字枚叔,后易名为炳麟,因慕顾绛(顾炎武)又改名为绛,号太炎,世人常称太炎先生,早年又号膏兰室主人、刘子骏私淑弟子,后自认民国遗民。余杭人。早期参加维新运动,后加入同盟会参加革命及讨袁,晚年在苏州设章氏国学讲习会以讲学为业,并支持抗日救亡运动。著有《国故论衡》《驳康有为论革命书》《齐物论释》《章太炎医论》等,后收入《章太炎全集》。

章太炎的思想主要有四个来源:一为受乾嘉学派考证学的影响,讲求客观实证;二为跟随晚清诸子学兴起

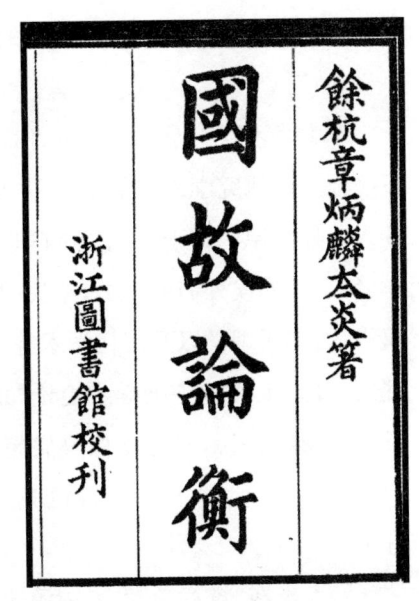

图33 《国故论衡》

的潮流,对荀子、庄子、老子思想加以揄扬,尊子贬孔;三为受到严复的影响,曾参加翻译《斯宾塞尔文集》,早年文章多以进化论作为理论架构;四为佛学尤其是佛学中的唯识论,是其后期思想的支柱。除此之外,顾炎武、王夫之的民族思想,章学诚、戴震、俞樾、孙诒让等人的思想也对章太炎具有相当的影响力。

章太炎的《国故论衡》,被曹聚仁称为"不朽之作",并把它和王充的《论衡》、刘知几的《史通》、章实斋的《文史通义》相提并论:"太炎师的《国故论衡》,至少有一个明白的交代,他告诉我们'国故是什么',他是清代考证学的大师。考证学(朴学)如戴东原所说的:'志存闻道,必空所依傍。汉儒训诂,有师承,有时亦傅会。晋人傅会凿空益多,宋人则恃胸臆以为断,故其袭取者多谬,而不谬者反在其所弃。……宋以来儒者,以己之见硬坐为古圣贤立言之意,而语言文字实未之知。'他又说:'学有三难:淹博难,识断难,精审难。三者仆不足以与于其间,其私自持及为书之大概,端在乎是。'《国故论衡》上卷谈小学(小学即研治语言、文字、音韵、义理之

学),便是入门工夫。连古代文字的音训都不懂,还读什么保存国粹,读什么经典!"①

章太炎不仅继承了王充的怀疑与批判精神,而且也是我国"第一位有系统地尝试研究学术史的学者":"倘若从事学术史研究,章太炎或许是最佳入口处。原因在于,'他是中国近代第一位有系统地尝试研究学术史的学者'。正如侯外庐所说的,章氏对于周秦诸子、两汉经师、五朝玄学、隋唐佛学、宋明理学以及清代学术等,均有详细的论述,不难从其著作中整理出一部'太炎的中国学术史论';对于身处其间的晚清学界,章氏也有不少精彩的评说,只是不像梁启超那样形成专门的著作。其实,作为一代名篇的《清代学术概论》,也只是梁氏拟想中的《中国学术史》之第五种。"②

章太炎在"辨章学术,考镜源流"的基础上,博通中国传统学术,还"多涉猎西籍,以新知附益旧学"。胡适在《五十年来中国之文学》中说:"章炳麟的古文学是五十年来的第一作家,这是无可疑的。但他的成绩只够替古文学做一个很光荣的下场,仍旧不能救古文学的必死之症,仍旧不能做到那'取千年朽蠹之余,反之正则'的盛业。"③

(二) 现代学术的开辟

王国维自觉引入西方哲学思想和方法来诠释中国古典,成为中国现代学术的一个开山人物。王国维(1877—1927),初名国桢,字静安,亦字伯隅,初号礼堂,晚号观堂,又号永观,谥号忠悫。海宁人。把西方哲学、美学思想与中国古典哲学、美学相融合,研究哲学与美学,形成了独特的美学思想体系,继而攻词曲戏剧,后又治史学、古文字学、考古学,是中国最早运用西方哲学、美学、文学观点和方法剖析评论中国古典文学的开风

---

① 曹聚仁:《中国学术思想史随笔》,第10—11页,北京:生活·读书·新知三联书店,2003年。
② 陈平原:《中国现代学术之建立》,第1页,北京:北京大学出版社,1998年。
③ 胡适:《五十年来中国之文学》,《胡适全集》第2卷,第302页,合肥:安徽教育出版社,2003年。

第八章 "打通"中西

气者,又是中国史学史上将历史学与考古学相结合的开创者。置身于国际学术平台来观察、思考问题,青年时期走用西方的学术与中国的学术相化合的路径,开创学术的新境界;中年后在"五大发现"中的三个方面,即甲骨学、简牍学、敦煌学上均作出了卓有成效的探索,被公认为是这些国际性新学术的开拓者、奠基者,从而找到自己的学术道路,也为学术界指出新路。生前著作六十余种,自编定《静安文集》《观堂集林》刊行于世;逝世后,另有《遗书》《全集》《书信集》等出版。

图 34　王国维

"王国维是中国现代学术的开辟人物之一,他对中国现代学术的奠立所起的作用,表现在如下几个方面。(一)他是介绍外来学术思想的先行者。(二)他是用西方哲学、美学思想诠释中国古典的躬行者。(三)他对中国现代学术所起的奠基作用,还表现在他坚实地立于传统学术的根基,将旧学新知完善结合。(四)还有一点能说明王国维对现代学术所作的贡献,就是他很早就追求学术独立。(五)最后一点,王国维对现代学术思想的贡献,还表现在他特别注重学术分类。"①

王国维对西学的吸收,一为真理意识,二为独立精神,三为自由思想,这也是中国传统学术思想中最为缺乏的三大要素。陈寅恪在《清华大学王观堂先生纪念碑铭》指出:"士之读书治学,盖将以脱心志于俗谛之桎梏,真理因得以发扬。思想而不自由,毋宁死耳。斯古今仁圣所同殉之精义,夫岂庸鄙之敢望。先生以一死见其独立自由之意志,非所论于一人之恩怨,一姓之兴亡。呜呼!树此石于讲舍,系哀思而不忘。表哲人之奇

---

① 刘梦溪:《学术思想与人物》,第 21—24 页,石家庄:河北教育出版社,2004 年。

节,诉真宰之茫茫。来世不可知者也。先生之著述,或有时而不章。先生之学说,或有时而可商。惟此独立之精神,自由之思想,历千万祀,与天地而同久,共三光而永光。"①

陈寅恪还把王国维的学术内容和治学方法概括为"三证":"一曰取地下之实物与纸上之遗文互相释证。凡属于考古学及上古史之作,如《殷卜辞中所见先公先王考》及《鬼方昆夷猃狁考》等是也。二曰取异族之故书与吾国之旧籍互相补正。凡属于辽金元史事及边疆地理之作,如《萌古考》及《元朝秘史之主因亦儿坚考》等是也。三曰取外来之观念,与固有之材料互相参证。凡属于文艺批评及小说戏曲之作,如《红楼梦评论》及《宋元戏曲考》《唐宋大曲考》等是也。"②

王国维的学术思想,还体现了古今、中西的连接:"自昔大师巨子,其关系于民族盛衰学术兴废者,不仅在能承续先哲将坠之业,为其托命之人,而尤在能开拓学术之区宇,补前修所未逮。故其著作可以转移一时之风气,而示来者以轨则也。"③

(三) 开学术自由之风

现代大学源自西方,肩负着培养高层次人才、研究高深学问的使命。1895年北洋大学堂创办,成为中国人自己创办的第一所现代大学,创办人为盛宣怀。1898年京师大学堂创办,成为中国第一所完全意义上的国立综合性大学,该校后更名为北京大学,蔡元培担任校长,提出"兼容并包,思想自由"的办学方针,开学术自由之风。1905年复旦公学创办,成为中国第一所由民间出资举办的大学,马相伯选定校名并长期担任校长。马相伯、盛宣怀、蔡元培均为江南地区人物。

马相伯(1840—1939),原名马志德,圣名若瑟,又名钦善、建常、绍良,字斯藏,又字相伯、湘伯、芗伯,以字行,别署求在我者,晚号华封老人。祖籍丹阳,生于丹徒。深感"自强之道,以作育人材为本;救才之道,尤宜以

---

① 陈寅恪:《金明馆丛稿二编》,第246页,北京:生活·读书·新知三联出版社,2001年。
②③ 陈寅恪:《金明馆丛稿二编》,第247页,北京:生活·读书·新知三联出版社,2001年。

设立学堂为先",将自己全部家产捐献出来,作为创办中西大学堂的基金。为复旦大学创始人,震旦大学首任校长。主张"救国不忘读书,读书不忘救国。"蔡元培等为其弟子。著有《马相伯先生文集》。

盛宣怀(1844—1916),字杏荪,又字幼勖、荇生、杏生,号次沂、又号补楼、别署愚斋、晚年自号止叟。祖籍江阴,生于常州。创造了11项"中国第一":第一个民用股份制企业轮船招商局;第一个电报局中国电报总局;第一个内河小火轮公司;第一家银行中国通商银行;第一条铁路干线京汉铁路;第一个钢铁联合企业汉冶萍公司;第一所高等师范学堂南洋公学;第一个勘矿公司;第一座公共图书馆;第一所近代大学北洋大学堂;创办了中国红十字会。著有《愚斋存稿》。

蔡元培(1868—1940),字鹤卿,又字仲申、民友、孑民,乳名阿培,并曾化名蔡振、周子余。绍兴山阴县人,原籍诸暨。提倡民权与女权,倡导自由思想,致力革除读书为官的旧俗,开科学研究风气。主张教育独立,军国民教育、实利主义教育、公民道德教育、世界观教育、美感教育"五育并举","大学为研究高尚学问之地"。1916年至1927年任北京大学校长,提出"兼容并包,思想自由"的学术思想,使得新文化有了立脚之地,北京大学成为新文化运动的堡垒,科学民主思想得以传播,从而成为中国现代大学理念和精神的缔造者。著有《中国伦理学史》《蔡元培自述》。

图35 蔡元培

第三节　新旧文化论争

图36　《新青年》

1911年辛亥革命推翻封建统治、建立共和政体,为新文化运动的开展创造了条件。1915年发起的新文化运动,是一次"反传统、反孔教、反文言"的思想文化革新、文学革命运动,倡导民主与科学,主要由一些受过西方教育的人发起,虽然该运动的策源地在北京,但来自江南地区的学者起到了主要作用。出于新旧文化论争及其策略的需要,新文化运动将中国所有的古典文化都归于需要"反"的行列。这次运动沉重打击了传统礼教,启发了人们的民主觉悟,推动了现代科学在中国的发展,为西方思想特别是马克思主义在中国的传播奠定了思想基础。与之相对应,中国古典文化开始走向没落,尤其是儒学尽失"建制",变成了"游魂"[1]。

陈独秀(1879—1942),原名庆同,官名乾生,字仲甫,号实庵。安徽怀宁人,1897年入杭州求是书院开始接受西方思想文化。为《新青年》杂志创始人、新文化运动的发起者和领导者、五四运动的主要领导人、中国共产党重要的创始人。在《敬告青年》中,对他们"陈六义",即自主的而非奴隶的、进步的而非保守的、进取的而非退隐的、世界的而非锁国的、实利的

---

[1]　余英时:《中国思想传统及其现代变迁》,第246页,桂林:广西师范大学出版社,2004年。

而非虚文的、科学的而非想象的。著有《独秀文存》《陈独秀文章选编》《陈独秀思想论稿》《陈独秀著作选编》等。

鲁迅(1881—1936),原名周樟寿,后改名周树人,字豫山,后改豫才,别名长庚、风声、尊古,鲁迅是其1918年发表《狂人日记》时所用的笔名,也是他影响最为广泛的笔名。绍兴府会稽县人。在文学创作、文学批评、思想研究、文学史研究、翻译、美术理论引进、基础科学介绍和古籍校勘与研究等多个领域具有重大贡献。为新文化运动的重要参与者、中国现代文学的奠基人、中国现代思想解放先驱、中国翻译文学的开拓者、蜚声世界文坛的作家。毛泽东称其为新文化的"旗手":"鲁迅的方向,就是中华民族新文化的方向。"著有《呐喊》《彷徨》《朝花夕拾》《野草》《华盖集》《中国小说史略》等。

周作人(1885—1967),原名櫆寿(后改为奎绶),字星杓,又名作人、启明、启孟、起孟,笔名遐寿、仲密、岂明,号朴士、知堂、药堂、独应。鲁迅之弟。参加新文化运动,小品文影响很大。翻译集中在日本古典文学和古希腊文学作品。主要作品有《中国新文学的源流》《知堂文集》《路吉阿诺斯对话集》。

钱玄同(1887—1939),原名钱夏,字德潜,又号疑古、逸谷,后改名玄同,常称疑古玄同。吴兴人。参加新文化运动,明确将"桐城谬种"和"选学妖孽"确定为文学革命的对象。提倡文字改革,倡议并参加简化汉字、推广普通话、制定和推行《汉语拼音方案》。敢于向旧礼教宣战,主张一夫一妻,倡导自由恋爱。著有《文字学音篇》《重论经今古文学问题》《古韵二十八部音读之假定》《古音无邪纽证》等。

刘半农(1891—1934),原名寿彭,后名复,初字半侬,后改半农,晚号曲庵。江阴人。参加新文化运动,反对文言文,提倡白话文。《汉语字声实验录》获法国康士坦丁语言学专奖。主要作品有《扬鞭集》《瓦釜集》和《半农杂文》。

胡适(1891—1962),原名嗣穈,学名洪骍,字希疆,笔名胡适,字适之。徽州绩溪人,生于松江府川沙县。大力提倡白话文,宣扬个性解放、思想自由,与陈独秀同为新文化运动的领袖。学术活动主要在文学、哲学、史学、考据学、教育学、红学等方面,开创中国哲学史,提倡"大胆的假设、小心的求证"的治学方法。著有《中国哲学史大纲》《尝试集》《白话文学史》《胡适文存》等。

新文化运动以北京大学为大本营,以《新青年》杂志为阵地,以江南地区学者为主体,竭力反传统,宣传西方学术。陈独秀认为:"吾人倘以新输入之欧化为是,则不得不以旧有之孔教为非;倘以旧有之孔教为非,则不得不以新输入之欧化为是,新旧之间绝无调和两存之余地。"①胡适也认为:"新文化运动的根本意义是承认中国旧文化不适宜于现代的环境,而提倡充分接受世界的新文明。"②鲁迅对青年提出"不看中国书"的主张:"中国书虽有劝人入世的话,也多是僵尸的乐观,外国书即使是颓唐和厌世的,但却是活人的颓唐和厌世。我以为要少——或者竟不看中国书,多看外国书。"③钱玄同等人更是主张用拼音文字代替汉字。在新文化运动期间,虽然出现了许多学者反对的声音,但都淹没在时代的新潮中。

真正对新文化运动构成挑战的,是学衡派。学衡派因 1922 年在南京创办的《学衡》杂志而得名。学衡派同样以大学为大本营(国立东南大学),同样以杂志为阵地(《学衡》杂志),同样以江南地区学者为主体,但思想主张却是与新文化运动反向的。学衡派主张"论究学术,阐求真理,昌明国粹,融化新知",创办人为梅光迪、吴宓、胡先骕,撰稿人还包括刘伯明、柳诒徵等一些朋友和国立东南大学的师生,1925 年吴宓任清华国学院主任后王国维、陈寅恪、梁启超、张荫麟等清华师生,刘永济、汤用彤等认同《学衡》宗旨的学者。学衡派的学术思想徘徊于欧化与国粹之间,对新文化运动多持批评态度,因而在相当长的一段时间里被视为守旧势力

---

① 陈独秀:《答佩剑青年》,载《独秀文存》第 3 卷,第 660 页,合肥:安徽人民出版社,1987 年。
② 胡适:《新文化运动与国民党》,《新月》第 2 卷,第 6、7 号合刊。
③ 鲁迅:《青年必读书》,载《鲁迅全集》(3),第 12 页,北京:人民文学出版社,2005 年。

而倍受冷落,但却因"以见吾国文化,有可与日月争光之价值",而成为后世新儒家的学术滥觞。

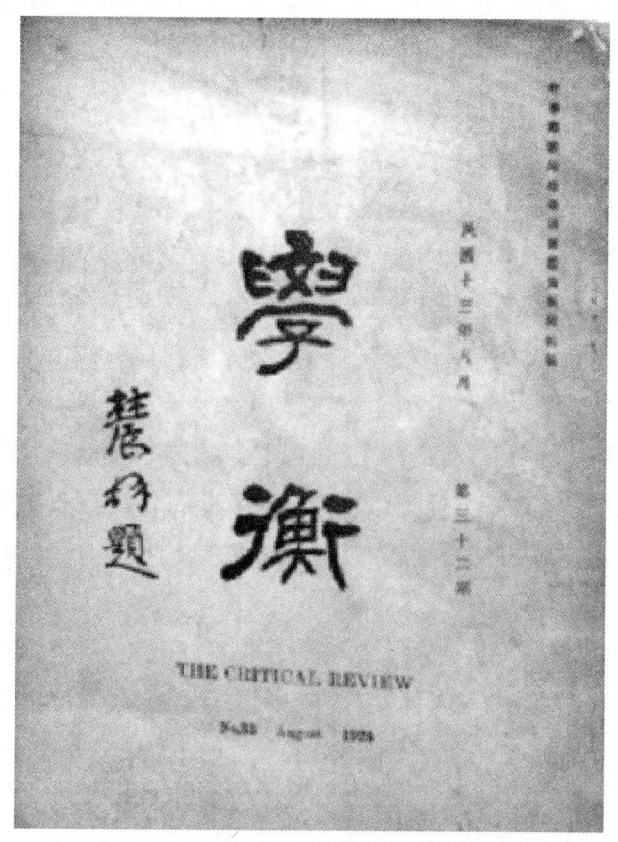

图37 《学衡》

柳诒徵(1880—1956),字翼谋,亦字希兆,号知非,晚年号劬堂,又号龙蟠迂叟。镇江丹徒人。中国近现代史学先驱、中国文化学的奠基人、现代儒学宗师。著有《中国文化史》《国史要义》。《中国文化史》一书将中国文化分为三期:第一编自远古至两汉,是为中华民族本其创造之力,由部落而建设国家,构成独立文化之时期;第二编自东汉至明代,是为印度文化输入中国与中国固有文化由抵牾而融合之时期;第三编自明代至民国,是为中印两种文化均已就衰,而远西之学术思想、宗教政法依次输入,相激相荡而卒相合之时期。

刘伯明(1887—1923),名经庶,字伯明。祖籍章丘,生于南京。中国现代哲学的先驱者、中国现代自由教育的倡导人。学贯中西,通儒、道、佛学,治西洋哲学,精于英文,通法文、德文,兼及希腊文、梵文。著有《西洋古代中世纪哲学史大纲》《近代西洋哲学史大纲》。

梅光迪(1890—1946),字迪生、觐庄。宣城人。中国首位留美文学博士,在哈佛大学执教十年,培养大批汉学人才。最早信奉白璧德的新人文主义,也最早对胡适倡导的文学革命提出异议。回国在江浙等地任教并创办《学衡》杂志。著有《梅光迪文录》。

陈寅恪(1890—1969),字鹤寿。修水人,后迁居南京。集历史学、古典文学研究、语言学、诗歌创作于一身,对魏晋南北朝史、隋唐史、宗教史(特别是佛教史)、西域各民族史、蒙古史、古代语言学、敦煌学、中国古典文学以及史学方法等方面都作出了重要的贡献。著有《隋唐制度渊源略论稿》《唐代政治史述论稿》《元白诗笺证稿》《金明馆丛稿》《柳如是别传》《寒柳堂记梦》。

胡先骕(1894—1968),字步曾,号忏盦。新建县人。《学衡》杂志创办人之一。1919年在《东方杂志》发表《中国文学改良论》一文,站在中国传统文化的立场上,对陈独秀、胡适等所倡导的白话文和文学革命,提出了批评。胡先骕为中国植物分类学的奠基人,首次鉴定并与郑万钧联合命名"水杉"和建立"水杉科"。著有《植物分类学简编》。

吴宓(1894—1978),字雨僧、玉衡,笔名余生。泾阳县人。学贯中西,融通古今,被称为中国比较文学之父。在国立东南大学主办并主编《学衡》杂志,该刊十一年间共出版79期,宗旨主要是提倡国学,兼介欧美学术,在学术上"求衡"。这一时期他撰写了《中国的新与旧》《论新文化运动》等论文,采古典主义,抨击新体自由诗,认为"只有找出中华民族文化传统中普遍有效和亘古长存的东西,才能重建我们民族的自尊"。著有《吴宓诗集》《文学与人生》《吴宓日记》。

在激烈的学术争鸣中,中国现代学术进入繁盛期。"中国现代学术在

第八章 "打通"中西

后'五四'时期所创造的实绩,使我们相信,那是清中叶乾嘉之后中国学术的又一个繁盛期和高峰期。而当时的一批大师巨子,其人其学其绩其迹,足可以传之后世而不被忘记。他们撰写的学术著作,在知识建构上固然博大精深,同时闪现着时代的理性之光,其开辟意义、其精神价值,都可以作为现代学术的经典之作而当之无愧。甚至可以说,他们之中的第一流人物既起到了承前启后的作用,就个人学养而言又是空前绝后的。因为他们得之于时代的赐予,在学术观念上有机会吸收西方的新方法,这是乾嘉诸老所不具备的,所以可说是空前;而在传统学问的累积方面,也就是家学渊源和国学根底,后来者怕是无法与他们相比肩了。"马一浮、刘师培、吴梅、钱基博、张君劢、太虚、赵元任、顾颉刚、金岳霖、钱穆、潘光旦、费孝通是江南地区人文社会科学领域的重要人物,其中马一浮、张君劢、钱穆还是现代新儒家的代表人物。

马一浮(1883—1967),幼名福田,名浮,字一佛,后字一浮,号湛翁,别署蠲翁、蠲叟、蠲戏老人。会稽人。引进马克思《资本论》的中华第一人。现代新儒家早期代表人物之一,与梁漱溟、熊十力合称为"新儒家三圣"。在古代哲学、文学、佛学等方面造诣精深,又精于书法。提出"义理名相论",被称之为新义理学说,主张通过分析名相而识得六艺的义理内涵和中国学术的本原,最主要的一个观点是全部中国文化都可以统摄于"六艺"之中,即所谓:

图 38 马一浮

"国学者,六艺之学也。"著有《泰和会语》《宜山会语》《复性书院讲录》《尔雅台答问》。

刘师培(1884—1919),字申叔,号左盦(庵)。仪征人。横跨政、学两界,从革命党人、无政府主义者到清廷幕僚、筹安会"六君子"之一,又在学术上与章太炎齐名,并称"二叔"(章太炎字枚叔,刘师培字申叔)。维护骈文之文统,开创近代中国学术史体。1919年与黄侃等成立"国故月刊社",成为国粹派,在北京大学主导发起《国故学刊》。著有《左盦集》《左盦外集》《左盦诗录》《词录》。

吴梅(1884—1939),字瞿安,号霜厓。长洲人。精通"著、度、演、藏",在戏曲创作、研究与教学方面成就尤为突出。著有《顾曲麈谈》《曲学通论》。《顾曲麈谈》一书分原曲、制曲、度曲、谈曲四章,详细论述了包括散曲和剧曲在内的南北曲的宫调、音韵、作法、唱法诸问题,并对元明清部分作家作品做了评介。

钱基博(1887—1957),字子泉,又字哑泉,别号潜庐,晚号老泉。无锡人。精通四部之学,尤擅集部。著有《经学通志》《现代中国文学史》《韩愈志》《古籍举要》。《现代中国文学史》一书为中国第一部以"现代"名义撰写的中国文学史,并不局限于以文论文,就诗论诗,而是在极其宽广的背景中,阐述了清末民初学术兴衰得失递变的轨迹。

张君劢(1887—1969),原名嘉森,字士林,号立斋,别署世界室主人,笔名君房。宝山人。曾留学日本、德国,学习政治经济与哲学。回国后,推崇唯心主义哲学,掀起"科玄论战",被称为"玄学鬼"。草拟《中华民国宪法》,建立了行政院长分权总统的制度。著有《中西印哲学文集》《新儒家哲学发展史》《思想与社会序》《民族复兴之学术基础》,为现代新儒家的代表之一。

太虚(1890—1947),法名唯心,字太虚,号昧庵,俗姓吕,乳名淦森,学名沛林。原籍崇德,生于海宁。主张"人生佛教",根本宗旨是在于以大乘佛教"舍己利人""饶益有情"的精神去改进社会和人类,建立完善的人格、僧格,为此提出教理革命、教制革命、教产革命。著有《真现实论》,是太虚建设人生佛教的理论基础。

赵元任(1892—1982),字宣仲,又字宜重。原籍武进人,生于天津。为中国现代语言学之父、中国现代音乐学先驱、中国科学社创始人之一。著有《现代吴语的研究》《中国话的文法》《海韵》,译有《阿丽思漫游奇境记》。《现代吴语的研究》为中国第一部用现代语言学方法研究方言的著作,分为吴音和吴语两部分。

顾颉刚(1893—1980),名诵坤,字铭坚,号颉刚,小名双庆,笔名余毅、铭坚。苏州人。古史辨学派创始人,现代历史地理学和民俗学的开拓者、奠基人。编撰有《古史辨》《顾颉刚全集》等。《古史辨》体现了二十世纪二十年代初在中国史学界崛起的"古史辨派"的疑古辨伪精神,展示了中西结合的"历史演进的方法",以及在古史研究中作出的成绩。

金岳霖(1895—1984),字龙荪。祖籍诸暨,生于长沙。把西方现代逻辑介绍到中国的主要人物,并把西方哲学与中国哲学相结合,建立了独特的哲学体系。著有《论道》《逻辑》《知识论》。《知识论》一书把形而上学或本体论看作知识论的基础,在假设知识关系是外在关系之后,以正觉说为基础,以罕见的逻辑思维和建构知识系统的能力,在传统缺乏逻辑学以及以之为基础或工具的中国文化中,运用严格的逻辑分析这一现代哲学的方法,创建出了自己独树一帜的庞大的知识论体系。

钱穆(1895—1990),字宾四,笔名公沙、梁隐、与忘、孤云,晚号素书老人、七房桥人。无锡人。弘扬中国传统文化,高举现代新儒家的旗帜。著有《先秦诸子系年》《中国近三百年学术史》《国史大纲》《文化学大义》《中国历代政治得失》《中国历史精神》《中国思想史》《宋明理学概述》《中国学术通义》。钱穆与吕思勉、陈垣、陈寅恪并称为"史学四大家"。

潘光旦(1899—1967),原名光亶,又名保同,字仲昂,笔名光旦。宝山县人。研究中国现代教育,最早发现专业化教育的弊端,并提出通才教育思想。著有《优生学》《人文生物学论丛》《中国之家庭问题》《中国伶人血缘之研究》,译有《性心理学》。

在自然科学研究领域,江南地区也涌现出一大批科学家。这些科学家怀抱着科学救国的坚定理想,既具有深厚的传统文化根底,又有机会接触到西方科学的前沿,因而他们中产生了竺可桢、茅以升、叶企孙、童第周、赵忠尧、苏步青、华罗庚、陈省身、钱学森等杰出人才,在中国开创了科技领域新天地。

竺可桢(1890—1974),字藕舫。绍兴县人。中国近代地理学和气象学的奠基者。著有《气象学》《物候学》《论我国气候的几个特点及其与粮食作物生产的关系》《我国五千年气候变迁的初步研究》。

茅以升(1896—1989),字唐臣。镇江人。中国土力学学科的创始人,主持修建中国人自己设计并建造的第一座现代化大型桥梁——钱塘江大桥,参与设计武汉长江大桥。著有《中国桥梁史》《中国的古桥和新桥》。

叶企孙(1898—1977),名鸿眷。上海人。中国物理学界的一代宗师和中国现代物理学奠基人,在国内率先研究磁学,开创高压磁化方法。著有《普朗克常数 h 的测定》《液压对铁、镍、钴的磁导率的影响》《初等物理实验》。

童第周(1902—1979),鄞县人。中国实验胚胎学的主要创始人、中国海洋科学研究的奠基人,开创了中国"克隆"技术之先河,被誉为"中国克隆之父"。著有《追求生命真相》《鱼类细胞核的移植》《中华蟾蜍内胚层细胞核的移植》《细胞质对细胞核的活动和遗传性状表现的作用》。

赵忠尧(1902—1998),诸暨人。中国核物理研究和加速器建造事业的开拓者,世界上首位准确预测正负电子对撞结果的科学家、首位发现反物质的物理学家。著有《硬 γ 线的吸收系数》《硬 γ 线散射》。

苏步青(1902—2003),平阳人,祖籍泉州。中国微分几何学派创始人,发现四次(三阶)代数锥面,在国内率先研究开展空间理论,深入研究仿射和射影微分几何理论。著有《微分几何学》《射影曲线概论》《射影曲面概论》《苏步青业余诗词钞》《数与诗的交融》。

华罗庚(1910—1985),祖籍丹阳,生于金坛。中国解析数论、矩阵几何学、典型群、自守函数论与多元复变函数论等多方面研究的创始人和开拓者,国际上以华氏命名的数学科研成果有《华氏定理》"华氏不等式""华—王方法"。著有《堆垒素数论》《优选学》《高等数学引论》《从杨辉三角谈起》。

陈省身(1911—2004),嘉兴人。著有《闭黎曼流形的高斯—博内公式的一个简单内蕴证明》《Hermitian 流形的示性类》,被誉为"微分几何之父"。国际数学联盟设有国际数学界最高级别的终身成就奖——陈省身奖。

钱学森(1911—2009),祖籍临安,生于上海。具有深厚的传统文化根底,留美归国后投身航空航天事业,被誉为"中国航天之父""中国导弹之父""中国自动化控制之父"和"火箭之王"。著有《工程控制论》《物理力学讲义》《星际航行概论》《论系统工程》《关于思维科学》《论地理科学》《科学的艺术与艺术的科学》《论人体科学与现代科技》《创建系统学》《论宏观建筑与微观建筑》《钱学森论火箭导弹和航空航天》。2005 年,钱学森感慨:"这么多年培养的学生,还没有哪一个的学术成就,能够跟民国时期培养

图 39　钱学森

的大师相比。"继而发问:"为什么我们的学校总是培养不出杰出的人才?"从而提出了内涵极其丰富的"钱学森之问",振聋发聩,令人反省。

第四节 心理攸同

反思传统与回应西学,构成了江南现代学术的思想基底。其间,"打通"旧学与新学之间的隔阂,"打通"中学与西学之间的界限,是两个重要趋向。

新文化运动中,将"西学"目为"新学"、将"中国传统之学"目为"旧学",是学术论争的一种策略:"对于'五四'时期文学革命倡导者对旧文学的激烈与偏至,新文学家们有着明确的意识,他们认为这种激烈与偏至是一种与文言文、旧文学彻底决裂的策略。……在经历了破字当头的过程之后,新文学家们都明确无误地回归到对新旧文化、新旧文学割舍不断联系的理性认识。"①

王国维反对这种区分:"学之义不明于天下久矣,今之言学者,有新旧之争,有中西之争,有有用之学与无用之学之争,余正告天下曰:学无新旧也,无中西也,无有用无用也,凡立此言者,均不学之徒,即学焉未尝知学者也。……中国今日实无学之患,而非中学西学偏重之患。……余谓中西二学,盛则俱盛,衰则俱衰,风气既开,互相推动,且居今日之世,讲今日之学,未有西学不兴而中学能兴者,亦未有中学不兴而西学能兴者。特余所谓中学,非世之君子所谓中学,所谓西学,非今日学校所讲授之西学也。"②

马一浮提出,一切学术都是相通的,对于中国,"六经可统摄一切学术":"窃惟国之根本,系于人心,人心之存亡,系于义理之明晦,义理之明晦,系于学术之盛衰。中士圣贤道要,尽在六经。惟六经可统摄一切学

---

① 关爱和:《五四之后新文学家对桐城派的再认识》,载《中州学刊》,1998(1)。
② 袁英光:《王国维年谱长编》,第72—73页,天津:天津人民出版社,1986年。

第八章 "打通"中西

术,一切学术莫能外之。故必确立六经为道本,而后中士一切学术之统类可得而明,文化之原流可得而数,即近世异域新知,亦可范围不过。"①"六经可统摄一切学术",反映了他的现代新儒学立场。

钱基博特别注重"博古通今,藏往知来":"吾人何以而治文学耶?曰智莫大于知来。来何以能知?据往事以为推之而已矣。故治史之大用,在博古通今,藏往知来。盖运会所届,人事将变,目前所食之果,非一一于古人证其因,即无以知前途之险夷,此史之所以为贵。而文学史者,所以见历代文学之动而通其变,观其会通者也。"②为此,他在写作《现代中国文学史》时,就反对割裂传统,主张"词融今古,理通欧亚"。

钱钟书对于新旧文化之争,显得相当冷静:"一个传统破坏了,新风气成为新传统。新传统里的批评家对于旧传统里的作品能有比较全面的认识,作比较客观的估计;因为他具有局外人的冷静和超脱,所谓'当局称迷,傍观见审'(元行冲《释疑》),而旧传统里的批评家就像'不识庐山真面目,只缘身在此山中'(苏轼《题西林壁》)。除旧布新也促进了人类的集体健忘,一种健康的健忘,千头万绪简化为二三大事,留存在记忆里,节省了不少心力。旧传统里若干复杂问题,新的批评家也许并非不屑注意,而是根本没想到它们一度存在过。他的眼界空旷,没有枝节零乱的障碍物来扰乱视线;比起他这样高瞻远瞩,旧的批评家未免见树不见林了。不过,无独必有偶,另一个偏差是见林而不见树。局外人也就是门外汉,他的意见,仿佛'清官判断家务事',有条有理,而对于委曲私情,终不能体贴入微。"③

钱钟书(1910—1998),原名仰先,字哲良,后改名钟书,字默存,号槐聚,曾用笔名中书君。无锡人。著有《围城》《管锥编》《谈艺录》《宋诗选注》《写在人生边上》《人·兽·鬼》,参与翻译《毛泽东诗词》英译本。他对

---

① 马一浮:《马一浮集》,第 1172 页,杭州:浙江古籍出版社;浙江教育出版社,1996 年。
② 钱基博:《现代中国文学史》,第 7 页,上海:上海书店出版社,2004 年。
③ 钱钟书:《七缀集》,第 3—4 页,北京:生活·读书·新知三联书店,2002 年。

图40 钱钟书

于古今、中西文化之间关系的主张,就是自觉地求"打通":"弟因自思,弟之方法并非'比较文学',in the usual sense of the term,而是求'打通',以中国文学与外国文学打通,以中国诗文词曲与小说打通。"①

钱钟书的《管锥篇》,是他对古今中西各种学问"寻求通解圆释之大著述"。他在爬梳比较了几百种中外典籍文献后,得出了一个结论:"东海西海,心理攸同。南学北学,道术未裂。"②

---

① 钱钟书语,见郑朝宗:《〈管锥篇〉作者的自白》,载《人民日报》1987年3月16日第八版。
② 钱钟书:《谈艺录》(补订本),第1页,北京:中华书局,1984年。

参考书目

（按汉语拼音排序）

［英］阿诺德·汤因比：《历史研究》，上海人民出版社，2000年
［美］艾尔曼：《从理学到朴学——中华帝国晚期思想与社会变化面面观》，赵刚译，江苏人民出版社，1995年
［美］艾兰：《水之道与德之端》，张海宴译，上海人民出版社，2002年
班固：《汉书》，中华书局，1962年
北京大学哲学系中国哲学教研室：《中国哲学史》，北京大学出版社，2003年
蔡仁厚：《中国哲学史大纲》，吉林出版集团有限责任公司，2009年
蔡元培：《中国伦理学史》，江苏文艺出版社，2007年
曹操等：《孙子十家注》，上海书店，1986年
曹聚仁：《中国学术思想史随笔》，生活·读书·新知三联书店，2003年
车吉心：《中华野史》，泰山出版社，2000年
陈伯海：《上海文化通史》，上海文艺出版社，2001年
陈传席：《六朝画家史料》，文物出版社，1990年
陈独秀：《独秀文存》，安徽人民出版社，1987年
陈平原：《中国现代学术之建立》，北京大学出版社，1998年
陈寿：《三国志》，裴松之注，上海古籍出版社，2011年

陈寅恪:《金明馆丛稿二编》,生活·读书·新知三联出版社,2001年
陈寅恪:《柳如是别传》,生活·读书·新知三联书店,2001年
陈祖武:《中国学案史》,东方出版中心,2008年
戴震:《孟子字义疏证》,中华书局,1961年
丹纳:《艺术哲学》,安徽文艺出版社,1991年
道宣:《续高僧传》,郭绍林点校,中华书局,2014年
董琦:《虞夏时期的中原》,科学出版社,2000年
范晔:《后汉书》,中华书局,1965年
方光华:《刘师培评传》,天津:百花文艺出版社,2010年
房玄龄等:《晋书》,中华书局,1974年
冯友兰:《贞元六书》,华东师范大学出版社,1996年
冯友兰:《中国哲学简史》,新世界出版社,2004年
冯友兰:《中国哲学史》,华东师范大学出版社,2015年
傅杰:《王国维论学集》,中国社会科学出版社,1997年
葛兆光:《中国思想史》,复旦大学出版社,2001年
巩本栋:《中国现代学术演进——从章太炎到程千帆》,北京大学出版社,2009年
郭璞:《山海经》(四部丛刊初编),海外南经第6卷,上海书店,1989年
郭绍虞:《郭绍虞说文论》,上海古籍出版社,2000年
侯外庐、赵纪彬、杜国庠:《中国思想通史》,人民出版社,1956年
胡适:《胡适口述自传》,唐德刚译注,广西师范大学出版社,2005年
胡适:《胡适全集》,安徽教育出版社,2003年
胡适:《中国思想史》,华东师范大学出版社,2014年
胡适:《中国哲学史大纲》,北京大学出版社,2013年
黄汝成:《日知录集释》,上海古籍出版社,2006年
黄绾:《明道编》,中华书局,1959年
黄玉生:《江苏历代名人录》(政治卷),江苏人民出版社,2012年

黄宗羲:《明儒学案》,中华书局,2008年
江庆柏:《明清苏南望族文化研究》,南京师范大学出版社,1999年
姜国柱:《中国思想通史》,武汉大学出版社,2011年
金克木:《东方文化八题》,北京大学出版社,2008年
景遐东:《江南文化与唐代文学研究》,人民文学出版社,2005年
孔尚任:《桃花扇》,吉林文史出版社,1997年
匡亚明等中国思想家研究中心主编:《中国思想家评传丛书》,南京大学出版社,1993—2006年
李伯重:《多视角看江南经济史》,生活·读书·新知三联书店,2003年
李延寿:《南史》,中华书局,1975年
李渔:《李渔全集》,浙江古籍出版社,1991年
李渔:《闲情偶寄》,浙江古籍出版社,2010年
李裕华、马银华译注:《论语·大学·中庸》,山西古籍出版社,2004
李泽厚、刘纲纪:《中国美学史》,中国社会科学出版社,1987年
李泽厚:《美的历程》,天津社会科学院出版社,2001年
李贽:《焚书·续焚书》,中华书局,1975年
梁启超:《清代学术概论》,中国人民大学出版社,2004年
梁启超:《饮冰室专集》,台湾中华书局,1972年
梁启超:《中国近三百年学术史》,中国人民大学出版社,2012年
梁漱溟:《东西文化及其哲学》,上海古籍出版社,2006年
梁涌:《越地学术思想论》,人民出版社,2010年
[美]林达·约翰逊:《帝国晚期的江南城市》,成一农译,上海人民出版社,2005年
林华东:《河姆渡文化初探》,浙江人民出版社,1992年
刘大杰:《魏晋思想论》,上海古籍出版社,1998年
刘柯:《古典文学大观》,岳麓书社,1988年
刘梦溪:《学术思想与人物》,河北教育出版社,2004年

刘梦溪:《中国现代学术经典》,河北教育出版社,1996—2002年
刘梦溪:《中国现代学术要略》,生活·读书·新知三联书店,2008年
刘士林、洪亮、姜晓云:《江南文化读本》,辽宁人民出版社,2008年
刘士林:《江南文化的诗性阐释》,上海音乐学院出版社,2003年
刘士林:《千年挥麈》,百花洲文艺出版社,2000年
刘士林:《中国诗词之美》,海南出版社,2006年
刘士林:《中国诗学原理》,海南出版社,2006年
刘士林等:《振衣千仞》,上海人民出版社,2010年
刘士林等:《中国诗性文化》,海南出版社,2006年
刘再复:《鲁迅传》,人民日报出版社,2010年
楼宇烈:《老子道德经注校释》,中华书局,2008年
鲁迅:《鲁迅全集》,人民文学出版社,2005年
鲁迅:《鲁迅文集》,九州图书出版社,1998年
鲁迅:《中国小说史略》,上海古籍出版社,1998年
马克思:《资本论》,郭大力、王亚男译,人民出版社,1963年
马克思·韦伯:《中国的宗教》,康乐、简惠美译,广西师范大学出版社,2004年
马一浮:《马一浮集》,浙江古籍出版社、浙江教育出版社,1996年
孟宪明:《华人十大科学家》,河南文艺出版社,2012年
米夏埃尔·兰德曼:《哲学人类学》,张乐天译,上海译文出版社,1988年
钱伯城:《袁宏道集笺校》,上海古籍出版社,2008年
钱基博:《现代中国文学史》,上海书店出版社,2004年
钱钟书:《刘师培辛亥前文选》,生活·读书·新知三联书店,1998年
钱钟书:《七缀集》,生活·读书·新知三联书店,2002年
钱钟书:《谈艺录》,中华书局,1984年
邱鹤亭:《列仙传注译 神仙传注译》,中国社会科学出版社,2004年
任继愈等:《中国哲学发展史》,人民出版社,1985年

阮元:《畴人传》,商务印书馆,1955年

佘之祥:《江苏历代名人录》(科技卷),江苏人民出版社,2011年

沈善洪、费君清:《浙江文化史》,浙江大学出版社,2009年

沈雨梧:《清代科学家》,光明日报出版社,2010年

沈约:《宋书》,中华书局,1974年

施耐庵、金圣叹:《金圣叹批评本水浒传》,岳麓书社,2005年

司马迁:《史记》,新世界出版社,2007年

宋林飞:《江苏通史》,凤凰出版社,2012年

汤用彤:《魏晋玄学论稿》,上海古籍出版社,2005年

王充:《论衡》,陈蒲清点校,岳麓书社,2006年

王国维:《王国维文学论著三种》,商务印书馆,2003年

王明:《抱朴子内篇校释》,中华书局,1980年

王遂今:《吴越文化史话》,浙江大学出版社,2005年

王先谦:《庄子集解》,中华书局,1954年

王阳明:《传习录》,张怀承注译,岳麓书社,2003年

王阳明:《王阳明全集》,上海古籍出版社,1992年

维柯:《新科学》,朱光潜译,人民文学出版社,1987年

魏收:《魏书》,中华书局,1974年

吴云:《历代骈文精华》,长春出版社,2010年

萧涤非:《杜甫诗选注》,人民文学出版社,1985年

徐光启:《徐光启集》,王重民辑校,上海古籍出版社,1984年

徐林:《明代中晚期江南士人社会交往研究》,上海古籍出版社,2006年

徐茂明:《江南士绅与江南社会》,商务印书馆,2004年

徐树丕:《识小录》,上海商务印书馆,1916年

许慎:《说文解字》,上海书店,1989年

薛冰:《家住六朝烟水间》,南京师范大学出版社,2005年

严可均:《全三国文》,商务印书馆,1999年

姚思廉:《梁书》,中华书局,1962年
印顺:《中国禅宗史》,江西人民出版社,2007年
余敦康:《魏晋玄学史》,北京大学出版社,2016年
余英时:《中国思想传统及其现代变迁》,广西师范大学出版社,2004年
袁景澜:《吴郡岁华纪丽》,江苏古籍出版社,1998年
袁康、吴平:《越绝书》,上海古籍出版社,1985年
袁相碗、秦浩:《江苏历代名人录》(教育卷),江苏人民出版社,2010年
袁英光:《王国维年谱长编》,天津人民出版社,1986年
赞宁:《宋高僧传》,上海古籍出版社,2014年
张觉:《吴越春秋校注》,岳麓书社,2006年
张乃格、张倩如:《江苏古代人文史纲》,江苏人民出版社,2013年
张文江:《钱钟书传》,复旦大学出版社,2011年
张晓唯:《蔡元培传》,百花文艺出版社,2009年
张荫麟:《中国史纲》,上海古籍出版社,2004年
章太炎:《国故论衡》,上海古籍出版社,2006年
章学诚:《文史通义》,叶瑛校注,中华书局,1985年
陈廷杰:《诗品注》,人民文学出版社,1958年
周加才:《江苏历代名人录》(宗教卷),江苏人民出版社,2013年
周振甫:《文心雕龙注释》,人民文学出版社,1998年
朱狄:《艺术的起源》,中国社会科学出版社,1982年
朱良志:《老子注评》,暨南大学出版社,2003年
朱维铮:《马相伯传略》,复旦大学出版社,2005年
朱熹:《楚辞集注》,上海古籍出版社,1979年
朱熹:《朱子语类》,中华书局,1986年
朱小丰:《中国的起源》,上海文艺出版社,2014年
宗白华:《美学散步》,上海人民出版社,1981年
宗白华:《艺境》,北京大学出版社,1999年
宗白华:《中国哲学史提纲》,重庆大学出版社,2014年

附录
江南学术脉络

阿诺德·汤因比（Arnold Toynbee）认为，人类文明的发展是挑战和反应产生的结果，所以人类最早的文明，都出现于自然条件较差地区。(《历史研究》)依照这种理论解释框架，以思想性和知识性为特征的学术文化，在江南温软的土地上产生和发展，应该是一件艰难的事情。史初的江南地区经济地理环境比较特别："地广人稀，饭稻羹鱼，或火耕而水耨，果隋蠃蛤，不待贾而足，地势饶食，无饥馑之患。"（司马迁《史记·货殖列传》）从个体生存的小生态环境来看，这个地区易于为生，以至使人产生了对自然环境的自然顺应感和深度倚赖感，"池塘生春草，园柳变鸣琴"，自然思想的悄然滋生，应是一件水到渠成的事情。从群体生存的大生态环境来看，由于"山峦阻隔，河川纵横，森林密布，沼泽连绵，人们只能在河谷或湖泊周围的平原上发展自己的文化，自然的障碍将古代的文化分割在一个一个的文化龛中（cultural niche）。"（童恩正《中国北方与南方古代文明发展轨迹之异同》）

江南地区优越的自然条件，孕育产生了顺应自然的泛神论思想；生活资料的易得，使伦理的教诲让位于审美的观照；再加上山、水、林、沼的阻隔，族群之间缺少交往与竞争，以家庭为单位的社会长期处在自足封闭、闲暇少争的自然状态之中，文明的发展呈现出"杂花生树"式的自然生发景象，与北方文明"百川东到海"式的大一统场面明显不同。这种文明体现在个体人的身上，就有了孔子所谓的"南方之强"与"北方之强"："宽柔以教，不报无道，南方之强也，君子居之。衽金革，死而不厌，北方之强也，而强者居之。"(《中庸》)可以说,江南文明是以"质有而趣灵"的诗性存在方式,标举以自然为中心的诗性观念,进入中国人的精神版图的。由于江南地区文明发展不存在北方文明中食物链可能断裂之类的严重危机,因而也不会像北方文明那样由于应对严峻挑战而导致的智慧的早熟。江南地区文明缺乏这种断乳条件,因此在文化思想上更多的是对原始诗性智慧的自然延承与发展,习惯于个体情感自然呈现这种诗性表达方式,而不是采用认识论的态度。

与孔子同时的季札是江南学术人物的先行者,他的身上表现出与北方各学术流派不同的思想向度。首先值得我们注意的就是他的朴素的自然观,以及从中流露出的泛神论思想。季札的长子不幸早亡,季札在埋葬他时,"其坎深不至于泉,其敛以时服"。也就是说,墓坑不是很大,还没有挖出地下水;陪葬几乎没有,甚至没有特别添置一件新的衣物。在北方看来,这几乎是薄葬,与死者的贵族地位毫不相称。原因何在,季札在唁词中给予说明:"骨肉复归于土,命也。若魂气,则无不之也,无不之也。"视死如归,归于物质,不迷信来世,自然通达,却又相信灵魂不灭,万物有灵,眷念于今生,满怀着深情。其次,就是这种发自内心的自然深情。季札在交聘中原时路过徐国,徐君爱其佩剑,待季札周游回来时徐君已死。季札特地前往拜墓,并拔剑相赠,言及"吾心许之矣,今死而不进,是欺心也,爱剑伪心,廉者不为也。"这种源自自然本心的真挚情感,跨越了生死的鸿沟,超越了普通的伦理准则。东晋南朝士人风度实滥觞于此,这是江南学术文化里一直蕴藏着的宝贵传承。此外,季札多次礼让王位,甚至弃室而耕、逃离家国;识见高深,兼收并蓄,博学清言;爱慕知识,不事著述,注重内心体验,所有这些,都成为以后江南学者的清雅象征。被后世儒家誉为东南学术之祖的孔子学生子游(言偃),"敏于道而不滞于形器"(朱熹语),也是一个典型的江南学人。

由于南、北社会组织形式的不同,以及对外物质需求度的不同,导致了政治、军事力量的不对称局面,秦汉时期的江南地区失去了独立发展的主权,并且一直处在中央政治的边缘地带,甚至受到中央政权的特别敌视

（如秦始皇借东巡破坏金陵等江南一带的"天子气"），学术文化发展受到业已跃升为主流意识形态的北方儒、法、阴阳思想的一统专制。在这样的背景下，江南学术文化作为一种异质文化，与以北方学术文化为主体的主流意识形态相比，确实存在着诸多不同的元素，相互之间有一定的排异反应，需要长时间的不断磨合；而且由于二者之间地位上的不对等，江南学术文化受到主流意识形态的压制甚至是歧视（如"吴楚之民，脆弱寡能，英才大贤，不出其土"之类对江南文化的贬抑）。由于远离主流意识形态，"在山泉水清"，所以江南学术文化在不断演进中，对原有诗性文化传统保存较好，自然、简约的主体精神一脉相承；同时也正因为主流意识形态的压制，江南学术文化呈现出一定程度的"异端"色彩。

这种"异端"色彩主要体现在两个重要的文化现象上。一是汉代的辞赋思想。汉赋源自楚辞，也是楚辞的时代变异体。楚辞本为不得志于政治的诗人"朗丽以哀志""绮靡以伤情"之作，侧重于个人"幽情"的抒发。而到了汉朝，情况有了变化。根据《汉书》记载："汉兴，高祖王兄子濞，于吴招天下娱游子弟，枚乘、邹阳、严夫子之徒，兴于文、景之际。"吴王名为"娱游"，实际是想造反，反对大一统的政权组织形式。枚乘于是作《七发》警醒吴王，借山川宫室之美，阐述"妙言要道"，进行隐晦式批评，开启了汉代辞赋"劝百讽一"的传统，体现了江南学术清雅的风貌。二是王充充满批判精神的自然"天道"观。在东汉时期，神权与政权、学术权合为一体，组成谶纬之学牢笼自由的学术思想。王充虽然地位卑微，位于政治的边缘地带，却本着自然、贵用的"天道"观，大胆地反对神学的人为蒙蔽："夫天道自然也，无为；如谴告人，是有为，非自然也。"以自然澄明的学术态度，高举起"疾虚妄"的旗帜，认为"苟有不晓解之问，追难孔子，何伤于义？诚有传圣业之知，伐孔子之学，何逆于理？"对孔子威权提出如此质疑，在经学时代尚属首次，这也一直影响到汉末的孔融、明代的李卓吾和清末民初的章太炎。据此，他指斥那些"皓首穷经"的俗儒不过是"鹦鹉能言之类"，尊崇那些"博能通用"的鸿儒，尤其注重"精诚由中""夺于肝心"的情感作用，站在了固守理义的主流意识形态的对立面。

在学术思想领域，批判的过程实际也是接受的过程。因此，这些不入主流的"异端"思想的边缘性存在，不仅有着彰显自身文化价值所在的意识，同时也为东晋南朝时期江南地区的思想变迁打下了深厚的基础。从此，学术主体强烈的批判个性，也逐渐成为江南学术话语的重要特征。

众所周知，魏晋南北朝是我国学术思想领域继春秋战国之后的又一个思想大解放时期。与春秋战国时期学术思想解放仅仅发生在北方文化圈不同，魏晋南北朝时期学术思想解放发生在北方文化圈，而鼎盛于江南文化圈。也就是说，春秋战国时期学术思想解放是在北方文化背景下完成的，原有的学术思想与传统得到进一步的强化和发展，没有发生质的变化；而魏晋南北朝时期学术思想解放是在江南文化背景下完成的，原有的学术思想与传统更多的是被扬弃，形成的是一种新的学术文化，这两种思想解放之间有着本质的区别。我特别作一说明的是，对北方文化来说，这是一种新的质变，如同佛学进入中土；对江南文化来说，这种变化只是发展阶段上的飞跃，因为是北方文化的河流大规模地汇入了江南文化的河道。正是因为玄学、佛学进入江南，与江南本土的道教风云际会，才致使江南新的文化精神的产生。"溟涨无端倪，虚舟有超越。"这种新的文化精神深深地依托于江南道教。

饱历乱世的永嘉士族来到江南时，不仅失去了传统的物质、文化根基，甚至已经失去了思想信仰的支撑。但是，无论是抱残守缺的传统儒学，还是"贵无"的新兴玄学，甚至是追求"出世与超脱"的佛学，都在与江南道教的乱世遭逢中，找到了新的生发点。如前所述，江南人的信仰带有明显的泛神论色彩，这种泛神论意识是道教产生与传播的思想基础。孙吴政权建立后，随着孙吴集团的信仰与倡导，道教发展由自发转为自觉，并进入了主流意识形态。《历代崇道记》记载："吴主孙权于天台山造桐柏观，命郭玄居之；于富春造崇福观，以奉亲也；建业造兴国观；茅山造景阳观、都造观三十九所，度道士八百人。"道教从此进入主流话语；以葛洪为代表的丹鼎派宣扬服丹成仙，形成了比较完整的神仙理论体系，有利于向上层社会发展；陆修静吸收儒家礼法，对道教进行改革，促进了道教的官方化，上述这些为抱残守缺的传统儒学派别自然而然接受道教创造了条件。茅山上清派等道教团体远离政治，隐居山林，探讨玄理，"只可自怡悦，不堪持赠君"，陶弘景更是开创了一代道风，让"贵无"的新兴玄学派别感觉到殊途同归。

当然，道教作为一种普世的宗教，其信仰对象是超自然的神灵，且多神论的松散形式，也有利于与追求"出世与超脱"的佛学找到共鸣。就这样，由于整个时代失去思想信仰（或曰信仰多元化），也由于江南学术文化自身的包容性，促使道教、玄学、佛学等思想在同一时代中并列局面开始形成，并在并列发展中逐渐远离了具体的世俗，亲近于自然山水与清虚的玄理，形成了以"澄怀观道"为中心的诗性哲学。名士们也由西晋末的对伦理政治近乎粗鄙的怪诞，转变为东晋南朝时"居易而以求其志"式的"不竞"之风，"玄礼双修"的优雅风度中包含着一种以自然为中心的崭新的诗性文化精神。刘义庆的《世说新语》，就记录了这种诗性文化精神。

江南地区各种学术思想的风云际会，不仅促进了江南学术思想的发展与飞跃，还在哲学与艺术方面催生出具有中国特色的自然美学思想。"从此，中国民族的审美意识才开始获有了一个坚实的主体基础，使过于政治化的中国文明结构中出现了一种来自非功利的审美精神的制约与均衡：一方面有充满现实责任感的齐鲁礼乐来支撑中国民族的现实实践，另一方面由于有了这种可以超越一切现实利害的生命愉快，才使得在前一种生活中必定要异化的生命一次次赎回了它们的自由。"（刘士林《江南轴心期与中国古典美学精神的生成》）诗性江南成为中国人心中的乐土。

江南学术文化与自然界有一种天然的沟通，通常将清虚的玄理寓于日常生活之中，并以此为基础孕育出一种活泼而又空灵的特殊的诗性特质。"江南可采莲，莲叶何田田。"江南学术走向自然美学思想，不仅生成了诸多讲求"清空""神韵""情味"的南派诗画与诗话，还促使北方"入世"的"儒学"与异域"出世"的佛学的生活化与诗性化，追求自然心性的禅宗由此而来，讲求心性的陆王心学也承此而去。

禅宗被称为"潜默的哲学"，第一义不可说，讲究参修顿悟，没有滞着，但是不离日常生活。最经典的禅的故事就是精妙的玄理与日常生活的结合。如有学僧问禅师关于禅的根本问题,禅师或曰"白菜三分钱一斤",或曰"为止小儿啼",或用沉默来表示,甚至当头给予一棒,只因为第一义不可说,需要个体的领悟。"担水砍柴,无非妙道",禅扎根于心,是聪慧的哲学、热忱的宗教、浓郁的诗性和日常的生活的统一。即使悟了之后,"见山还是山,见水还是水",但人的精神经过点化、飞跃之后,境界已不是过去的境界。"禅是中国人接触佛教大乘义后体认自己心灵深处而灿烂发挥到哲学境界与艺术境界。静穆的观照和生命的飞跃构成艺术的两元,也是构成'禅'的心灵状态。"(宗白华《艺境》)王阳明就是从这种直觉本心出发,强调"致良知",要求道德自觉,突显主体精神。"尔那一点良知,是尔自家底准则。尔意念着处,他是便知是,非便知非,要瞒他一点不得。"禅宗与陆王心学所结的因缘,归结到一点,就是共同具有一种诗性情结,并且这种诗性情结既具有神秘性的特点,又具有日常生活的普适性。为此,从其开拓的新领域来说,既是哲学的,又是生活的。

江南学术文化的这个新变化,是有着殷实的物质基础和发达的教育先决条件的。由于自身经济文化的积累和南北文化的交融,东晋南朝之后江南地区书院教育得到了极大的发展。物质生活普遍改善和文化素质极大提高之后,包括许多普通民众在内的江南人对精神生活不断萌发新的追求,市民文学、古玩收藏、图书出版、园林艺术、饮食娱乐等与日常生活相关的文化应运而生,同时也为诸多学人获得了不依赖于政治的存在,而山明水秀的江南又为他们提供了一个大舞台,因此,包括文学、学术在内的高雅文化如同"旧时王谢堂前燕,飞入寻常百姓家"。哲学与艺术融入日常人生,衍生出许多更加精美的戏曲诗文、小说弹唱,以及工艺器物与园林文化。徐光启本着"救儒补佛"的目的,向利玛窦等西方传教士学习天文历法、经济水利,首开了"西学东渐"之风。

江南是实学的发源地。顾炎武、王夫之、黄宗羲等学术大家,学术研究贴近生产、生活实际,有利于国计民生、安邦治国。潘耒为《日知录》作序时评价顾炎武:"综贯百家,上下千载,详考其得失之故,而断之于心,笔之于书,朝章国典、民风土俗,元元本本,无不洞悉。其术足以匡时,其言足以救世,是谓通儒之学。""通儒"的标准与千年以前的王充何等接近,文化的传统与渊源是无法割断的。当然,江南学术的职业化也是从顾炎武开始的。

江南学术的职业化作为一个新兴事物,其中既有异族逼迫的因素,更是学术繁荣的结果。但如果我们仔细研究就会发现,由于明朝的灭亡和清朝的文化钳制,导致了江南学术界既有的"怀疑"精神的发展:从对空疎的宋明理学的反动开始,沿着汉代古文经学、今文经学的逆时针发展方向不断向前探究,直至先秦诸子乃至原始儒学。学术群体大量涌现,"一代学术几为江浙皖所独占"。在这不断的怀疑与否定、证实与证伪之中,一种奇异的现象产生了:学者们逐渐抛弃了曾经苦苦追求的致用的义理,转而眷顾于过去的知识本身,学术方法也由诗性的玄思转为实事求是的考证,走向实证主义的"朴学"。江南学术的职业化,使学术逐渐远离了政治和实际生活,获得了相对独立的地位;学术群体的形成,也有利于学术争鸣的开展。清代江南学术流派纷呈,主要有以惠栋为代表的吴派、以戴震为代表的皖派、以庄存与为代表的常州学派和以阮元为代表的扬州学派。此外,江南学术世家的大量涌现,也是一个令人瞩目的现象。

清代江南学术的旨趣不是着眼于现在与未来,而是在书斋中孜孜不倦地整理过去,"如剥春笋,愈剥而愈近里,如啖甘蔗,愈啖而愈有味"。为此,梁启超在总结清代学术研究时说:"综举有清一代之学术,大抵述而无作,学而不思,故可谓之为思想最衰时代。"但不可否认的是,除了考证之功不可没外,此时的江南学术仍有一种立于政治伦理对面的"异端"色彩,比如清中叶的庄存与,复兴千年不传之学,开创清代今文经学。因为这些独立的学术群体的存在,"结束了新儒学的正统学说以及它的钦定体系和强烈的形式主义对学术的垄断"。(艾尔曼《从理学到朴学:中华帝国晚期社会与精神文化面面观》)

随着清末国门被打开,西方学术思潮开始涌入,"国故"逐渐由置疑的对象转为"整理"的对象、"革命"的对象,儒学也尽失"建制",变成了"游魂"。(余英时《中国思想传统及其现代变迁》)由于经济地理等原因(1840年上海开埠),江南地区受冲击最大,也得风气之先。诸多江南学人走出国门,或自觉接受海外思想,以"博通古今"的国学功底,力求"学贯中西",涌现出一批大师级的人物,为中国现代学术的确立作出了很大的贡献。王国维作为中国现代学术开山人物之一,陈寅恪是这样评价他的学术内容和治学方法的:"一曰取地下之实物与纸上之遗文互相释证,二曰取异族之故书与吾国之旧籍互相补正,三曰取外来之观念,与固有之材料互相参证。"其中,自然切用、兼收并蓄、善于怀疑发现的江南学术传统与精神是一以贯之的。

江南学术人物名录

姓名	生卒年	朝代	称谓	籍贯	与江南关系	主要学术贡献	代表作品
季札	前576—前484	春秋	姬姓,又称公子札、延陵季子、延州来季子、季子,《汉书》中称为吴札	吴国梅里(今江苏无锡)	核心地区	被誉为"南季北孔"	
计然	生卒年不详	春秋	辛姓,又作计倪、计研、计砚,字文子,号渔父	宋国葵丘濮上(今河南民权)	辅佐越王勾践	经济思想	《文子》《通玄真经》
伍员	前559—前484	春秋	字子胥	楚国椒邑(今湖北监利)	辅佐吴王阖庐	军事思想、城建思想	
范蠡	前536—前448	春秋	字少伯	楚国宛地三户邑(今河南淅川)	辅佐越国勾践	商业思想	《范蠡》
孙武	前532—前480	春秋	字长卿	齐国乐安(今山东广饶)	辅佐吴王阖庐	军事思想	《孙子兵法》
言偃	前506—前443	春秋	字子游,又称叔氏	吴国常熟(今江苏常熟)	核心地区	孔门文学的代表	
枚乘	前?—前140	西汉	字叔	淮阴(今江苏淮安)	外延地区,吴国文人集团成员	主张"万不失一"的要言妙道	《七发》
严忌	约前188—前105	西汉	字子夫,本姓庄,因避汉明帝刘庄讳改名严忌	会稽郡吴县(今江苏苏州)	核心地区	思想上倾向老庄	《哀时命》

(续表)

姓名	生卒年	朝代	称谓	籍贯	与江南关系	主要学术贡献	代表作品
严助	前?—前122	西汉	本名庄助	会稽郡吴县（今江苏苏州）	核心地区	擅对策	《谕意淮南王》《上书谢罪》
朱买臣	生卒不详	西汉	字翁子	会稽郡吴县（今江苏苏州）	核心地区	为汉武帝说《春秋》	
严光	前39—41	西汉末东汉初	又名遵,字子陵,原姓庄,因避汉明帝刘庄讳改姓严	会稽郡余姚（今浙江余姚）	核心地区	归隐富春山,不攀权,不慕贵	
包咸	前6—65	西汉末东汉初	字子良	会稽郡曲阿（今江苏丹阳）	核心地区	儒家思想	《论语章句》
谢夷吾	25—89	东汉	字尧卿	会稽郡山阴（今浙江绍兴）	核心地区	擅于《春秋》和风角占候之术	
袁康	生卒年不详	东汉		会稽郡（今浙江绍兴）	核心地区	地方志鼻祖	《越绝书》
吴平	生卒年不详	东汉		会稽郡（今浙江绍兴）	核心地区	地方志鼻祖	《越绝书》
赵晔	?—约83	东汉	字长君	会稽郡山阴（今浙江绍兴）	核心地区	地方志鼻祖	《吴越春秋》
王充	27—96	东汉	字仲仁	会稽郡上虞（今浙江上虞）	核心地区	首开江南"异端"思想先河	《论衡》
蔡邕	133—192	东汉	字伯喈	陈留郡圉（今河南省开封）	避难江南十二年	自然清新小赋	《蔡中郎集》
魏伯阳	151—约221	东汉	名翱,字伯阳,号云牙子	会稽郡上虞（今浙江上虞）	核心地区	奠定道教丹鼎学说的理论基础,留有著作的世界上最早化学家	《周易参同契》

(续表)

姓名	生卒年	朝代	称谓	籍贯	与江南关系	主要学术贡献	代表作品
虞翻	164—233	三国	字仲翔	会稽郡余姚(今浙江余姚)	核心地区	经学颇有造诣,尤其精通《易》学	《周易注》
阚泽	170—243	三国	字德润	会稽郡山阴(今浙江绍兴)	核心地区	专于"三礼",亦擅长历法	《乾象历注》
支谦	生卒年不详		又名支越,字恭明	月氏	222年迁居建业	翻译以大乘般若性空为重点	译《大明度无极经》
康僧会	?—280			祖籍康居,随父移居交趾	247年迁居建业	最早有佛道儒思想的僧人,传授制糖之法	《吴品》《六度集经》
杨泉	生卒年不详	西晋	字德渊,别名杨子	梁国(今河南商丘),早岁入吴隐居	核心地区	强调"良农之务""工匠之巧"	《物理论》
贺循	260—319	两晋	字彦先,谥号穆	会稽郡山阴(今浙江绍兴)	核心地区	精于《礼》,在会稽任上开凿人工运河连接河网	《丧服谱》《丧服要记》
陆机	261—303	西晋	字士衡,世称陆平原	吴郡吴县(今江苏苏州)	核心地区	擅长文章书画	《文赋》
帛尸梨蜜多罗	?—343		汉名吉友	龟兹	310年迁居建康	佛经翻译和编撰	译《大孔雀王神咒》《孔雀王杂神咒》
鲍敬言	生卒年不详	东晋		不详	核心地区	无君论	
虞喜	281—356	东晋	字仲宁	会稽郡余姚(今浙江余姚)	核心地区	最早发现岁差	《安天论》
干宝	283—351	东晋	字令升	祖籍新蔡(今河南新蔡),其祖父起已在江南任职	核心地区	精通史学,好易学	《晋纪》《搜神记》

(续表)

姓名	生卒年	朝代	称谓	籍贯	与江南关系	主要学术贡献	代表作品
葛洪	284—364	东晋	字稚川,自号抱朴子,世称小仙翁	丹阳郡句容(今江苏句容)	核心地区	丹鼎派戴白任务,有全世界最早有关天花的记载	《抱朴子》《肘后方》
虞预	285—340	东晋	本名茂,避明穆皇后母讳改,字叔宁	会稽郡余姚(今浙江余姚)	核心地区	雅好经史,憎嫉玄虚	《晋书》《会稽典录》《诸虞传》
竺道潜	286—374	东晋	又称竺潜、竺法潜、竺法深、深公、潜法师,本姓王	琅邪(今山东临沂),308年到建康,后隐迹剡山	核心地区	开讲《法华》《大品》	
谢沈	290—342	东晋	字行思	会稽郡山阴(今浙江绍兴)	核心地区	长于经史之学	《后汉书》
王羲之	303—361	东晋	字逸少,号澹斋,别称王右军、王会稽	祖籍琅琊(今山东临沂),后迁会稽郡山阴(今浙江绍兴)	核心地区	书法家,魏晋风度代表人物	《兰亭集序》
支遁	314—366	东晋	字道林,世称支公,亦曰林公,别号支硎,本姓关	陈留(今河南开封市),隐余杭山、支硎山、剡山	核心地区	倡导即色论,玄佛先驱	《即色游玄论》《逍遥论》
孙绰	314—371	东晋	字兴公	太原中都(今山西平遥),后迁会稽郡(今浙江绍兴)	核心地区	玄言诗	《天台山赋》

江南学术人物名录

(续表)

姓名	生卒年	朝代	称谓	籍贯	与江南关系	主要学术贡献	代表作品
戴逵	326—396	东晋	字安道	谯郡铚县（今安徽濉溪），居会稽郡剡县（今浙江绍兴嵊州）	核心地区	脱胎漆器的创始者，首创中国式佛像	《放达为非道论》
法显	334—420	东晋		司州平阳郡武阳（今山西临汾）	413年迁居建康	从陆上丝绸之路去天竺取经，从海上丝绸之路回国	《佛国记》
竺昙无兰	生卒年不详		译名为法正	西域	381年迁居建康	译作多属于小乘经典及神咒	译《阿含经》单品经
顾恺之	348—409	东晋	字长康，小字虎头	晋陵无锡（今江苏无锡）	核心地区	"迁想妙得""以形写神"等理论	《论画》
竺道生	355—434	东晋	本姓魏	巨鹿（今河北平乡）	曾到建康、苏州传播佛法	创涅槃佛性学说，开启顿悟论	《二谛论》《法身无色论》《佛无净土论》
佛陀什	生卒年不详		亦称佛驮什、佛大什，译名为觉寿，亦作觉受	罽宾国	423年迁居建康龙光寺	专精律品，兼达禅要	译《五分律》
昙摩蜜多	356—442		译名为法友，人称大禅师，又称连眉禅师	罽宾国	424年迁居建康	以禅道教授学徒	译《禅秘要经》
何承天	370—447	南朝宋	别称何衡阳	东海郯（今山东郯城），后移居健康	核心地区	精于天文律历和计算，反对神不灭论	《元嘉历》《达性论》《报应问》
裴松之	372—451	南朝宋	字世期	河东闻喜（今山西闻喜），后移居江南	核心地区	精于史学	《三国志注》

(续表)

姓名	生卒年	朝代	称谓	籍贯	与江南关系	主要学术贡献	代表作品
畺良耶舍	383—442			西域	424年从西域迁居建康道林精舍	博通阿毗昙、律部，精通禅观	译《观无量寿佛经》《观药王药上二菩萨经》
谢灵运	385—433	南朝宋	原名公义,字灵运,小名客儿,世称谢客,世称谢康乐	会稽郡始宁（今绍兴嵊州）	核心地区	力主顿悟之说，开创中国山水诗派	《辨宗论》《谢康乐集》
求那跋陀罗	394—468		译名为功德贤，号摩诃衍	中天竺	435年到建康	先习小乘，后又深通大乘	译《杂阿含经》《大法鼓经》《胜鬘经》《楞伽经》
范晔	398—445	南朝宋	字蔚宗	顺阳（今河南浙川），成长在江南	核心地区	无神论者，反对天命论、图谶说	《后汉书》
刘义庆	403—444	南朝宋	字季伯	京口（今江苏镇江）	核心地区	长于品评人物	《世说新语》《幽明录》
陆修静	406—477	南朝宋	字元德，号简寂	吴兴郡东迁（今浙江吴兴）	核心地区	道教斋戒与仪范的制立者	《三洞经书目录》
慧琳	?—487	南朝宋	本姓刘	秦郡（今陕西），少年起为建康寺僧	核心地区	精于儒家经典及老庄之学，贬裁佛法	《白黑论》
顾欢	生卒年不详	南朝宋	字景怡	吴郡盐官（今浙江海宁）	核心地区	用中国传统尊夏卑夷观点反对佛教	《夷夏论》
沈麟士	419—503	南朝宋齐	字云祯	吴兴郡武康（今浙江吴兴）	核心地区	隐居德清吴羌山讲授	《周易两系》《庄子内篇训》《老子要略》

(续表)

姓名	生卒年	朝代	称谓	籍贯	与江南关系	主要学术贡献	代表作品
祖冲之	429—500	南朝宋齐	字文远	建康（今江苏南京）	核心地区	反对谶纬，主要贡献在数学、天文历法和机械制造	《缀术》《述异记》《安边论》
沈约	441—513	南朝齐梁	字休文	吴兴郡武康（今浙江德清）	核心地区	提出"八病"说	《宋书》
僧祐	445—518	南朝齐梁	本姓俞，史称僧祐律师	建康（今江苏南京）	核心地区	中国历史上第一个搜聚卷帙建立经藏	《释僧祐法集》
范缜	约450—515	南朝齐梁	字子真	南乡舞阴（今河南泌阳），467年移居建康	核心地区	提出"形存神存，形谢神灭"的无神论观点	《神灭论》
王俭	452—489	南朝齐梁	字仲宝	建康（今江苏南京）	核心地区	儒学冠于当时，长于目录学	《七志》
贺瑒	452—510	南朝齐梁	字德琏	会稽郡山阴（今浙江绍兴）	核心地区	精"三礼"，梁初创定礼乐，多用其说	《五经义》
陶弘景	456—536	南朝齐梁	字通明，自号隐居先生或华阳居士，卒后谥贞白先生	丹阳郡秣陵（今江苏南京）	核心地区	创立道教上清派，编订第一部道教神仙谱系	《本草经集注》《养性延命录》《真灵位业图》
萧衍	464—549	南朝梁	字叔达，小字练儿，谥号武皇帝	南兰陵郡武进县（今江苏常州）	核心地区	创立"三教同源说"	《涅萃》《大品》《净名》
刘勰	465—532	南朝梁	字彦和	京口（今江苏镇江）	核心地区	提出风清骨峻的审美理想	《文心雕龙》《灭惑论》

(续表)

姓名	生卒年	朝代	称谓	籍贯	与江南关系	主要学术贡献	代表作品
钟嵘	468—518	南朝梁	字仲伟	颍川长社（今河南长葛），后至江南	核心地区	提出诗歌"滋味说"	《诗品》
谢赫	479—502	南朝梁			核心地区	提出中国绘画上的"六法"	《古画品录》
达摩	？—536		原名菩提多罗，后改名菩提达摩	南天竺人	求那跋陀罗的弟子并传播其学说	开创中国禅宗	《少室六门》
皇侃	488—545	南朝梁		吴郡（今江苏苏州）	核心地区	多以老庄玄学解经	《论语义疏》
慧皎	497—554	南朝梁	本姓陈	上虞（今浙江上虞）	核心地区	编撰《高僧传》	《高僧传》
真谛	499—569			印度优禅尼国	548年乘船来到建康	精通大乘佛教义	译《无上依经》《十七地论》《摄大乘论》《俱舍释论》
萧统	501—531	南朝梁	字德施	南兰陵郡武进（今江苏常州）	核心地区	提出选文标准	《文选》
萧纲	503—551	南朝梁	字世缵	南兰陵郡武进（今江苏常州）	核心地区	形成宫体诗流派	《沐浴经》《如意方》
宝琼	504—584	南朝梁陈	又称宝瑶，本姓徐	东莞（今山东沂水），避难居江南	核心地区		《成实论》

(续表)

姓名	生卒年	朝代	称谓	籍贯	与江南关系	主要学术贡献	代表作品
法朗	507—581	南朝梁陈	本姓周氏	沛郡沛（今江苏沛县），后居摄山	核心地区	主张三论	
萧绎	508—555	南朝梁	字世诚，小字七符，号金楼子	南兰陵郡武进（今江苏常州）	核心地区		《金楼子》《职贡图》
王远知	509—635	南朝梁陈、隋代、唐代	又名远智，字广德，谥号升真先生，后改谥升玄先生	原籍琅琊（今山东临沂），后为扬州人	核心地区	茅山宗为唐代道教的主流	《易总》
戚衮	519—581	南朝梁陈	字公文	盐官袁花（今浙江海宁）	核心地区	擅《三礼》	《礼记义》
智𫖮	538—597	隋代	本姓陈，字德安，世称智者大师、天台大师	祖籍颍川（今河南许昌），后荆州华容（今湖北公安）	传道江南	创立天台宗	《法华经玄义》《法华经文句》《摩诃止观》
吉藏	549—623	隋代、唐代	本姓安，又称胡吉藏，被尊称为嘉祥大师	祖籍安息，世居南海（今广东广州），后迁金陵（今江苏南京）	核心地区	创立三论宗	《三论玄义》
法融	594—657	唐代	亦称慧融、懒融，本姓韦	润州延陵（今江苏镇江）	核心地区	创立牛头宗	《绝观论》

(续表)

姓名	生卒年	朝代	称谓	籍贯	与江南关系	主要学术贡献	代表作品
道宣	596—667	唐代	本姓钱,字法遍,又称南山律师、南山大师,世称律祖,谥号澄照律师和法慧大师	吴兴(今浙江湖州)	核心地区	创立律宗	南山五部
司马承祯	647—735	唐代	字子微,法号道隐,自号白云子,人称白云先生,谥号正一先生	河内温(今河南温县),隐居浙江天台山	核心地区	主张遂我自然,修我虚气,放弃炼丹服食及神仙方士之术	《神形坐忘论》《天隐子》《服气精义论》
玄素	668—752	唐代	俗姓马,又被称为马素、马祖、鹤林玄素,谥大津禅师	润州延陵(今江苏丹阳)	核心地区	主张"道惟心通,不在言通"	
鉴真	688—763	唐代	本姓淳于,别名天平之甍、传灯大法师	广陵江阳(今江苏扬州)	核心地区	东渡日本,传扬文化,日本佛教南山律宗的开山祖师	《戒律三部经》
李白	701—762	唐代	字太白,号青莲居士,谪仙人,被后人誉为诗仙	祖籍甘肃天水,生在绵州昌隆	游历江南	道家哲学、神仙思想与游侠纵横结合	《李太白集》
法钦	714—792	唐代	本姓朱,赐号国一,追谥大觉禅师	吴郡昆山(今江苏昆山)	核心地区	牛头禅大师	
杜佑	735—812	唐代	字君卿,谥号安简	京兆万年(今陕西西安)	早期在江南任职	著有中国历史上第一部记述历代典章制度的典志体史书	《通典》
澄观	738—839	唐代	本姓夏侯撰,被授"清凉国师"称号	越州山阴(今浙江绍兴)	核心地区	论述一心法界缘起说	《华严经略疏》

(续表)

姓名	生卒年	朝代	称谓	籍贯	与江南关系	主要学术贡献	代表作品
陆贽	754—805	唐代	字敬舆,谥号宣	吴郡嘉兴(今浙江嘉兴)	核心地区	具有"天命在人"的治乱思想	《陆宣公翰苑集》《陆氏集验方》
白居易	772—846	唐代	字乐天,号香山居士,又号醉吟先生	祖籍太原,生于河南新郑(今河南新郑)	任职苏州、杭州	倡导新乐府运动,主张诗歌"为时""为事"而作	《白氏长庆集》
寒山	生卒年不详	唐代		长安(今陕西西安),隐居天台山,主持寒山寺	核心地区	白话诗偈	《寒山子集》
拾得	783—891	唐代		天台山拾得	核心地区	白话诗偈	《拾得诗集》
李煜	937—978	南唐	初名从嘉,字重光,自号钟隐,别号钟山隐士、钟峰隐居、莲峰居士、钟峰隐者、钟峰白莲居士,世称南唐后主、李后主	祖籍彭城(今江苏徐州),出生在金陵(今江苏南京)	核心地区	道禅思想、诗词	《南唐二主词》
毕昇	约970—1051	北宋		歙州(今安徽南部和浙江淳安)	核心地区	发明活字印刷术,是中国古代四大发明之一	
喻皓	生卒年不详	北宋		杭州(今浙江杭州)	核心地区	主持建造汴梁开宝寺11级木塔和中国现存最高的砖塔开元寺塔	《木经》

(续表)

姓名	生卒年	朝代	称谓	籍贯	与江南关系	主要学术贡献	代表作品
范仲淹	989—1052	北宋	字希文,别称朱说、范履霜,谥号文正,世称范文正公	世居邠州(今陕西彬县),定居吴县(今江苏苏州)	核心地区	"先天下之忧而忧,后天下之乐而乐"的儒家思想	《范文正公文集》
张伯瑞	987—1082	北宋	字平叔,号紫阳	台州临海(今浙江临海)	核心地区	主张先命后性,开创南宗	《悟真篇》
胡瑗	993—1059	北宋	字翼之,世称安定先生、胡安定	泰州海陵(今江苏如皋)	核心地区	创立理学"安定学派"	《周易口义》《洪范口义》
欧阳修	1007—1072	北宋	字永叔,号醉翁、六一居士,以庐陵欧阳修自居,谥号文忠,世称欧阳文忠公	吉州永丰(今江西吉安)	外延地区,曾在扬州任职	领导诗文革新运动	《新五代史》《集古录》《欧阳文忠集》
周敦颐	1017—1073	北宋	又名周元皓,原名周敦实,字茂叔,号濂溪先生,谥号元公	道州(今湖南道县)	曾迁居润州丹徒县	理学的开创者	《周元公集》《太极图说》
王安石	1021—1086	北宋	字介甫,号半山居士,谥号文,世称王文公	临川(今江西抚州)	外延地区,曾在扬州、常州、江宁任职	用五行说阐述宇宙生成,变法革新	《王临川集》《临川集拾遗》
沈括	1031—1095	北宋	字存中,号梦溪丈人	杭州钱塘(今浙江杭州)	核心地区	在众多学科领域都有很深的造诣和卓越的成就	《梦溪笔谈》《良方》
程颢	1032—1085	北宋	字伯淳,世称明道先生	祖籍徽州歙县,后迁洛阳	外延地区,曾在上元县任职	理学的奠基者,提出天理说,倡导传心说	《定性书》《识仁篇》

(续表)

姓名	生卒年	朝代	称谓	籍贯	与江南关系	主要学术贡献	代表作品
程颐	1033—1107	北宋	字正叔,世称伊川先生	祖籍徽州歙县,后迁洛阳	外延地区	理学的奠基者,学说以穷理为主,目的在于"去人欲,存天理"	《易传》《经说》
钱乙	1032—1113	北宋	字仲阳	祖籍杭州钱塘(今浙江杭州),后迁东平郓州(今山东郓城)	核心地区	中国现存的第一部儿科专著	《小儿药证直诀》
苏轼	1037—1101	北宋	字子瞻、和仲,号东坡居士,又号铁冠道人、海上道人,世称苏东坡、苏仙,谥号文忠	眉州眉山(今四川眉山),祖籍河北栾城	曾在杭州、湖州、扬州等地任职,终老常州	宋代文学最高成就的代表,以及进退自如、宠辱不惊的人生态度	《东坡七集》《东坡易传》《东坡乐府》
杨时	1053—1135	北宋	字中立,号龟山,世称龟山先生	祖籍弘农华阴(今陕西华阴),南剑将乐(今福建将乐)	曾在余杭、萧山等地任职,在无锡讲学	创建东林书院	《二程粹言》《龟山集》
陈旉	1076—1156	南宋	自号西山隐居全真子,又号如是庵全真子	真州(今江苏仪征)	核心地区	开创新的农学体系	《农书》
陆游	1125—1210	南宋	字务观,号放翁	越州山阴(今浙江绍兴)	核心地区	爱国思想	《剑南诗稿》《渭南文集》《南唐书》
范成大	1126—1193	南宋	字至能,一字幼元,早年自号此山居士,晚号石湖居士,谥号文穆,世称范文穆	平江府吴县(今江苏苏州)	核心地区	文史思想	《石湖集》《揽辔录》《吴船录》《吴郡志》《桂海虞衡志》

(续表)

姓名	生卒年	朝代	称谓	籍贯	与江南关系	主要学术贡献	代表作品
朱熹	1130—1200	南宋	字元晦,又字仲晦,号晦庵,晚称晦翁,谥文,世称朱文公,亦称朱子	祖籍徽州府婺源县(今江西婺源),出生于南剑州尤溪(今属福建尤溪)	外延地区,曾任浙东巡抚	理学的集大成者,主张理气论、动静观、格物致知论	《四书章句集注》《楚辞集注》《晦庵词》
吕祖谦	1137—1181	南宋	字伯恭,世称东莱先生,亦有小东莱先生之称,谥号成,后改谥忠亮	婺州(今浙江金华)	核心地区	创立婺学,开浙东学派之先声	《东莱集》《历代制度详说》《东莱博议》
陆九渊	1139—1193	南宋	字子静,世称存斋先生、象山先生,学者常称其为陆象山,谥文安	抚州金溪(今江西金溪)	外延地区,曾在杭州任职	开创心学,主张"心即理"	《象山先生全集》
杨简	1141—1226	南宋	字敬仲,号慈湖,世称慈湖先生,谥号文元	慈溪(今浙江宁波)	核心地区	主张"人心自明,人心自灵"	《慈湖遗书》《杨氏易传》
陈亮	1143—1194	南宋	原名汝能,后改名亮,字同甫,号龙川,世称龙川先生,谥号文毅	婺州永康(今浙江永康)	核心地区	创立永康学派	《龙川文集》《龙川词》
济公	1148—1209	南宋	原名李修缘,别称道济、济癫,尊称为活佛济公,又称月引流光	浙江省天台县永宁村	核心地区	禅宗思想和社会形象	《镌峰语录》
叶适	1150—1223	南宋	字正则,号水心居士,世称水心先生,谥号文定,又作忠定,故又称叶文定、叶忠定	温州永嘉(今浙江温州)	核心地区	反对空谈性命,为永嘉学派集大成者	《水心先生文集》《水心别集》《习学记言》

(续表)

姓名	生卒年	朝代	称谓	籍贯	与江南关系	主要学术贡献	代表作品
黄震	1213—1280	南宋	字东发,号文洁,世称于越先生	慈溪(今浙江宁波)	核心地区	主张知先行后,创东发学派	《春秋集解》《礼记集解》《黄氏日钞》
文天祥	1236—1283	南宋	初名云孙,字宋瑞、履善,号文山、浮休道人	吉州庐陵(今江西吉安)	外延地区,曾任职平江府,率兵临安	爱国思想	《文山诗集》《指南录》《正气歌》
杜道坚	1237—1318	宋末元初	字处逸,号南谷子	太平州(今安徽当涂)	茅山道士	复兴玄学	《道德玄经原旨》《玄经原旨发挥》《关尹阐玄》《文子缵义》
黄道婆	1245—1330	宋末元初	又名黄婆或黄母	松江府乌泥泾(今上海徐汇)	核心地区	创造新式纺车,总结先进织造技术,被尊为布业的始祖	
赵孟𫖯	1254—1322	宋末元初	字子昂,号松雪道人,又号水晶宫道人、鸥波,谥号文敏,故称赵文敏	吴兴(今浙江湖州)	核心地区	开创元代新画风	《松雪斋文集》
杨维桢	1296—1370	元末明初	字廉夫,号铁崖、铁笛道人,又号铁心道人、铁冠道人、铁龙道人、梅花道人,晚年自号老铁、抱遗老人、东维子	枫桥(今浙江诸暨)	核心地区	肯定人性的自然,具有反传统的"异端"倾向	《东维子文集》《铁崖先生古乐府》

(续表)

姓名	生卒年	朝代	称谓	籍贯	与江南关系	主要学术贡献	代表作品
宋濂	1310—1381	明代	初名寿,字景濂,号潜溪,别号龙门子、玄真遁叟、仙华生、元贞子、元贞道士、仙华道士、幅子男子、无念居士、白牛生、南山樵者、南宫散史、禁林散史、世称太史公、宋龙门,谥号文宪	金华浦江(今浙江浦江)	核心地区	以程朱为宗,杂糅诸家	《宋学士全集》
陶宗仪	1329—约1412	明代	字九成,号南村	浙江黄岩(今浙江清陶)	核心地区	积叶成书	《辍耕录》《说郛》《书史会要》
方孝孺	1357—1402	明代	字希直、希古,号逊志,世称缑城先生、正学先生,谥号文正	宁海(今浙江宁波)	核心地区	理学殉道第一人	《逊志斋集》《方正学先生集》
吴敬	生卒年不详(约生活于十五世纪)	明代	字信民,号主一翁	浙江仁和(今浙江杭州)	核心地区	算盘的最早记载	《九章详注比类算法大全》
唐寅	1470—1523	明代	字伯虎,后改字子畏,号六如居士、桃花庵主、鲁国唐生、逃禅仙吏	吴县(今江苏苏州)	核心地区	诗、书、画成就皆高,兼容并蓄,不拘成法	《六如居士集》
王守仁	1472—1529	明代	幼名云,字伯安,别号阳明,自号阳明子,世称阳明先生,亦称王阳明,谥号文成,后人又称王文成公	绍兴府余姚县(今浙江余姚)	核心地区	心学集大成者	《王阳明全集》《传习录》《大学问》
黄绾	1477—1551	明代	字宗贤、叔贤,号久庵、石龙	黄岩(今浙江台州)	核心地区	中国思想史上较早全面对王学批判的人物	《明道编》

(续表)

姓名	生卒年	朝代	称谓	籍贯	与江南关系	主要学术贡献	代表作品
王艮	1483—1541	明代	初名银,王守仁替他改名为艮,字汝止,号心斋,人称王泰州	泰州安丰场(今江苏东台)	核心地区	泰州学派的创始人,主张百姓日用即道	《王心斋先生遗集》
王畿	1498—1583	明代	字汝中,号龙西,学者称龙溪先生	浙江山阴(今浙江绍兴)	核心地区	浙中王门学派的创始人,认为良知是当下现成	《龙溪全集》
范钦	1506—1585	明代	字尧卿,号东明	浙江鄞县(今浙江宁波)	核心地区	主持建造中国现存最古老的藏书楼"天一阁"	
陆楫	1515—1552	明代	字思豫,号小山	松江(今上海)	核心地区	主张尚奢,反节俭	《古今说海》《蒹葭堂稿》
潘季驯	1521—1595	明代	字时良,号印川	湖州府乌城县(今浙江湖州)	核心地区	发明"束水冲沙法"治理黄河	《宸断大工录》《两河管见》《河防一览》《留余堂集》
杨继洲	约1522—1620	明代	字济时	三衢(今浙江衢州)	核心地区	总结历代针灸学术观点,标志着针灸学的成熟	《针灸大成》
徐渭	1521—1593	明代	初字文清,后改字文长,号青藤老人、青藤道士、天池生、天池山人、天池渔隐、金垒、金回山人、山阴布衣、白鹇山人、鹅鼻山侬、田丹水、田水月(一作水田月)	绍兴府山阴(今浙江绍兴)	核心地区	多才多艺的狂人,集文学家、书画家、戏曲家、军事家于一身	《南词叙录》

(续表)

姓名	生卒年	朝代	称谓	籍贯	与江南关系	主要学术贡献	代表作品
李贽	1527—1602	明代	初姓林,名载贽,后改姓李,名贽,字宏甫,号卓吾,别号温陵居士、百泉居士	福建泉州府(今福建泉州)	任职南京	建立以"童心说"为核心的新思想体系	《焚书》《藏书》
赵士祯	1554—约1611	明代	字常吉,号后湖	乐清(今浙江乐清)	核心地区	发明火箭溜、制电铳、鹰扬炮	《神器谱》《备边屯田车铳仪》
吴有性	1582—1652	明代	字又可	吴县东山(今江苏苏州)	核心地区	创立温疫学说	《温疫论》
顾宪成	1550—1612	明代	字叔时,号泾阳,世称东林先生,谥号端文	无锡泾里(今江苏无锡)	核心地区	复办东林书院	《顾端文遗书》
利玛窦(Matteo Ricci)	1552—1610		号西泰,又号清泰、西江	意大利马切拉塔	曾在南京传教,与徐光启合作翻译《几何原本》	天主教在中国传播的最早开拓者,通过"汉语著述"方式传播天主教义和西方科技知识	《天主实义》《几何原本》《万国坤舆图》
郭居静(Lfizaro Catfino)	1560—1640		号仰风	意大利托斯卡纳	上海、嘉定、杭州的开教者	帮助利玛窦编著拉丁字母注音的华语声韵字典	
高攀龙	1562—1626	明代	字存之、云从,世称景逸先生,谥号忠宪	无锡(今江苏无锡)	核心地区	提倡有用之学	《高子遗书》
陈实功	1555—1636	明代	字毓仁,号若虚	江苏东海(今江苏南通)	核心地区	外科基础理论	《外科正宗》

(续表)

姓名	生卒年	朝代	称谓	籍贯	与江南关系	主要学术贡献	代表作品
徐光启	1562—1633	明代	字子先,号玄扈,天主教圣名保禄,谥号文定	上海县法华汇(今上海徐家汇)	核心地区	救儒补佛,首开"西学东渐"之风	《几何原本》《农政全书》《考工记解》《崇祯历书》
张景岳	1563—1640	明代	名介宾,字惠卿,号景岳,别号通一子,俗称"张熟地"	会稽(今浙江绍兴)	核心地区	中国古代中医温补学派的创始者	《类经》《景岳全书》
李之藻	1565—1630	明代	字振之,一字我存,号凉庵居士,又号凉庵逸民	浙江仁和(今杭州)	核心地区	娴于天文历算,精于泰西之学	《天学初函》
袁宏道	1568—1610	明代	字中郎,无学,号六休、石公	湖北公安(今湖北公安)	长期在江南地区任职	主张独抒性灵	《袁中郎全集》
刘宗周	1578—1645	明代	字起东,别号念台,学者称蕺山先生	绍兴府山阴(今浙江绍兴)	核心地区	开创蕺山学派,创立"慎独"之说,完善阳明心学	《刘蕺山集》《刘子全书》《周易古文钞》《论语学案》
马一龙	生卒年不详	明代	字负图,号孟河	溧阳(今江苏溧阳)	核心地区	纯理论性农书	《农说》
屠本畯	生卒年不详	明代	字田叔,又字豳叟,号汉陂,晚年自称憨先生、乖龙丈人	浙江鄞县(今浙江宁波)	核心地区	生物学的先驱	《闽中海错疏》《海味索引》
陈司成	生卒年不详	明代	字九韶	海宁	核心地区	用砷剂治梅毒的首创者	《霉疮秘录》
钱谦益	1582—1664	明末清初	字受之,号牧斋,晚号蒙叟、东涧老人,世称虞山先生	苏州府常熟县(今江苏苏州张家港)	核心地区	诗坛领袖,东林党魁首,后降清,但暗中支持反清斗争	《初学集》《有学集》《投笔集》《明史稿》

(续表)

姓名	生卒年	朝代	称谓	籍贯	与江南关系	主要学术贡献	代表作品
毕方济(Francesco Sambiasi)	1582—1649		字今梁	意大利	松江开教者,在南京兴建护守山圣堂		《毕方济奏折》《灵言蠡勺》《天学略义》
王岱舆	约1584—1670	明代	名涯,号真回老人	金陵(今江苏南京)	核心地区	中国伊斯兰教学术研究的先驱	《正教真诠》《清真大学》《希真正答》
徐霞客	1587—1641	明代	名弘祖,字振之,号霞客	南直隶江阴(今江苏江阴)	核心地区	地理学的先驱	《徐霞客游记》
茅元仪	1594—1640	明代	字止生,号石民,又署东海波臣、梦阁主人、半石址山公	归安(今浙江吴兴)	核心地区	兵学	《武备志》
张岱	1597—1679	明末清初	又名维城,字宗子,又字石公,号陶庵、天孙,别号蝶庵居士,晚号六休居士	山阴(今浙江绍兴)	核心地区	小品文	《陶庵梦忆》《石匮书》《琅嬛文集》
朱之瑜	1600—1682	明末清初	字楚屿,又作鲁屿,号舜水,人称征君	余姚(今浙江宁波)	核心地区	在日本传播儒学,主张学以致用	《朱舜水集》
金圣叹	1608—1661	明末清初	本姓张,名采,字若采,明亡后改姓金,名人瑞,字圣叹,别号鲲鹏散士,自称泐庵法师	苏州吴县(今江苏苏州)	核心地区	中国白话文学运动的先驱	"六才子书"点评
黄宗羲	1610—1695	明末清初	字太冲,一字德冰,号南雷,别号梨洲老人、梨洲山人、蓝水渔人、鱼澄洞主、双瀑院长、古藏室史臣,学者称梨洲先生	绍兴府余姚县(今浙江宁波)	核心地区	创立浙东学派,首创学案体	《明夷待访录》《明儒学案》《宋元学案》《四明山志》

(续表)

姓名	生卒年	朝代	称谓	籍贯	与江南关系	主要学术贡献	代表作品
陆世仪	1611—1672	明末清初	字道威,号刚斋,晚号桴亭,别署眉史氏	太仓（今江苏苏州）	核心地区	创立桴亭学派	《思辨录》
张履祥	1611—1674	明末清初	字考夫,号念芝,号杨园,学者称杨园先生	桐乡（今浙江桐乡）	核心地区	最早总结小麦移种技术	《补农书》
李渔	1611—1680	明末清初	初名仙侣,后改名渔,字谪凡,号笠翁、觉世稗官、笠道人、湖上笠翁	金华（今浙江金华）	核心地区	日常生活审美化	《闲情偶寄》
顾炎武	1613—1682	明末清初	本名绛,乳名藩汉,别名继坤、圭年,字忠清、宁人,亦自署蒋山佣,后改名炎武,学者称亭林先生	苏州府昆山（今江苏昆山）	核心地区	实学开创者,主张"天下兴亡,匹夫有责"	《日知录》《天下郡国利病书》《肇域志》《音学五书》
应㧑谦	1615—1683	明末清初	字嗣寅,号潜斋	仁和（今浙江杭州）	核心地区	谨守朱子家法	《周易集解》《诗传》
毛奇龄	1623—1716	明末清初	原名甡,又名初晴,字大可,又字于一、齐于,号秋晴,又号初晴、晚晴,学者称西河先生	萧山（今浙江杭州）	核心地区	治经史及音韵学	《西河合集》《诗话》《词话》
薄珏	生卒年不详	明末清初	字子珏	苏州府长洲（今江苏苏州）	核心地区	天文、数学和机械制造	《素问天倾西北之妄辨》《浑天仪图说》
孙云球	1628—1662	明末清初	字文玉,或字泗滨	苏州府吴江（今江苏苏州）	核心地区	光学仪器制造	《镜史》

(续表)

姓名	生卒年	朝代	称谓	籍贯	与江南关系	主要学术贡献	代表作品
王锡阐	1628—1682	明末清初	字寅旭,又字昭冥,号晓庵,又号余不、天同一生	吴江(今江苏苏州)	核心地区	认为西学中源	《五星行度解》
吕留良	1629—1683	明末清初	又名光轮,一作光纶,字庄生,一字用晦,号晚村,别号耻翁、南阳布衣、吕医山人,暮年为僧,名耐可,字不昧,号何求老人	崇德(今浙江桐乡)	核心地区	清代文字狱之首	《吕晚村先生文集》《东庄诗存》
朱彝尊	1629—1709	明末清初	字锡鬯,号竹垞,又号䎱舫,晚号小长芦钓鱼师,又号金风亭长	秀水(今浙江嘉兴)	核心地区	浙西词派创始人	《曝书亭集》《经义考》《词综》
陆陇其	1630—1692	清代	原名龙其,因避讳改名陇其,谱名世穮,字稼书,学者称其为当湖先生,谥号清献	平湖(今浙江嘉兴平湖)	核心地区	专宗朱熹,排斥陆王	《困勉录》《读书志疑》
万斯大	1633—1683	清代	字充宗,别字褐夫,自号跛翁	鄞县(今浙江宁波)	核心地区	以礼学为根柢,会通诸经	《经学五书》
万斯同	1638—1702	清代	字季野,号石园	鄞县(今浙江宁波)	核心地区	精于史学,以布衣身份编修《明史》	《明史稿》
仇兆鳌	1638—1717	清代	字沧柱,号知几子	鄞县(今浙江宁波)	核心地区	精于杜诗	《杜诗详注》
王宏翰	1648—1700	清代	字惠原,号浩然子	松江华亭(今上海),后迁至苏州	核心地区	以儒家性理之说,结合西医之学,互相发明	《医学原始》

(续表)

姓名	生卒年	朝代	称谓	籍贯	与江南关系	主要学术贡献	代表作品
邵廷采	1648—1711	清代	字念鲁,又字允斯	余姚(今浙江余姚)	核心地区	为学重在经世	《思复堂文集》
刘献廷	1648—1695	清代	字君贤,一字继庄,别号广阳子	吴县(今江苏苏州)	核心地区	探求自然地理规律	《广阳杂记》
戴梓	1649—1726	清代	字文开,号耕烟	仁和(今浙江杭州)	核心地区	发明连珠火铳和子母炮	《耕烟草堂诗钞》
黄履庄	1656—?	清代		广陵(今江苏扬州)	核心地区	发明家	《奇器目略》
叶桂	1667—1746	清代	字天士,号秀岩	吴县(今江苏扬州)	核心地区	温病学派的创始人	《温热论》
刘智	1669—1764	清代	字介廉,号一斋	上元(今江苏南京)	核心地区	创立中国特色伊斯兰教体系	《天方典礼》《天方性理》《天方至圣实录》
沈彤	1688—1752	清代	字冠云,号果堂	吴江(今江苏苏州)	核心地区	笃志群经,尤精《三礼》	《周官禄田考》《仪礼小疏》
郑板桥	1693—1765	清代	原名郑燮,字克柔,号理庵,又号板桥,人称板桥先生	祖籍苏州,居住兴化(今江苏兴化),客居扬州	核心地区	"难得糊涂"思想	《郑板桥集》
惠栋	1697—1758	清代	字定宇,号松崖,学者称小红豆先生	元和(今江苏苏州)	核心地区	汉学吴派代表人物	《九经古义》《后汉书补注》《明堂大道录》
吴敬梓	1701—1754	清代	字敏轩、文木,号粒民,自称文木老人,又称秦淮寓客	全椒,后移居南京秦淮河畔	长期寓居南京	对科举制度下儒林的刻画	《儒林外史》

(续表)

姓名	生卒年	朝代	称谓	籍贯	与江南关系	主要学术贡献	代表作品
齐召南	1703—1768	清代	字次风,号琼台,晚号息园	天台(今浙江台州)	核心地区	精于舆地之学,尤其水经	《水道提纲》
全祖望	1705—1755	清代	字绍衣,号谢山,小名补,自署鲒埼亭长,学者称谢山先生	鄞州(今浙江宁波)	核心地区	史学重自得、融会百家	《鲒埼亭集》《全校水经注》
曹雪芹	约1715—约1763	清代	名霑,字梦阮,号雪芹,又号芹溪、芹圃	江宁(今江苏南京)	核心地区	深刻揭示传统社会的积弊与危机,体现了初步民主主义思想	《红楼梦》
袁 枚	1716—1797	清代	字子才,号简斋,号仓山居士、随园主人、随园老人,世称随园先生	钱塘(今浙江杭州),后隐居江宁(今江苏南京)	核心地区	倡导性灵说	《小仓山房集》《随园诗话》
庄存与	1719—1788	清代	字方耕,号养恬	武进(今江苏常州)	核心地区	创立常州学派,复兴今文经学	《春秋正辞》
赵学敏	约1719—1805	清代	字依吉,号恕轩	钱塘人(今浙江杭州)	核心地区	第一部有关民间走方医的专著	《串雅》
江 声	1721—1799	清代	本字涛,改字叔沄,号艮庭、鳄涛	原籍休宁,侨寓元和(今江苏苏州)	核心地区	治学宗汉儒成法	《尚书集注音疏》
王鸣盛	1722—1797	清代	字凤喈,一字礼堂,别字西庄,晚号西沚,别署耕养斋主人	嘉定(今上海)	核心地区	以汉学考证方法治史	《十七史商榷》

(续表)

姓名	生卒年	朝代	称谓	籍贯	与江南关系	主要学术贡献	代表作品
戴震	1724—1777	清代	一字东原,二字慎修,号杲溪	休宁隆阜(今安徽黄山)	外延地区,曾在金华书院讲学	汉学院派代表人物	《孟子字义疏证》《筹算》《勾股割圆记》《尔雅文字考》
赵翼	1727—1814	清代	字云崧,一字耘崧,号瓯北,又号裘尊,晚号三半老人	阳湖(今江苏常州)	核心地区	长于史学,论诗主独创	《廿二史劄记》
钱大昕	1728—1804	清代	字晓徵,号辛楣,晚号潜研老人,又号竹汀	嘉定(今上海)	核心地区	治史博且精	《廿二史考异》《十驾斋养新录》
余萧客	1732—1778	清代	字仲林,别字古农	吴县(今江苏苏州)	核心地区	补唐以前经学所遗	《古经解钩沉》
段玉裁	1735—1815	清代	字若膺,号懋堂,晚年又号砚北居士、长塘湖居士、侨吴老人	金坛(今江苏金坛)	核心地区	长于文字、音韵、训诂之学	《说文解字注》
任大椿	1738—1789	清代	字幼植,一字子田	兴化(今江苏兴化)	核心地区	长于《礼》经	《弁服释例》《深衣释例》
章学诚	1738—1801	清代	原名文酕、文镳,字实斋,号少岩	会稽(今浙江绍兴)	核心地区	主张六经皆史	《文史通义》《校雠通义》
邵晋涵	1743—1796	清代	字与桐,号二云、南江	余姚(今浙江宁波)	核心地区	开重新注疏儒家经典之先河	《尔雅正义》
汪中	1744—1794	清代	字容甫	祖籍安徽歙县,迁居江都(今江苏扬州)	核心地区	精于史学,工骈文	《述学》《广陵通典》
王念孙	1744—1832	清代	字怀祖,自号石臞	高邮(今江苏高邮)	核心地区	就古音求古意,建立义通说	《广雅疏证》《读书杂志》

(续表)

姓名	生卒年	朝代	称谓	籍贯	与江南关系	主要学术贡献	代表作品
焦循	1763—1820	清代	字理堂,一字里堂	甘泉(今江苏扬州)	核心地区	于经史、历算、声韵、训诂之学都有研究	《孟子正义》《剧说》
阮元	1764—1849	清代	字伯云,号云台、雷塘庵主,晚号怡性老人,谥号文达	仪征(今江苏扬州仪征)	核心地区	汉学扬州学派代表,论学主张实事求是	《揅经室集》《畴人传》《十三经校勘记》
王引之	1766—1834	清代	字伯申,号曼卿,谥号文简	高邮(今江苏高邮)	核心地区	勘订《康熙字典》	《字典考证》《经义述闻》《经传释词》
李锐	1769—1817	清代	字尚之,号四香	元和(今江苏苏州)	核心地区	精于数学和天文	《弧矢算术细草》《勾股算术细草》《方程新术草》
徐朝俊	生卒年不详	清代	字冠千,号恕堂	松江府华亭(今上海)	核心地区	我国第一部钟表著作	《自鸣钟表图法》
刘逢禄	1776—1829	清代	字申受,号申甫,又号思误居士	武进(今江苏常州)	核心地区	主张"三世说"	《尚书今古文集解》《书序述闻》
罗士琳	1789—1853	清代	字次璆,号茗香	歙县,长期寄居扬州	核心地区	精于算学	《四元玉鉴细草》
龚自珍	1792—1841	清代	别名易简、巩祚,字璱人,号定庵、羽琌山民	仁和(今浙江杭州)	核心地区	批评君权专制,呼吁社会改革	《定庵文集》
魏源	1794—1857	清代	名远达,字默深,又字墨生、汉士,号良图,法名承贯	原籍邵阳,迁居南京	核心地区	提出"师夷长技以制夷"主张	《海国图志》
戴煦	1806—1860	清代	初名邦棣,字鄂士	钱塘(今浙江杭州)	核心地区	对数研究	《重差图说》

(续表)

姓名	生卒年	朝代	称谓	籍贯	与江南关系	主要学术贡献	代表作品
王孟英	1808—1867	清代	名士雄,字孟英,号梦隐(一作梦影),又号潜斋、半痴山人、随息居士、睡乡散人、华胥小隐	祖籍盐官(今浙江海宁),迁居钱塘(今杭州),徙居上海	核心地区	温病研究	《温热经纬》《霍乱论》《随息居饮食谱》
冯桂芬	1809—1874	清代	字林一,又字景亭(又作景庭),自号邓尉山人	吴县(今江苏苏州)	核心地区	提出自强攘夷主张,为改良主义先驱人物	《校邠庐抗议》《说文解字段注考证》
李善兰	1811—1882	清代	原名李心兰,字竟芳,号秋纫,别号壬叔	海宁(今浙江海宁)	核心地区	中国近代数学先驱	《则古昔斋算学》
汪日桢	1813—1881	清代	字仲雍,一字刚木,号谢城,又号薪甫	乌程(今浙江湖州)	核心地区	精史学,又精算学	《二十四史日月考》
徐 寿	1818—1884	清代	字生元,号雪村	无锡(今江苏无锡)	核心地区	中国近代化学先驱	译《化学鉴原》《化学考质》《化学求数》
俞 樾	1821—1907	清代	字荫甫,自号曲园居士	德清人,移居苏州	核心地区	以经学为主,旁及诸子学	《春在堂全书》
王 韬	1828—1897	清代	初名王利宾,字兰瀛;改名王瀚,字懒今、紫诠、兰卿,号仲弢、天南遁叟、甫里逸民、淞北逸民、欧西富公、弢园老民、蘅华馆主、玉鲍生、尊闻阁王,外号长毛状元	苏州府长洲县(今江苏苏州)	核心地区	在中国历史上最早提倡废除封建专制、建立君主立宪制度	《扶桑游记》
黄以周	1828—1899	清代	字元同,号儆季,又号哉生	定海	核心地区	考释古代礼制	《礼书通故》

(续表)

姓名	生卒年	朝代	称谓	籍贯	与江南关系	主要学术贡献	代表作品
翁同龢	1830—1904	清代	字叔平,号松禅,别署均斋、瓶笙、瓶庐居士、并眉居士,别号天放闲人,晚号瓶庵居士,谥号文恭	常熟(今苏州常熟)	核心地区	中国维新第一导师	《翁文恭公日记》
华蘅芳	1833—1902	清代	字若汀	常州金匮(今江苏无锡)	核心地区	绘制机械图并造出中国最早的轮船黄鹄号	《行素轩算稿》
薛福成	1838—1894	清代	字叔耘,号庸庵	无锡(今江苏无锡)	核心地区	洋务运动主要领导者之一	《庸庵文编》
沈家本	1840—1913	清代	字子淳,号寄簃	吴兴(今浙江湖州)	核心地区	参考古今、博稽中外的法学精神	《诸史琐言》
马相伯	1840—1939	近代	原名马志德,圣名若瑟,又名钦善、建常、绍良,字斯藏,又字相伯、湘伯、芗伯,以字行,别署求在我者,晚号华封老人	祖籍丹阳,生于丹徒	核心地区	主张"救国不忘读书,读书不忘救国"	《马相伯先生文集》
盛宣怀	1844—1916	近代	字杏荪,又字幼勖、荇生、杏生,号次沂、又号补楼、别署愚斋、晚年自号止叟	祖籍江阴,生于常州	核心地区	创造了包括第一所大学在内的11项"中国第一"	《愚斋存稿》
孙诒让	1848—1908	清代	幼名效洙,又名德涵,字仲容,别号籀庼	瑞安	核心地区	考释甲骨文	《周礼正义》《墨子间诂》《契文举例》
张謇	1853—1926	近现代	字季直,号啬庵	祖籍常熟,生于海门	核心地区	主张实业救国、教育救国,晚清立宪派的领袖	《张季子九录》

(续表)

姓名	生卒年	朝代	称谓	籍贯	与江南关系	主要学术贡献	代表作品
罗振玉	1866—1940	近现代	字式如、叔蕴、叔言,号雪堂,晚号贞松老人、松翁	祖籍上虞县,生于淮安	核心地区	中国现代农学的开拓者、近代考古学的奠基人	《殷墟书契》《高昌壁画精华》《三代吉金文存》《贞松堂历代名人法书》
蔡元培	1868—1940	近现代	字鹤卿,又字仲申、民友、孑民,乳名阿培,并曾化名蔡振、周子余	绍兴山阴县(今浙江绍兴),原籍诸暨	核心地区	中国现代大学理念和精神的缔造者	《中国伦理学史》
章太炎	1869—1936	近现代	原名学乘,字枚叔,后易名为炳麟,因慕顾绛(顾炎武)又改名为绛,号太炎,世人常称太炎先生,早年又号膏兰室主人、刘子骏私淑弟子,后自认民国遗民	余杭(今浙江杭州)	核心地区	古文经学的完结者	《国故论衡》《驳康有为论革命书》
王国维	1877—1927	近现代	初名国桢,字静安,亦字伯隅,初号礼堂,晚号观堂,又号永观,谥号忠悫	海宁(今浙江海宁)	核心地区	中国现代学术开辟者	《观堂集林》《人间词话》《曲录》
陈独秀	1879—1942	现代	原名庆同,官名乾生,字仲甫,号实庵	怀宁(今安徽安庆)	外延地区,曾入杭州求是书院开始接受西方思想	新文化运动的发起者和领导者、中国共产党重要的创始人	《独秀文存》

(续表)

姓名	生卒年	朝代	称谓	籍贯	与江南关系	主要学术贡献	代表作品
柳诒徵	1880—1956	现当代	字翼谋,亦字希兆,号知非,晚年号劬堂,又号龙蟠迂叟	镇江(今江苏镇江)	核心地区	中国近现代史学先驱、中国文化学的奠基人、现代儒学宗师	《中国文化史》《国史要义》
鲁迅	1881—1936	现代	原名周樟寿,后改名周树人,字豫山,后改豫才,别名长庚、风声、尊古,鲁迅为其影响最为广泛的笔名	绍兴府会稽县(今浙江绍兴)	核心地区	中华民族新文化旗手	《呐喊》《彷徨》《故事新编》
马一浮	1883—1967	现当代	幼名福田,字一佛,后字一浮,号湛翁,别署蠲翁、蠲叟、蠲戏老人	会稽(今浙江绍兴)	核心地区	现代新儒家早期代表人物之一	《泰和会语》《宜山会语》
刘师培	1884—1919	现代	字申叔,号左盦(庵)	江苏仪征(今江苏仪征)	核心地区	开创近代中国学术史	《左盦集》
吴梅	1884—1939	现代	字瞿安,号霜厓	长洲(今江苏苏州)	核心地区	戏曲方面成就突出	《顾曲麈谈》《曲学通论》
周作人	1885—1967	现当代	原名櫆寿(后改为奎绶),字星杓,又名作人、启明、启孟、起孟,笔名遐寿、仲密、岂明,号朴士、知堂、药堂、独应	绍兴府会稽县(今浙江绍兴)	核心地区	参加新文化运动,小品文影响很大	《中国新文学的源流》《知堂文集》
刘伯明	1887—1923	现代	名经庶,字伯明	祖籍章丘,生于南京	核心地区	中国现代哲学的先驱者	《西洋古代中世纪哲学史大纲》《近代西洋哲学史大纲》

(续表)

姓名	生卒年	朝代	称谓	籍贯	与江南关系	主要学术贡献	代表作品
钱玄同	1887—1939	现代	原名钱夏,字德潜,又号疑古、逸谷,后改名玄同,常称疑古玄同	吴兴(今浙江湖州)	核心地区	文字改革先驱	《文字学音篇》
钱基博	1887—1957	现当代	字子泉,又字哑泉,别号潜庐,晚号老泉	无锡(今江苏无锡)	核心地区	精通四部之学,尤擅集部	《现代中国文学史》
张君劢	1887—1969	现当代	原名嘉森,字士林,号立斋,别署世界室主人,笔名君房	宝山(今上海)	核心地区	现代新儒家的代表之一	《中西印哲学文集》《新儒家哲学发展史》
梅光迪	1890—1946	现代	字迪生、觐庄	宣城(今安徽宣城)	外延地区,曾在江浙任教	学衡派创始人	《梅光迪文录》
太虚	1890—1947	现代	法名唯心,字太虚,号昧庵,本姓吕,乳名淦森,学名沛林	原籍崇德(今浙江桐乡),生于海宁(今浙江海宁)	核心地区	主张人生佛教	《真现实论》
陈寅恪	1890—1969	现当代	字鹤寿	修水(今江西修水),后迁居南京	核心地区	集历史学、古典文学研究、语言学、诗歌创作于一身	《隋唐制度渊源略论稿》《唐代政治史述论稿》
竺可桢	1890—1974	现当代	字藕舫	绍兴县东关镇(今浙江绍兴)	核心地区	中国近代地理学和气象学的奠基者	《气象学》《物候学》
刘半农	1891—1934	现代	原名寿彭,后名复,初字半侬,后改半农,晚号曲庵	江阴(今江苏江阴)	核心地区	反对文言文,提倡白话文	《扬鞭集》《瓦釜集》

(续表)

姓名	生卒年	朝代	称谓	籍贯	与江南关系	主要学术贡献	代表作品
胡适	1891—1962	现当代	原名嗣穈,学名洪骍,字希疆,笔名胡适,字适之	徽州绩溪,生于松江府川沙县(今上海)	核心地区	新文化运动的领袖之一,大力提倡白话文	《中国哲学史大纲》《尝试集》《白话文学史》
赵元任	1892—1982	现当代	字宣仲,又字宣重	原籍武进(今江苏常州),生于天津	核心地区	中国现代语言学之父	《现代吴语的研究》《中国话的文法》
顾颉刚	1893—1980	现当代	名诵坤,字铭坚,号颉刚,小名双庆,笔名余毅、铭坚	苏州(今江苏苏州)	核心地区	古史辨学派创始人	《古史辨》
胡先骕	1894—1968	现当代	字步曾,号忏盦	新建县(今江西新建)	外延地区,在国立东南大学主办《学衡》	中国植物分类学的奠基人	《植物分类学简编》
吴宓	1894—1978	现当代	字雨僧、玉衡,笔名余生	泾阳县(今山西泾阳)	在国立东南大学主办并主编《学衡》	中国比较文学之父	《文学与人生》
金岳霖	1895—1984	现当代	字龙荪	祖籍诸暨,生于长沙	核心地区	把西方现代逻辑介绍到中国的主要人物	《知识论》
钱穆	1895—1990	现当代	字宾四,笔名公沙、梁隐、与忘、孤云,晚号素书老人、七房桥人	无锡(今江苏无锡)	核心地区	现代新儒家	《中国近三百年学术史》
茅以升	1896—1989	现当代	字唐臣	镇江	核心地区	中国土力学学科的创始人	《中国桥梁史》

(续表)

姓名	生卒年	朝代	称谓	籍贯	与江南关系	主要学术贡献	代表作品
叶企孙	1898—1977	现当代	名鸿眷	上海	核心地区	中国物理学界的一代宗师和中国近代物理学奠基人	《普朗克常数h的测定》《液压对铁、镍、钴的磁导率的影响》
潘光旦	1899—1967	现当代	原名光亶,又名保同,字仲昂,笔名光旦	宝山县(今上海)	核心地区	研究中国现代教育	《优生学》《中国伶人血缘之研究》
童第周	1902—1979	现当代		鄞县(今浙江宁波)	核心地区	开创中国克隆技术之先河	《鱼类细胞核的移植》《中华蟾蜍内胚层细胞核的移植》
赵忠尧	1902—1998	现当代		诸暨(今浙江诸暨)	核心地区	中国核物理研究和加速器建造事业的开拓者	《硬γ线的吸收系数》《硬γ线散射》
苏步青	1902—2003	现当代		平阳(今浙江平阳),祖籍泉州	核心地区	中国微分几何学派创始人	《微分几何学》《射影曲线概论》
华罗庚	1910—1985	现当代		祖籍丹阳(今江苏镇江),生于金坛(今江苏常州)	核心地区	华氏定理、华氏不等式、华—王方法	《堆垒素数论》《优选学》
钱钟书	1910—1998	现当代	原名仰先,字哲良,后改名钟书,字默存,号槐聚,曾用笔名中书君	无锡(今江苏无锡)	核心地区	以文化批判精神观照中国与世界	《管锥编》《谈艺录》《宋诗选注》《围城》

(续表)

姓名	生卒年	朝代	称谓	籍贯	与江南关系	主要学术贡献	代表作品
陈省身	1911—2004	现当代		嘉兴（今浙江嘉兴）	核心地区	微分几何之父	《微分几何的若干论题》《微分流形》《复流形》《整体几何和分析的研究》《不具位势原理的复流形》
钱学森	1911—2009	现当代		祖籍临安（今浙江杭州），生于上海	核心地区	被誉为中国航天之父、中国导弹之父、中国自动化控制之父和火箭之王	《工程控制论》《物理力学讲义》《星际航行概论》《论系统工程》《关于思维科学》《论地理科学》《科学的艺术与艺术的科学》《论人体科学与现代科技》《创建系统学》《论宏观建筑与微观建筑》《钱学森论火箭导弹和航空航天》

后 记

1998年我进入南京师范大学文学院中国古代文学专业批评史方向读研时，刘士林先生为我们开过两学期关于诗学的课，给我留下深刻印象的就是中国诗性文化、话语权和人的精神结构，从此我对江南文化研究产生了浓厚的兴趣。因为我的导师石家宜先生的主要研究领域集中在刘勰的《文心雕龙》，为此硕士研究生期间我关注最多的就是魏晋南北朝时期江南地区的审美风尚，尤其是对"清"的审美追求。2004年我跟随刘梦溪先生在南京师范大学文学院文艺学专业文学思想史暨学术思潮方向读博，刘士林先生又成为了我的"掌门师兄"，我得以继续在他的关心和影响下成长。

2005年刘士林先生在上海师范大学主持召开"中国美学的地方经验与世界价值学术研讨会"，我提交的会议论文题目是《江南学术文化的历史逻辑》。之所以提交这样的论文，是因为刘士林先生在重新发现江南美学后，已经对相关范畴做了全面深入的研究，我只能"铤而走险"，结合自己的专业方向，将视野放在江南学术文化方面。记得会议结束后，全体人员到苏州的锦溪考察，在摇摇摆摆的小船上和咿咿呀呀的船歌声中，就有专家对我说，你写的这个题目太大了，都可以写一本书了。

2006年博士论文选题时，我曾想把这项研究深入下去，刘梦溪先生说这个题目太大了，作为兴趣可以慢慢研究，于是就选择了清末民初时期钱基博先生的《现代中国文学史》作为研究对象。钱基博先生是无锡人士，也是江南学者，他对文学的定义如同刘勰，是指有韵之文和无韵之文，因而他的《现代中国文学史》与《文心雕龙》一样，几乎就是半部学术史。借此，我抓住了魏晋南北朝和清末民初这两个重要时期，对江南学术文化有了比较通贯的了解。

2007年刘士林先生在对《人文江南关键词》一书进行修订时，让我负责"江南学术"条目，我借机又对江南学术的脉络进行了梳理。2008年该书出版时，刘士林先生在《主编人语》中指出："我原本希望作者可以在读书、治学与一个民族的文化传承之间找到一些重要的关联，但是这个愿望也最终没有实现。"究其原因，我觉得自己还是缺乏"了解之同情"。同年，刘士林先生领衔的《江南文化读本》出版，我负责其中的"思想篇"。之前对江南玄学、禅学、心学等思想的探析，我几乎花了一年多时间，有一段时间精神几乎处在虚无的状态，终于找准了脉络，丰富了材料。记得刘士林先生阅完稿子后对我说，你还是适合研究江南文化的。

2009年刘士林先生在上海交通大学组织一次《学习时报》的笔谈，主题是《江南国学：诗与思的中国对话》，我有幸参与，在多维的探讨中，进一步深化了思考。同年，我主持的"江南学术文化的历史逻辑"获得了江苏省社科联人文江苏研究工程项目的立项资助。2011年，经过多年积累的《江南学术文化的历史逻辑》一文在《学术月刊》发表。这三年期间，时任《学术月刊》主编的田卫平先生不辞劳苦，非常关心我这个学术新人，先后三次提出修改意见，让我倍感荣光，内心也充满深深的感激！

在此基础上，2012年我主持的"江南学术文化发展史研究"成为江苏省社会科学基金项目的重点项目。首先感谢刘士林先生进入这个项目团队并指导研究工作的开展；其次感谢我硕士研究生阶段班主任高锋教授对项目书长达两页纸的修改意见；再次感谢时任南京师范大学社会科学处秦国荣教授的亲切关心。项目研究期间,在刘士林先生的亲切关心下,我的初步成果《诗性江南的道与怀》一书作为"江南话语丛书"之一,2013年在上海音乐学院出版社出版;《学习时报》编辑曹颖新女士也非常关心,让我对江南学术的发展予以精心梳理,形成《江南学术脉络》一文发表在2013年的《学习时报》上;根据项目计划和博士论文改写的专著《文学史的当代讲述》,在南京师范大学文学院骆冬青教授的大力支持下,2015年也得以在凤凰出版社付梓。可以说,项目研究取得了诸多阶段性的成果。

2016年暑假,我排除一切杂念,"闭关"修炼,对自己的阅读、思考和搜集的资料进行系统整理。每天早晨散步至办公室,晚上再匆匆返回,其余时间则沉潜其中。盛夏的校园,在炎热的包裹和绿荫的庇护下,显得极其庄严安静,随处也可以感受到各种植物的茂盛生长。仔细想想,每天满怀希望而来,醉心于其中,恋恋不舍而去,人生的充实和学术的餍足,亦不过如此。在办公室的楼下,偶尔还可以看到些许同类人,相视一笑或耳语两句,就匆匆而别。就是这样,一直到了秋天,初稿完成,内心也无比欣喜。回首多年来,与江南学术人物与学术经典同行,深受浸染,也收获太多感动。书中所录江南学术人物,起于春秋时期的季札,止于生在1911年(辛亥革命发生、中国传统封建社会终结之年)的钱学森,共269名,皆一时学术俊杰也。

在此,我还要感谢我的研究生李健、李昊欣、郭慧中、郇宇等同学,是他们帮我搜集材料,整理学术人物名录,第一章部分内容更是我和李健教学相长的结晶。"江南学术文化发展史研究"是一个很大的命题,诚如刘梦溪先生所言"作为兴趣可以慢慢研究"。感谢各位师友的关心支持,也感谢江苏省社会科学基金项目的重点资助,我将在既有的基础上继续努力前行,一是努力从"江南学术文化发展史研究"转入"江南学术史研究",更深入地关切和研究江南学术本身,主要是学术思想和行为、知识和著作、方法和路径等方面,二是从"现象研究"转入"文本研究",因为江南学术的价值主要凝结在各经典学术著作上,我将有计划地精读、精研这些经典著作文本,为研究的深入开展打下更好的基础,确保下一个研究成果(应该是《江南学术史》)的内涵和品质。

承蒙南京师范大学出版社的关照,《江南学术文化发展史》得以顺利出版。刘士林先生得知消息后,欣然为本书作序,关爱之心更是始终如一。在写作过程中,还得到南京师范大学朱晓进先生的精心指导和地理科学学院李安波副教授的热情帮助。为便于观照,本人还遴选了一些代表性图片。其中,江南"八府一州"图,选自《江南文化的诗性阐释》(刘士林编著,上海音乐学院出版社,2003年);关于江南学术人物的图片,季札、王充、宗炳选自《诗性江南的道与怀》(拙著,上海音乐学院出版社,2013年),枚乘选自《〈七发〉的启发》(苏昌强著,《学习时报》,2015年),梁启超、蔡元培选自《百年斋号室名摭谈》(吴十洲著,百花文艺出版社,2006年),葛洪、王羲之选自《简明中国手工纸(书画纸)及书画常识辞典》(刘仁庆编著,中国轻工业出版社,2008年),祖冲之、谢灵运、李煜、沈括、王守仁、顾炎武选自《中国文史百科》(张岱年主编,浙江人民出版社,1998年),支谦、徐光启选自《海外藏中国历代名画》(林树中主编,湖南美术出版社,1998年),范缜选自《中外历史人物词典》(许中杰主编,湖南人民出版社,1987年),达摩选自《菩提达摩》(刘健著,百花文艺出版社,2008年),法融选自《古佛图谱》(黄泽著,荣宝斋出版社,2007年),鉴真选自《中国造型艺术辞典》(周茂生主编,中国青年出版社,1996年),陆九渊选自《中国儒学文化大观》(张耀南等著,北京大学出版社,2001年),李渔选自《李渔》(郭英德著,春风文艺出版社,1997年),黄宗羲选自《中国历史人物辞典》(吴海林编,黑龙江人民出版社,1983年),庄存与选自《清代经学图鉴》(马文大、陈坚编著,国际文化出版公司,1998年),袁枚选自《"钱塘苏小是乡亲"——袁枚素描》(冯尉蓝著,《文化交流》,2010年),王国维、马一浮选自《中国近现代名人图鉴》(熊治祁主编,湖南人民出版社,2002年),钱学森选自《钱学森》(叶永烈著,上海交通大学出版社,2010年),钱钟书选自《钱钟书传》(孔庆茂著,江苏文艺出版社,1992年);关于江南学术著作封面等图片,不再一一赘述。由于学养不足、精力有限及资料原因,该书文字和图片肯定存在一些不足,如有问题请直接与本人联系,会在以后的研究中加以改进。总之,惟愿一切的美好,皆因不断完善而更有价值,如同这澄怀以观道的江南学术文化,始终不绝!

姜晓云

2017年4月17日于茶苑